American rigolos

Avertissement !

À la fin de l'été 1996, Simon Kellner, qui est à la fois un vieil ami et un type exceptionnellement sympa, m'a appelé dans le New Hampshire pour me demander si j'accepterais d'écrire une chronique hebdomadaire sur l'Amérique pour le supplément du *Mail on Sunday's Night and Day*, un magazine britannique dont il venait d'être nommé rédacteur en chef.

À diverses reprises, Simon avait réussi à me faire accepter à mon corps défendant toutes sortes de travaux, mais cette fois la tâche était tout à fait impossible.

— Non, répondis-je. Je ne peux pas. Navré ! C'est tout simplement hors de question.

— Eh bien si tu commençais la semaine prochaine ?

— Simon, tu n'as pas l'air de comprendre. Je ne peux pas m'en charger.

— On s'était dit qu'on pourrait appeler ça « Chroniques d'un grand pays ».

— Simon, tu seras obligé de l'appeler « Colonnes vierges d'un magazine » parce que je suis dans l'incapacité de le faire.

— Parfait ! répliqua-t-il d'un ton un peu absent qui me donna nettement le sentiment qu'il était occupé à tout autre chose, par exemple à passer en revue des cover-girls pour un numéro spécial sur les maillots de bain.

En tout cas, il n'arrêtait pas de couvrir le téléphone de sa main pour lancer d'importantes instructions rédactionnelles à son entourage. Puis il poursuivit à mon adresse :

— Alors on t'enverra un contrat.

— Non, Simon. Inutile. Je ne peux pas tenir une chronique hebdomadaire pour ton journal. C'est clair et net. Tu m'entends ? Dis-moi que tu m'as bien entendu.

— Génial ! Je suis vraiment ravi. OK. Faut que j'y aille.

— Simon, je te supplie de m'écouter. Je n'ai pas le temps de me charger d'une chronique hebdomadaire. Impossible. Simon, tu m'écoutes ? Allô ? Simon, tu es là ? Allô ? Merde !

En conséquence, voici les soixante-quinze chroniques des dix-huit premiers mois de ces chroniques d'un grand pays. Et je le répète, je n'avais *absolument pas* le temps de les écrire.

Rentrer au pays

Un jour, pour plaisanter, j'ai écrit dans un de mes livres qu'il y a trois choses qu'on ne peut pas faire dans la vie : gagner contre l'administration des téléphones, accrocher le regard d'un garçon de café qui a décidé de vous ignorer et rentrer au pays. Cela fait maintenant dix-sept mois que je m'évertue, avec conscience et je dirais même courage, à revoir le point numéro trois.

Il y a un an, en mai dernier, après avoir passé deux décennies en Angleterre, je suis retourné vivre aux États-Unis avec femme et enfants. Rentrer dans son pays après une aussi longue absence est une expérience étonnamment traumatisante. Un peu comme émerger d'un long coma. Vous ne tardez pas à découvrir que le temps a apporté une série de changements qui vous laissent le vague sentiment d'être un rien débile ou complètement déphasé. Vous tendez une poignée de monnaie dont la valeur se révèle ridiculement inadaptée aux menus achats que vous venez de faire. Vous restez perplexe devant les distributeurs automatiques ou les téléphones publics. Et une main énergique vous rattrapant par le coude se charge de vous apprendre, à votre grand dam, que l'époque des stations-service offrant des cartes routières gratuites est révolue.

Dans mon cas personnel, le problème s'est trouvé

aggravé par le fait qu'ayant quitté mon pays dans ma prime jeunesse j'y retournais maintenant en plein âge mûr. Toutes ces choses que l'on accomplit à l'âge adulte — emprunter à la banque pour acheter une maison, faire des enfants, prévoir un plan de retraite, revoir l'installation électrique — je ne les avais faites qu'en Angleterre. Les problèmes de chaudière ou l'installation de moustiquaires aux fenêtres étaient restés pour moi, dans leur contexte américain, le domaine réservé de mon père.

Ainsi donc, me retrouver du jour au lendemain personnellement responsable d'une vieille maison de Nouvelle-Angleterre, avec toute une tuyauterie mystérieuse, des thermostats indéchiffrables, un broyeur d'ordures capricieux et une porte de garage dont l'automatisme met votre existence en péril, a été pour moi une expérience déstabilisante mais assez excitante.

Rentrer chez soi après de si longues années passées à l'étranger, c'est un peu ça : un mélange bizarre de familier sécurisant et d'inconnu déconcertant. On se retrouve dans la situation curieuse de se sentir à la fois dans son élément et complètement en dehors du coup. Je peux énumérer toutes sortes de petits détails qui m'identifient à coup sûr comme Américain : lequel de nos cinquante États pratique le monocamérisme, que signifie un *squeeze play* au baseball, qui jouait le rôle de Capitaine Kangourou à la télé. Je connais même les deux tiers des paroles de notre hymne national, bien davantage que certaines personnes qui l'ont chanté en public. Mais envoyez-moi à la quincaillerie et je suis perdu. Pendant des mois, j'ai eu là-bas des conversations qui donnaient à peu près ceci :

— Bonjour ! J'aimerais un tube de ce machin avec lequel on bouche les trous dans le mur. Je crois qu'on appelle ça du Polyfilla.

— Ah ! vous voulez sans doute dire du Spackle ?

— C'est bien possible. Et j'ai également besoin de ces

petits bidules en plastique qu'on enfonce dans le mur pour visser des étagères. Des chevilles, je crois.

— Chez nous, on appelle ça des *anchors*.

— Je vous promets d'essayer de m'en souvenir.

Franchement, je ne me serais pas senti plus visiblement étranger si j'avais fait mes courses en kilt ! Tout cela était un véritable choc. Bien que très heureux en Angleterre, je n'avais jamais cessé de considérer l'Amérique comme mon « chez-moi », au sens le plus fondamental de l'expression. C'était ma patrie, un pays que je connaissais vraiment, ma référence ultime.

Curieusement, rien ne vous donne davantage le sentiment d'être citoyen de votre propre pays que de vivre quelque part où les autres ne le sont pas. Pendant vingt ans, être américain avait été la première de mes caractéristiques. C'était la manière dont les autres m'identifiaient. Ma différence. Ce qui m'avait même valu un jour d'obtenir un job, lorsque, emporté par l'audace de la jeunesse, j'avais affirmé à l'un des rédacteurs du *Times* que je serais la seule personne de l'équipe capable d'écrire Cincinnati sans faute (ce qui était vrai).

Il y a heureusement des aspects positifs dans tout ça. À mon retour, les nombreux bons côtés de l'Amérique s'étaient enrichis pour moi d'une fascinante nouveauté. Aussi, comme tout étranger, ai-je été ébloui par la facilité et le confort de la vie quotidienne, l'abondance étourdissante d'absolument tout, l'espace pratiquement sans fin offert par les sous-sols des maisons américaines, le plaisir d'être servi par des serveuses ayant l'air d'aimer leur métier, et cette notion assez étonnante que les glaçons ne sont pas des objets de luxe. Et puis j'ai eu la joie constante et inattendue de retrouver toutes ces choses avec lesquelles j'avais grandi et que j'avais en partie oubliées : le base-ball à la radio, le claquement — *whizz... bang !* — profondément satisfaisant d'une porte-moustiquaire en été, les averses d'orage qui vous forcent à chercher un abri à toutes jambes, les chutes de neige vraiment sérieuses, Thanksgiving et la fête nationale du 4 juillet, les insectes phosphorescents, l'air conditionné les jours de canicule, les desserts à la gelée avec des morceaux de fruit (qu'on ne mange jamais mais qui sont si jolis à voir trembloter dans son assiette), le plaisir comique de se balader en centre-ville en short. Tout cela compte beaucoup, curieusement.

Donc, finalement, j'avais eu tort. On peut *réellement* rentrer au pays. À condition, naturellement, de prévoir suffisamment d'argent pour les cartes routières et de ne pas oublier de demander du Spackle.

Au secours !

L'autre jour, j'ai appelé le service d'assistance de mon ordinateur, poussé par le besoin d'être ridiculisé par quelqu'un de plus jeune que moi. À l'autre bout du fil, une voix juvénile m'a répondu que pour pouvoir m'aider il lui fallait d'abord le numéro de série de mon appareil.

— Et où vais-je trouver ça ? ai-je demandé avec circonspection.

J'ai reçu une réponse qui m'a laissé perplexe, du genre « C'est inscrit au-dessous du CPU, l'unité de dysfonctionnement du traitement central », en tout cas une formule approchante.

Cela vous explique pourquoi j'évite d'appeler trop souvent le service d'assistance de mon ordinateur. Ce gamin n'a pas eu besoin de me parler plus de quatre secondes pour que, déjà, je me sente emporté par une vague d'ignorance et de honte au plus profond des eaux glacées de la baie de l'Humiliation. J'anticipe avec effroi le moment fatidique où il va me demander combien de RAM je possède.

— Est-ce que ça se trouverait par hasard près du bidule de l'écran de télé ? je hasarde, désemparé.

— Ça dépend. Votre modèle, c'est un Z-40LX MultimédiaHPii ou bien le ZX46/2Y Chromium B-Bop ?

Et c'est parti. Il s'avère enfin que le numéro de série de mon ordinateur est gravé sur une petite plaque de métal vissée sur le fond de la grosse boîte où il y a le tiroir à CD, celui qui est si rigolo à ouvrir et fermer. Traitez-moi d'idéaliste passéiste si vous voulez, mais si moi j'avais à inscrire un numéro d'identification sur les ordinateurs que je produis, un numéro que mon client devrait me débiter chaque fois qu'il veut entrer en contact avec moi, je ne pense pas que je le placerais à un endroit qui exige d'appeler le voisin pour déménager le bureau à chaque demande de renseignement. Enfin passons... c'était une digression.

Le numéro de mon modèle était en fait quelque chose du style CQ124765900-03312-DiP/22/4. Alors voilà où je voulais en venir : *pourquoi ?* Pourquoi un ordinateur a-t-il besoin d'un numéro d'une complexité aussi époustouflante ? Même en imaginant que le plus infime neutron, la moindre particule de matière entre ici et la dernière volute d'un gaz en expansion jailli du big-bang fasse l'acquisition d'un ordinateur, il y aurait encore, avec ce système, pléthore de numéros disponibles.

Intrigué, je me suis mis à examiner tous les numéros accompagnant mon existence. À quelques exceptions près, ils sont tous d'une longueur excessive. Ma carte de crédit, par exemple, comporte treize chiffres, ce qui correspond presque à deux trillions de clients potentiels. C'est pour nous épater ou quoi ? Sur ma carte Budget Rent a Car ne figurent pas moins de dix-sept chiffres. Même notre boutique de location de vidéos semble avoir 1 999 milliards d'abonnés. Ce qui explique sans doute pourquoi *L.A. Confidential* est toujours sorti.

Mais le chiffre de loin le plus impressionnant est celui qui figure sur ma carte de sécurité sociale — cette carte que chaque Américain se doit de porter sur lui s'il ne veut pas être abandonné, agonisant, sur les lieux de l'accident.

J'y suis identifié non seulement comme le numéro YGH475907018 00 mais aussi comme un membre du groupe 02368. Je présume que dans chaque groupe se trouve une personne portant le même numéro que moi. On pourrait peut-être former un club ?

Enfin, tout cela nous amène par un long chemin au cœur de cette chronique, à savoir qu'un des grands progrès de la vie quotidienne américaine depuis vingt ans est l'avènement de numéros de téléphone que n'importe quel idiot peut retenir. Je vous explique. Pour des raisons historiques compliquées, toutes les touches des téléphones américains, sauf 1 et 0, comportent aussi trois lettres de l'alphabet. La touche 2 correspond à ABC, la touche 3 à DEF, et ainsi de suite.

Depuis longtemps, les gens se sont rendu compte qu'on pouvait mieux retenir un numéro en se fiant aux lettres plutôt qu'aux chiffres. Dans ma ville natale de Des Moines, par exemple, si vous voulez connaître l'heure — ou appeler l'horloge parlante comme vous le dites si joliment — le numéro officiel est 244 56 46, un numéro dont personne ne peut se souvenir, naturellement. Mais si vous composez BIG JOHN, vous obtenez le même résultat et tout le monde peut le mémoriser — sauf, curieusement, ma mère, qui a toujours eu une mémoire assez approximative en ce qui concerne les prénoms et qui se retrouve généralement en train de demander l'heure à de parfaits inconnus réveillés en sursaut à des heures indues. Mais ça, c'est une autre histoire.

Et puis un jour, au cours de ces vingt dernières années, les grosses entreprises commerciales se sont dit qu'elles pourraient rendre l'existence de chacun plus facile — et générer des tas d'appels lucratifs — si elles inventaient pour leurs numéros des formules accrocheuses. Ce qui fait qu'aujourd'hui, pour appeler une grosse boîte, il vous suffit de composer 1 800 FLY TWA, 244 GET PIZZA ou un truc de ce genre. Depuis deux décennies, rares sont les changements qui ont vraiment amélioré la qualité de vie des simples citoyens comme moi. Mais là, on en a un exemple indiscutable.

Donc, tandis que vous autres, pauvres gens, devez écouter une voix de maîtresse d'école vous expliquer que le préfixe téléphonique de Chippenham est désormais 01724750 sauf pour les numéros à quatre chiffres, auquel cas il faut composer le préfixe 9, moi je me tape une pizza en commandant mon billet d'avion, ce qui me réconcilie grandement avec les télécommunications modernes.

Et voici mon idée géniale : je pense que chacun devrait avoir un numéro qui lui servirait en toute occasion. Le mien, naturellement, serait 1 800 BILL. Ce serait mon numéro de téléphone, mon numéro de compte en banque, mon numéro de passeport. Je pourrais même l'utiliser pour me louer une vidéo. Naturellement, cela exigerait de réécrire tous les programmes informatiques, mais je suis sûr que c'est faisable. Je me propose d'en parler avec la société qui m'a vendu mon ordinateur. Enfin… dès que j'aurai pu retrouvé ce foutu numéro de série.

Eh bien, docteur,
je voulais seulement m'allonger

Voici une statistique trouvée dans l'*Abstract of the United States* qui pourra vous intéresser : chaque année, 400 000 Américains sont victimes de blessures provoquées par des lits, matelas ou oreillers. Réfléchissez-y un instant : cela représente plus de la population de l'agglomération de Coventry, presque 2 000 accidents de lit, matelas ou oreiller par jour. Le temps de lire cette chronique et quatre Américains auront été en quelque sorte agressés par leur literie. Mon propos, en reprenant cette information, n'est pas de suggérer que les Américains sont plus idiots que le reste du monde quand il s'agit de se coucher — même si, visiblement, des milliers d'entre eux devraient prendre des cours de perfectionnement —, mais plutôt de démontrer qu'il n'existe aucune statistique concernant cette nation si vaste et si peuplée qui ne prête à réflexion.

Le fait m'a été confirmé l'autre jour, alors que je me trouvais dans notre bibliothèque locale en train de feuilleter l'*Abstract* susmentionné, cherchant tout autre chose. Je suis tombé par hasard sur le tableau n° 206, « Blessures impliquant des produits de consommation ». J'ai rarement eu l'occasion de passer une demi-heure aussi divertissante.

Prenons cette information fascinante : chaque année, environ 50 000 Américains sont blessés par des crayons, stylos et autres accessoires de bureau. Comment s'y prennent-ils ? J'ai passé des heures et des heures assis à un bureau — où presque toute blessure me serait apparue comme une distraction bénie — sans jamais me retrouver menacé par le moindre dommage corporel. Alors je vous pose la question : comment ces gens s'y prennent-ils ? Il s'agit, rappelons-le, de blessures suffisamment graves pour justifier une visite aux urgences. S'enfoncer une agrafe dans le bout du doigt — ce qui m'est arrivé maintes fois et pas toujours volontairement — ne compte pas. J'ai beau parcourir des yeux l'ensemble de mon bureau en ce moment, franchement, à moins de m'enfoncer la tête dans l'imprimante laser ou de me poignarder avec le coupe-papier, je ne vois rien qui représente une source de danger potentiel dans un rayon de trois mètres.

Mais c'est bien là le problème des blessures ménagères, si l'on en croit le tableau 206. Elles proviennent souvent de l'objet le plus inattendu. Prenez par exemple cette autre information. De nos jours, plus de 400 000 personnes par an aux États-Unis sont victimes de chaises, divans ou canapés. Que faut-il en conclure ? Cela nous en apprend-il plus sur le design du mobilier moderne ou sur l'inaptitude fondamentale des Américains à s'asseoir ? En tout cas, le problème s'aggrave. Le nombre de blessures par siège et literie tend à augmenter. De quoi inquiéter sérieusement ceux d'entre nous qui se montrent trop audacieux en matière de décoration intérieure. (Cet excès de confiance est peut-être d'ailleurs la clé du problème.)

Comme on peut s'y attendre, la rubrique « Escaliers, rampes et paliers » constitue la catégorie la plus riche, avec deux millions de victimes innocentes chaque année. Mais il est surprenant de voir classés comme dangereux des objets bénéficiant pourtant d'une réputation sans reproche. On trouve plus de gens blessés par des équipements d'enregistrement du son (46 022) que par les skateboards (44 068), les trampolines (43 655) ou même les rasoirs ou lames de rasoir (43 365). On ne compte pas plus de 16 670 coupeurs de bois trop exubérants, victimes de leur hache ou hachette. Même les scies et autres tronçonneuses n'arrivent pas à dépasser le chiffre relativement modeste de 38 692 blessés.

Les victimes de billets de banque et pièces de monnaie (30 274) se situent presque à égalité avec celles de ciseaux (34 062). Je parviens à la rigueur à concevoir qu'on arrive accidentellement à avaler une pièce de monnaie — « Eh ! les gars, vous voulez voir mon nouveau tour ? » —, mais j'ai vraiment de la peine à imaginer par quel concours de circonstances le maniement d'une liasse de billets pourra justifier un voyage aux urgences. Il y a vraiment des gens qui gagneraient à être connus !

J'aurais également plaisir à discuter avec quelques-unes des 263 000 personnes blessées par plafond, mur ou cloison intérieure. Je suis sûr qu'une victime de plafond doit avoir une bonne histoire à raconter. De même, j'écouterais avec intérêt l'une de ces 31 000 personnes victimes d'« articles de toilette ».

Mais, en fait, les gens que je voudrais vraiment rencontrer, ce sont les pauvres malheureux (142 000) conduits aux urgences pour « accidents provoqués par leurs propres vêtements ». De quoi diable peuvent-ils bien souffrir ? De fractures multiples du pyjama ? D'un hématome du survêtement ? L'imagination me manque…

Un de mes amis, chirurgien orthopédiste, m'a confié l'autre jour qu'on courait le risque, dans son métier, de devenir trouillard à force de rafistoler des gens esquintés de la manière la plus étrange et la moins prévisible. Le jour même, il venait de soigner un gars qui avait reçu un élan à travers le pare-brise, au plus grand étonnement des deux parties. Tout d'un coup, grâce au tableau 206, j'ai mieux compris ce qu'il voulait dire.

Curieusement, j'avais consulté au départ le *Statistical Abstract* pour y chercher des statistiques sur le nombre de crimes commis dans le New Hampshire, l'État où je vis maintenant. J'avais entendu dire que c'était l'un des endroits les plus sûrs de toute l'Amérique et la lecture de cet *Abstract* me l'a effectivement confirmé. On n'y compte que 4 assassinats au cours de la dernière année de référence — contre 23 000 dans l'ensemble du pays — et très peu de délits graves.

Donc, tout cela signifie que statistiquement je cours davantage le risque, dans le New Hampshire, d'être blessé par mon plafond ou mon caleçon — pour ne citer que deux exemples d'armes potentiellement fatales — que par un malfaiteur. Mais franchement, je ne trouve pas ça rassurant du tout.

Rendez-moi mon vieux stade de base-ball !

Parfois on me demande : « Quelle est la différence entre le base-ball et le cricket ? » La réponse est simple. Les deux jeux impliquent beaucoup d'adresse, une balle et des battes, mais avec cette différence essentielle : le base-ball est passionnant, et quand on rentre chez soi à la fin de la journée on sait qui a gagné.

Je plaisante, naturellement. Le cricket est un jeu merveilleux, plein de tout petits moments délicieusement espacés où il se passe vraiment quelque chose. Si le docteur me prescrivait un jour un repos total, sans la moindre excitation, je deviendrais sur-le-champ un fan de cricket. En attendant, j'espère que vous me pardonnerez si je vous dis que mon cœur appartient au base-ball. C'est le sport avec lequel j'ai grandi, celui auquel j'ai joué tout petit, et cela, bien sûr, est essentiel pour apprécier un sport. J'en ai eu la preuve il y a plusieurs années en Angleterre, quand je me suis retrouvé avec deux copains sur la pelouse d'un terrain de foot pour taper un peu dans le ballon.

J'avais déjà regardé des matchs de foot à la télé et je pensais avoir une idée assez précise de ce qu'exigeait le jeu. Aussi, lorsque l'un de mes potes m'a fait une passe, j'ai décidé de l'expédier dans le filet d'un coup de tête désinvolte, dans le style Kevin Keegan. Je pensais que cela ressemblerait à un coup de tête sur un ballon de plage, un aimable *plonk !* feutré de la balle qui, ayant effleuré mes sourcils, décrirait un gracieux arc de cercle avant d'atterrir dans le filet. Mais, évidemment, c'était plutôt comme donner un coup de tête dans une boule de bowling. Jamais je n'ai ressenti une sensation aussi incroyablement différente de ce que je m'attendais à éprouver. Pendant quatre heures j'ai erré sur des jambes flageolantes avec gravés sur le front un grand rond rouge et les lettres ADIDAS, jurant qu'on ne m'y reprendrait plus.

J'évoque cette anecdote parce que les World Series viennent tout juste de commencer et que je veux vous faire partager mon excitation. Les World Series, il est peut-être utile de le préciser, représentent la grande compétition annuelle de base-ball entre le champion de la Ligue américaine et le champion de la Ligue nationale. En fait, ce n'est pas tout à fait exact parce qu'on a modifié le système il y a quelques années. L'ennui avec l'ancien, c'est qu'il n'impliquait que deux équipes. Pas besoin d'être un grand génie pour comprendre qu'en augmentant le nombre d'équipes on augmente du même coup le volume de fric dans la cagnotte. On a donc scindé chaque ligue en trois divisions de quatre ou cinq équipes chacune. Et désormais les World Series ne mettent plus face à face les deux meilleures équipes de base-ball — du moins, pas forcément — mais plutôt les gagnants d'une série d'éliminatoires opposant les champions des divisions Western, Eastern et Central de chaque ligue auxquels s'ajoutent — et d'après moi c'est une sacrée riche idée — deux équipes qui n'ont rien gagné du tout. Cette affaire est extrêmement compliquée, mais en fin de compte cela signifie que pratiquement toutes les équipes de base-ball ont une chance de prendre part aux World Series, à l'exception des Chicago Cubs.

Les Chicago Cubs n'y participent pas pour la simple raison que, même avec des règles aussi superbement accommodantes que celles-là, ils n'arrivent *jamais* à se qualifier. Parfois ils y arrivent *presque*, souvent même ils sont si bien placés qu'on n'imagine pas qu'ils puissent éviter la qualification ; mais à la fin, ils s'arrangent toujours pour rater le coche. Peu importent les efforts qu'ils devront fournir — perdre dix-sept jeux d'affilée, laisser passer des balles faciles entre les jambes, se caramboler entre joueurs aux extrémités du terrain —, vous pouvez faire confiance aux Cubs : ils y parviendront ! Et ils font ça de façon constante, efficace depuis plus d'un demi-siècle. La dernière année où ils se sont qualifiés remonte d'après moi à 1938. Mussolini a eu le temps de terminer sa carrière dans l'intervalle. Cet échec annuel émouvant représente sans doute la seule chose qui n'ait pas changé dans le base-ball depuis mon enfance. Et cela suffit à rendre les Chicago Cubs chers à mon cœur.

Être supporter de base-ball n'est pas chose facile, car les supporters de base-ball appartiennent à un monde éminemment sentimental. Et il n'y a pas de place pour les sentiments dans un sport américain aussi sauvagement lucratif que celui-là. Il serait trop long de vous énumérer toutes les réformes malheureuses infligées à mon jeu bien-aimé depuis quarante ans, aussi ne vous en citerai-je qu'une, la pire : on a démoli tous nos bons vieux stades d'autrefois pour les remplacer par de grandes arènes polyvalentes dépourvues d'âme et de caractère.

À une époque, chaque ville américaine possédait son stade de base-ball. C'était un lieu vénérable, généralement humide et froid, aux structures grinçantes, mais plein de caractère. Vous attrapiez des échardes sur les bancs, la semelle de vos souliers restait collée au plancher englué par des décennies de viscosités d'origines diverses, déposées dans des moments d'intense excitation, et votre vue était généralement bouchée par un pylône de fonte soutenant la toiture. Mais tout cela faisait justement partie du plaisir.

Il ne reste plus que quatre de ces bons vieux stades. L'un est Fenway Park à Boston, patrie des Red Sox. Je n'irai pas jusqu'à prétendre que sa présence a déterminé l'implantation géographique de notre famille dans le New Hampshire, mais c'est un facteur qui a certainement compté. Je n'arrête pas de dire que le jour où l'on rasera Fenway Park je n'assisterai plus aux matchs de base-ball, mais je bluffe, naturellement, car je suis complètement accro.

Tout cela ne fait que renforcer mon respect et mon admiration pour ces infortunés Chicago Cubs. Il est à porter au crédit éternel de ces derniers qu'ils n'ont jamais menacé de quitter Chicago et qu'ils continuent à jouer au stade Wrigley Field. Et même, en général, des jeux d'une seule journée — comme le bon Dieu l'a toujours voulu. Croyez-moi, une journée de match à Wrigley Field est un de ces grands moments que vous offre la vie américaine. Et c'est bien là le dilemme : pas une équipe ne mérite plus que les Cubs de participer aux World Series, mais s'ils y participaient cela anéantirait complètement leur tradition de non-participation. C'est un conflit sans issue.

Vous comprenez maintenant pourquoi je vous dis qu'il n'est pas facile d'être un supporter de base-ball.

À crétin, crétin et demi

Voici quelques années, une organisation appelée la Fondation nationale des humanités a testé 80 000 étudiants américains de classe terminale et a découvert qu'un grand nombre d'entre eux ne connaissaient pas… euh… eh bien, ne connaissaient rien.

Les deux tiers n'avaient pas la moindre idée des dates de la guerre de Sécession et ignoraient le nom du président qui avait rédigé l'adresse de Gettysburg*. Une même proportion d'étudiants ne pouvait identifier Joseph Staline, Winston Churchill, Charles de Gaulle. Un tiers pensait que Franklin Roosevelt était président des États-Unis pendant la guerre du Viêt Nam et que Christophe Colomb avait atteint l'Amérique après 1750. Enfin, 42 pour 100 des étudiants — ça, j'ai adoré — n'ont pu citer un seul pays d'Asie.

Je suis toujours assez sceptique quand il s'agit de ce genre d'enquête, car je sais avec quelle facilité on pourrait me piéger : « L'étude a démontré que Bryson est incapable d'assembler une étagère Ikea et qu'il continue à actionner ses essuie-glaces avant et arrière chaque fois qu'il veut signaler un changement de direction en voiture. » Il

* Abraham Lincoln. *(N.d.T.)*

n'empêche que de nos jours il existe un vide intellectuel qu'il est difficile d'ignorer. Ce phénomène est généralement connu sous l'expression d'« abrutissement généralisé des États-Unis ».

Je l'ai remarqué moi-même pour la première fois il y a quelques mois lorsque soudain, alors que je suivais un programme sur la chaîne Météo, le présentateur a déclaré : « Et à Albany, aujourd'hui, il est tombé douze pouces de neige » avant d'ajouter d'un ton enjoué : « Ce qui représente à peu près un pied. » Mais non, petit crétin, c'est *exactement* un pied !

Un peu plus tard, je regardais un documentaire sur la chaîne Découverte (sans me douter qu'on allait m'infliger ce même documentaire environ six fois par mois pour le reste de mes jours) quand j'ai entendu le narrateur articuler d'une voix grave : « Sous l'action de la pluie et du vent, le Sphinx a subi une érosion de trois pieds depuis trois cents ans » puis conclure solennellement : « Soit un pied par siècle. » Vous voyez ce que je veux dire ? Parfois on a l'impression que le pays tout entier se remet à peine d'une overdose de somnifère. Et ce n'est pas un phénomène occasionnel et passager. Cela se produit constamment.

Je voyageais récemment à bord d'un avion de la Continental Airlines (proposition de slogan publicitaire : « Pas tout à fait la pire ! ») et, sans savoir comment, je me suis retrouvé en train de lire la « Lettre du Président » que tous les magazines des compagnies aériennes vous infligent en première page, cet article qui vous explique comment on essaie d'améliorer constamment le service, notamment en obligeant tout le monde à changer d'avion à Newark. Cet éditorial concernait une enquête que la Continental Airlines venait de mener pour essayer de déterminer les besoins de ses usagers. Ce que veulent les passagers, avait écrit la plume péremptoire de Gordon Bethune, le P-DG,

« c'est une compagnie aérienne propre, sûre et ponctuelle qui les conduise là où ils veulent aller, sans retard et avec leurs bagages ». Sapristi ! Passez-moi mon stylo et un bloc-notes. Vous avez bien dit *avec* leurs bagages ? Fichtre !

Attention, ne vous méprenez pas sur mon propos. Je ne pense pas un seul instant que les Américains soient intrinsèquement plus stupides que les autres ou complètement lobotomisés. C'est tout simplement qu'on leur fournit systématiquement des conditions qui leur ôtent le besoin de penser, et ils en ont donc perdu l'habitude.

On peut rattacher cela à ce que j'appelle le syndrome « Londres, Angleterre », selon cette habitude des journaux américains de faire suivre chaque ville mentionnée dans les dépêches du nom du pays. Si, par exemple, le *New York Times* consacre un article aux élections britanniques, il mentionnera « Londres, Angleterre » pour éviter que le lecteur de base ait à s'interroger : « Londres ? Voyons voir… Est-ce que ce n'est pas dans le Nebraska ? »

La vie américaine est bourrée de ces petites béquilles, parfois à un point ahurissant. Il y a quelques mois, un chroniqueur du *Boston Globe* a consacré un article à toutes sortes de publicités ou d'annonces involontairement comiques. Ainsi pouvait-on lire sur la vitrine d'un opticien : « Ici nous examinons votre propre vue. » Le journaliste croyait devoir vous expliquer ensuite ce qui clochait dans chaque cas et pourquoi c'était comique — « Bien sûr, il ne s'agit pas d'examiner la vue du voisin ! »

Ce genre de démonstration est assez pénible mais pas inhabituel. La semaine passée, un journaliste du *New York Times* s'est précisément livré au même exercice dans un article relatant certains quiproquos linguistiques qu'il commentait soigneusement. Par exemple, il rapportait que le fils d'un de ses amis avait parlé de la pièce de Shakespeare *Omelette* puis expliquait en gloussant ce qu'il avait réellement voulu dire — ce que je vous épargnerai. Son intention était d'éviter au public l'obligation de réfléchir. De lui éviter à tout prix la moindre réflexion.

Un magazine américain m'a demandé récemment de retirer une allusion à David Niven « parce qu'il est mort et qu'il n'est pas connu de nos jeunes lecteurs ». Ben voyons ! Une autre fois, j'ai parlé devant un chercheur américain d'une « école d'État » en Grande-Bretagne.

— Ah ! je ne savais pas qu'il y avait plusieurs États en Grande-Bretagne !

Je lui ai dit que j'entendais « État » dans le sens de nation.

— Alors vous voulez dire *public schools* ? a-t-il ajouté.

— Eh bien non, parce qu'en Grande-Bretagne les *public schools* sont des écoles privées.

Grand silence.

— Vous me faites marcher ?

— Non. C'est bien connu.

— Donc, si je comprends bien, les Anglais appellent leurs écoles privées des écoles publiques ?

— Exactement.

— Alors comment ils appellent les écoles publiques ?

— Des écoles d'État.

Nouveau grand silence.

— Mais je croyais qu'il n'y avait pas plusieurs États en Grande-Bretagne ?

Bon. Laissez-moi conclure avec mon ineptie favorite du moment. C'est la réplique donnée par Bob Dole lorsqu'on lui a demandé de définir l'essence de sa campagne.

— Elle concerne l'avenir, a-t-il déclaré gravement. Parce que c'est là que nous allons.

Et le plus effrayant, c'est qu'il a raison.

Accro

Vous voulez savoir ce qui me manque vraiment depuis que je vis en Amérique ? Rentrer du pub vers minuit dans un état légèrement cotonneux pour m'affaler devant une émission de l'Open University* à la télé. Ici, s'il m'arrivait de rentrer chez moi tard dans la soirée, tout ce que la télévision aurait à m'offrir serait le spectacle de jeunes personnes nubiles se trémoussant en tenue d'Ève ou bien la chaîne Météo — choses assez divertissantes, je vous l'accorde, mais sans comparaison avec la fascination hypnotique d'un programme de l'Open University après six pintes de bière. Et je parle très sérieusement.

Je ne sais vraiment pas pourquoi mais j'ai toujours éprouvé en Angleterre cette pulsion irrésistible de brancher la télé tard le soir pour retrouver sur l'écran un prof sans âge semblant avoir acheté tous ses vêtements en une seule expédition à C&A en 1977 — sans doute pour pouvoir consacrer entièrement le reste de sa vie et la totalité de ses heures de veille à ses cornues et oscilloscopes — et vous déclarant d'une de ces voix sans timbre :

— Donc, comme vous pouvez le constater, si l'on

* Programme permettant de suivre des cours universitaires par correspondance. *(N.d.T.)*

ajoute deux volumes de solution on obtient un volume de précipité.

La plupart du temps je ne comprenais rien à son discours — cela faisait son charme —, mais il est arrivé que parfois — une seule fois, à la vérité — je puisse suivre le sujet et l'apprécier. Je pense à un documentaire sur lequel j'étais tombé par hasard il y a quatre ou cinq ans et que j'avais trouvé étonnamment divertissant. Il comparait les techniques de lancement des nouveaux médicaments sur les marchés britannique et américain. En substance, l'émission démontrait que le même produit devait être présenté de façon radicalement différente sur les deux marchés. Par exemple, un remède contre le rhume, en Angleterre, ne vous promettra rien de plus qu'une légère amélioration. Vous garderez le nez rouge et votre robe de chambre, mais vous recommencerez à sourire, ne fût-ce que faiblement. Aux États-Unis, en revanche, un spot publicitaire pour le même médicament devra vous garantir une guérison totale et immédiate. Un Américain avalant ce remède miracle retirera sur-le-champ sa robe de chambre, filera travailler, se sentira dans une forme olympique — en fait il ne se sera jamais senti aussi bien — et terminera la journée en s'amusant comme un fou au bowling. Tout cela prouve que les Britanniques ne s'attendent pas à ce que les médicaments en vente libre leur changent radicalement la vie tandis que les Américains n'en espèrent pas moins. Et je peux vous assurer qu'au fil des ans rien n'est venu affaiblir la foi touchante de cette grande nation.

Il vous suffit de regarder n'importe quelle chaîne de télévision pendant dix minutes, de feuilleter un magazine ou de parcourir les rayons surchargés de n'importe quel drugstore pour comprendre que les Américains revendiquent comme un droit légitime la pleine forme permanente. J'ai remarqué que même le shampooing dont on se sert en famille promet de « changer notre vie ».

C'est un étrange phénomène chez les Américains. Ils déploient une énergie incroyable pour dire « Non à la drogue ! » et puis ils se précipitent pour en acheter par Caddie entiers dans les drugstores. Les Américains dépensent près de 75 milliards de dollars chaque année en remèdes de toutes sortes, et sur le petit écran les produits pharmaceutiques sont présentés avec une fougue et une conviction qui vous laissent parfois pantois.

On diffuse actuellement à la télé un spot où une charmante dame d'un certain âge se tourne vers la caméra pour déclarer d'une voix suave :

— Vous savez, quand j'ai la diarrhée, j'aime être à mon aise. (Mon commentaire : Pourquoi attendre d'avoir la diarrhée pour cela ?)

Dans une autre pub, on voit un gars au bowling — les hommes sont presque toujours au bowling dans les spots — se mettre à grimacer après avoir raté son coup et murmurer à son partenaire :

— Encore ces sacrées hémorroïdes !

Comme par miracle, son copain a un tube de crème contre les hémorroïdes dans sa poche. Pas dans son sac de sport ni dans la boîte à gants de sa voiture, mais sur lui, dans sa poche de chemise, d'où il peut le sortir en moins de deux pour offrir sa tournée ! Extraordinaire !

Mais ce qui a vraiment changé depuis vingt ans, c'est qu'aujourd'hui on fait de la publicité même pour les médicaments délivrés sur ordonnance. J'ai sous les yeux une revue célèbre, *Health*, bourrée de ce genre de pubs qui vous assènent des gros titres tels que : « Pourquoi prendre deux comprimés alors qu'un seul suffit ? Prempro est le seul médicament délivré sur ordonnance qui associe Premarin et progestatif en un seul comprimé. » Ou bien : « Voici Allegra, le nouveau médicament contre les allergies saisonnières, qui vous permettra de profiter de vos sorties en plein air. »

Un autre spot vous interpelle de manière un peu plus cavalière : « Avez-vous traité une vaginite en pleine nature ? » Personnellement je ne m'en souviens pas. Un autre encore aborde le médicament sous l'aspect financier : « Le médecin m'a dit que je devrais prendre des pilules contre l'hypertension pour le reste de mes jours. Mais la bonne nouvelle c'est que je vais économiser de l'argent maintenant qu'il m'a prescrit de l'Adalat CC (nifédipine) au lieu du Procardia XL (nifédipine). »

Le but de l'opération, c'est qu'ayant lu l'annonce vous allez filer dare-dare chez votre médecin, ou « professionnel de la santé », pour le supplier de vous prescrire le médicament en question. Franchement, je trouve un peu curieux de supposer qu'un lecteur de magazine est mieux placé qu'un docteur pour juger de ce qui lui convient. Mais tous les Américains semblent être de grandes autorités, question médicaments. En fait, presque toutes les publicités médicales américaines présupposent des connaissances biochimiques d'un niveau impressionnant. Ainsi celle de la pommade contre la vaginite, qui assure péremptoirement au lecteur que Difflucan est comparable à « sept jours de Monistat 7, Gyne-Lotrimin ou Mycelex 7 ». Si l'on admet que ces affirmations sont parfaitement intelligibles pour des millions d'Américains, l'idée que votre copain de bowling se balade avec un tube d'onguent antihémorroïdaire dans la poche ne paraît plus aussi invraisemblable.

Je ne sais pas si cette obsession médicamenteuse nationale bénéficie des résultats promis. Mais ce que je sais, c'est qu'il existe une façon beaucoup plus agréable d'atteindre une parfaite harmonie intérieure : buvez 6 pintes de bière et regardez l'Open University pendant 90 minutes avant de vous mettre au lit. En ce qui me concerne, le truc a toujours marché.

C'est le facteur !

Une des grandes joies que vous offre la vie dans une petite ville vieillotte de Nouvelle-Angleterre, c'est qu'il y a en général une petite poste à l'ancienne. La nôtre, particulièrement agréable, est une construction de brique dans le style administratif fédéral, plaisante et imposante mais sans ostentation, et qui ressemble à l'idée qu'on se fait d'une poste. Il y règne même une odeur agréable — un mélange de colle et de vieux chauffage central.

Le personnel au comptoir est toujours d'une efficacité joviale, heureux de vous proposer un bout de ruban adhésif si les rabats de vos enveloppes n'ont pas l'air de bien coller. Et comme dans toutes les postes américaines, on s'occupe ici uniquement de courrier. On ne s'embarrasse pas avec des histoires de pensions, de vignette automobile, d'allocations familiales, de redevance télé, de passeports, de billets de loterie ou avec ces centaines de choses qui font de la fréquentation des bureaux de poste britanniques l'excursion du jour, une sortie populaire fournissant aux gens un peu bavards l'occasion de se divertir tout en fouillant dans leur porte-monnaie pour faire l'appoint. Dans une poste américaine on ne fait jamais la queue, on y entre et on ressort quelques minutes plus tard.

Mieux encore : une fois par an, chaque bureau de poste américain organise la « journée de remerciement à nos clients ». La nôtre s'est tenue hier. Je ne connaissais pas cette coutume merveilleuse mais elle m'a aussitôt emballé. Les employés avaient déployé des banderoles, installé une grande table avec une nappe à carreaux et disposé une généreuse sélection de beignets, de pâtisseries et de café chaud — tout cela gratuitement.

Quel sentiment réconfortant et inattendu que de voir cette bureaucratie anonyme nous remercier, moi et les concitoyens de cette ville, d'être ses clients ! J'ai vraiment été impressionné et très reconnaissant. Je dois avouer qu'il est bon qu'on nous rappelle de temps en temps que les employés de la poste ne sont pas des automates sans cervelle passant leurs journées à égarer vos lettres et à envoyer vos chèques de droits d'auteur à un gars nommé Bill Bubba dans le Vermont, mais bien au contraire des employés dévoués et hautement qualifiés passant leurs journées à égarer vos lettres et à envoyer vos chèques de droits d'auteur à un gars nommé Bill Bubba dans le Vermont.

Quoi qu'il en soit, cette attention m'a totalement conquis. Remarquez, cela me gênerait que vous alliez vous imaginer qu'on puisse acheter ma fidélité à un réseau de livraison postale avec un beignet fourré au chocolat et un gobelet jetable de café chaud, mais en fait… c'est vrai. Malgré la grande admiration que j'ai pour la poste de Sa Gracieuse Majesté, je dois admettre que jamais elle ne m'a offert le moindre petit goûter. Je dois donc reconnaître qu'en rentrant chez moi tout en essuyant les miettes de mon menton j'étais, à l'égard de la vie américaine en général et de ses services postaux en particulier, dans des dispositions d'esprit éminemment positives.

Mais, comme toujours avec les services gouvernementaux, ce sentiment n'allait pas durer. En arrivant à la maison, j'ai découvert le courrier du jour qui m'attendait sur le paillasson. Et là, parmi le fouillis habituel d'incitations pressantes à acquérir une nouvelle carte de crédit, à sauver la forêt amazonienne, à devenir un membre à vie de la Ligue nationale des incontinents, à ajouter mon nom, moyennant finance, au *who's who* des Bill de la Nouvelle-Angleterre, à examiner sans engagement le premier tome des *Grandes Explosions*, à soutenir la campagne nationale des fabricants de fusils « Armons les enfants des maternelles », bref, parmi une masse d'autres propositions, offres spéciales et sollicitations pour œuvres charitables accompagnées de petites étiquettes ridicules portant mes nom et adresse déjà imprimés, enfin parmi tous ces détritus lamentables qui sont déversés quotidiennement dans chaque foyer américain, j'ai trouvé une enveloppe piteuse et écornée, une lettre que j'avais expédiée il y a quarante et un jour à un ami en Californie, à son lieu de travail. Elle m'était renvoyée avec la mention « Adresse incomplète. Faites attention et tentez encore votre chance », ou quelque chose de ce genre.

Le problème avec ma lettre, c'est que je l'avais adressée à cet ami « aux bons soins des éditions Black Oak, Berkeley, Californie », sans indiquer le nom de la rue ni le numéro. Je reconnais que l'adresse était un peu succincte, mais les éditions Black Oak sont une vraie institution à Berkeley. Quiconque connaît la ville — et j'avais naïvement présumé que ce serait le cas des services postaux — se doit de connaître les éditions Black Oak. Mais non, absolument pas. Entre parenthèses, je me demande bien ce que ma lettre a pu faire pendant six semaines en Californie. En tout cas, elle est revenue joliment bronzée et assez new age.

Enfin, pour abréger mes pleurnicheries et terminer sur une note positive, je dois dire que peu avant mon départ d'Angleterre la poste de Sa Majesté m'avait livré en quarante-huit heures une lettre postée à Londres et adressée à « Bill Bryson, écrivain, vallées du Yorkshire », ce qui impliquait un sacré travail de limier — et un expéditeur un peu à côté de la plaque.

Alors voilà où j'en suis : partagé entre mon admiration pour un service postal qui ne me donne jamais à manger mais qui est capable de relever un défi et ma reconnaissance envers une poste qui me fournit gratis du ruban adhésif, qui me sert rapidement mais ne lève pas le petit doigt si j'oublie le nom d'une rue. La leçon à tirer de tout cela, naturellement, c'est qu'en passant d'un pays à un autre on y trouvera du pire et parfois du meilleur. Il faut se résigner puisque de toute façon on n'y peut rien. Cette réflexion n'est sans doute pas d'une grande profondeur mais j'y ai tout de même gagné un beignet gratuit. Donc, l'un dans l'autre, je peux m'estimer heureux.

Maintenant vous m'excuserez mais il faut que je file dans le Vermont récupérer mon courrier chez un certain Bill Bubba.

Comment s'amuser chez soi

Ma femme trouve que dans la vie américaine tout ou presque est vraiment merveilleux. Elle adore que quelqu'un se charge pour elle d'emballer ses achats au supermarché. Elle adore les pichets d'eau glacée et les petites boîtes d'allumettes qu'on met gracieusement à sa disposition. Elle pense qu'un des sommets de la civilisation consiste à pouvoir se faire livrer des pizzas à domicile. Et je n'ai pas encore eu le cœur de lui révéler que *toutes* les serveuses des États-Unis prient leurs clients de passer une bonne journée.

Personnellement, même si j'aime beaucoup la vie américaine, même si j'en apprécie les côtés pratiques, je ne suis pas aussi inconditionnellement admiratif. Par exemple, prenez cette histoire de vous faire emballer vos achats d'épicerie. Un geste sympa, je le reconnais. Mais en y réfléchissant, qu'est-ce que vous y gagnez sinon le plaisir de rester planté à la caisse en regardant quelqu'un emballer vos achats ? On ne peut pas dire que ça vous procure de précieux moments de liberté. Je suis désolé d'insister un peu lourdement, mais si on me donnait le choix entre de l'eau glacée gratuite dans les restaurants et un vrai système de sécurité sociale, je sais où irait mon choix.

Cela dit, il y a des gadgets tellement formidables dans la

vie américaine qu'il m'arrive parfois d'avoir du mal à maîtriser mon propre enthousiasme. Parmi eux je mettrai sans hésitation au premier rang le broyeur d'ordures ménagères. Un broyeur d'ordures ménagères réunit tout ce que doit être un bon robot ménager — chose rare —, autrement dit un appareil bruyant, amusant, extrêmement dangereux et qui accomplit si bien sa tâche qu'on se demande comment on a bien pu s'en passer. Si vous m'aviez dit il y a un an et demi que mon principal hobby deviendrait l'introduction d'objets divers dans le trou de l'évier, je vous aurais ri au nez. Et pourtant c'est le cas.

Je n'avais jamais utilisé de broyeur d'ordures auparavant. J'ai donc dû en tester les limites à force d'expériences, bonnes ou mauvaises. Une paire de baguettes en bois produit sans conteste la réaction la plus spectaculaire — à ne pas recommander, mais il y a toujours un moment où il faut mettre la mécanique à l'épreuve. Les écorces de melon, en revanche, produisent des gargouillis très riches, et provoquent moins de pannes. Le marc de café en quantité suffisante vous offrira un effet Vésuve très satisfaisant mais, pour des raisons évidentes, cette manœuvre spectaculaire ne doit être entreprise qu'en cas d'absence de votre épouse et à condition d'avoir une serpillière et un escabeau à portée de main. Le moment le plus passionnant avec un broyeur d'ordures se situe naturellement à l'heure de la panne, quand l'appareil se bloque. On doit alors plonger la main dans ses tripes pour essayer de le décoincer avec le sentiment enivrant qu'à chaque moment il peut reprendre vie pour modifier brutalement la fonction de votre bras et la faire passer de celle d'outil préhensile à celle de plantoir. Pour ce qui est de vivre dangereusement, vous n'avez rien à m'apprendre...

Tout aussi satisfaisant dans son genre, et d'une ingéniosité comparable, il faut citer ce gadget un peu moins connu : le bac à cendres de la cheminée. Il s'agit simplement d'une sorte de plaque en métal — une trappe en quelque sorte — encastrée dans le sol de la cheminée du salon et donnant accès à une fosse profonde doublée de briquettes. Ainsi, lorsque vous nettoyez votre cheminée, au lieu d'avoir à pelleter les cendres dans un seau en expédiant la suie au milieu du salon vous les poussez dans le trou où elles disparaissent à tout jamais. Génial ! Théoriquement ce cendrier doit se remplir à la longue, mais le nôtre semble être un puits sans fond. À la cave, une trappe de visite fixée dans le mur vous permet d'examiner le niveau des cendres accumulées. Périodiquement je vais y jeter un coup d'œil. Ça n'est pas vraiment indispensable mais cela me donne une bonne excuse pour descendre au sous-sol — les sous-sols étant numéro trois sur la liste des merveilles de la vie en Amérique : ils réussissent à être tout à la fois extraordinairement spacieux et complètement inutiles.

Avec les caves, je me sens en terrain connu parce qu'elles existaient déjà dans mon enfance. Tous les sous-sols des États-Unis se ressemblent. Ils possèdent tous une corde à linge rarement utilisée, une petite rigole où coule une eau d'origine indéterminée et une drôle d'odeur — mélange de vieux journaux, d'articles de camping n'ayant jamais complètement séché et d'autre chose rappelant vaguement un certain Monsieur Peluche, le cochon d'Inde disparu dans une bouche de chauffage central depuis six mois et devenu probablement Monsieur Maccabée.

Les sous-sols américains sont si prodigieusement inutiles qu'en fait on n'y descend jamais. Aussi est-on toujours surpris de se rappeler qu'on en possède un. Quand, à l'occasion, le père de famille s'y rend, il y a toujours un moment où il en viendra à se dire : Zut alors ! c'est trop bête de ne pas utiliser tout cet espace ! On pourrait y installer un bar, un billard et peut-être aussi un juke-box et un jacuzzi, voire un ou deux flippers… Mais évidemment, tout cela reste à l'état de projet, comme apprendre l'espagnol ou classer les photos de vacances.

Il arrive parfois, surtout lorsque c'est sa première maison de chef de famille, qu'un jeune papa enthousiaste convertisse la cave en salle de jeux pour les gosses. Mais c'est du temps perdu : aucun gamin n'ira jamais jouer dans un sous-sol. Car on a beau avoir des parents qui vous adorent, des parents en qui on pense avoir confiance, on ne peut s'empêcher d'imaginer que rien ne les empêchera un jour de verrouiller furtivement la porte au sommet de l'escalier pour s'éclipser discrètement en Floride. Non, il n'y a pas de doute, les caves sont des lieux sinistres et menaçants, souvent utilisés pour les scènes d'horreur au cinéma, avec une silhouette de femme comme Joan Crawford en train de brandir une hache projetée en ombre chinoise sur le mur du fond. Voilà pourquoi même les pères de famille hésitent à fréquenter les sous-sols.

Je pourrais continuer à répertorier et à célébrer sur des pages et des pages toutes ces menues gloires de la vie ménagère américaine — les frigos qui crachent des cubes de glace, les placards dans lesquels on peut se promener debout, les salles de bains pleines de prises électriques —, mais je ne le ferai pas. La place me manque. Et puis je viens de me rendre compte que Mrs. B. est sortie faire les courses, or il y a un bout de temps que j'aimerais voir ce qu'un broyeur peut faire avec un carton de jus de fruit. Je vous raconterai.

Vices de fabrication

Mon fils aîné fait de la course à pied. Il possède — estimation basse — pas moins de 6 100 paires de chaussures dont chacune représente un plus grand investissement en matière de design que la planification d'une ville nouvelle comme Milton Keynes. Ces chaussures sont étonnantes. Je viens de lire, dans une de ces revues spécialisées où l'on analyse le dernier cri de l'équipement pédestre, un article dans une prose de ce style : « Les Dual New Balance Multisports, entièrement doublées d'EVA CCAP et possédant une semelle intermédiaire microperforée reposant sur un colloïde au niveau du talon assurant stabilité et absorption des chocs, sont des chaussures à l'assise étroite convenant parfaitement au coureur biomécaniquement efficace. » Alan Shepard avait moins de technologie à sa disposition quand on l'a lancé dans l'espace.

Alors j'aimerais vous poser une question : si la technique actuelle permet d'offrir à mon fils une gamme apparemment illimitée de chaussures scientifiquement élaborées et efficaces sur le plan biomécanique, comment se fait-il que le clavier de mon ordinateur soit aussi merdique ? Et je parle tout à fait sérieusement.

Ce clavier possède 102 touches, presque le double de ma vieille machine à écrire, ce qui paraît à première vue d'une grande générosité. Entre autres luxes typographiques, je peux choisir parmi trois sortes de guillemets et deux sortes de points. Je peux orner mon texte d'accents circonflexes, de cédilles et de tildes, de barres obliques qui vont vers la droite et d'autres vers la gauche, et Dieu sait quoi d'autre. Je dispose de tant de touches, en fait, qu'à droite du clavier il y a toute une population de boutons dont l'utilité m'échappe totalement. Parfois j'en effleure un sans le faire exprès et je découvre par la suite que plusieurs paragraphes d# mon t9xte resse+mbl? à c*ci, ou que j'ai écrit une page et demie en utilisant une police de caractère intéressante, bien que non reconnue par l'imprimante, baptisée Frappadingue. Mais autrement je ne vois pas à quoi tout ça peut bien servir. Sans compter que certaines touches font double emploi tandis que d'autres, semble-t-il, ne servent à rien. De ce point de vue celle que je préfère est la touche *pause* qui, lorsqu'on appuie dessus, ne fait strictement rien — ce qui pose la question métaphysique de son utilité en ce bas monde. Il y a aussi toutes ces touches situées de façon légèrement loufoque. La touche *supprime*, par exemple, est immédiatement en dessous de la touche *remplacer frappe*, de sorte qu'il m'arrive souvent de découvrir, à ma plus grande satisfaction, que mes pensées les plus récentes ont dévoré, tel Pacman, tous mes textes précédents. Il m'arrive souvent aussi de frapper simultanément deux touches qui font magiquement apparaître à l'écran une boîte de dialogue du genre : « Cette option est l'option Superinutile. Êtes-vous certain de *vouloir vraiment* la sélectionner ? » suivie du message : « Êtes-vous vraiment certain de *ne pas vouloir* sélectionner l'option Superinutile ? » Enfin passons. J'ai compris depuis longtemps que l'ordinateur n'était pas mon ami.

Mais il y a vraiment un truc qui m'énerve : parmi les 102 touches à ma disposition, il n'y a pas de touche pour la fraction 1/2. Les vieux claviers d'autrefois possédaient tous une touche 1/2. Maintenant, si je veux écrire 1/2, il faut que j'aille dans la barre d'outils, que j'appelle le menu « Caractères spéciaux » jusqu'à ce que je tombe enfin, généralement par hasard, sur un sous-répertoire nommé « Symboles typographiques » dans lequel se cache furtivement mon signe 1/2. C'est frustrant, débile et, pour moi, la preuve que quelque chose ne va pas.

Mais il y a tant de choses qui ne vont pas sur cette Terre ! Je prendrai comme exemple le tableau de bord de notre voiture familiale. Il dispose à l'avant d'une petite plate-forme étroite de la taille d'un livre de poche. Si vous cherchez un endroit où poser vos lunettes de soleil ou quelques pièces de monnaie, cela semble l'endroit idéal. Et ça l'est, je dois le reconnaître. Du moins tant que la voiture ne roule pas. Car dès que vous démarrez, et surtout si vous freinez, prenez un virage ou gravissez une petite côte, tout glisse par terre. Il n'y a aucun rebord prévu sur mon tableau de bord, seulement une petite surface plate et granuleuse. Il faudrait y clouer les objets pour arriver à les faire tenir. Alors je vous pose la question : à quoi sert au juste cette plate-forme ? Il y a bien eu quelqu'un pour la concevoir : elle n'est pas tombée là par l'opération du Saint-Esprit. Il a bien fallu qu'une personne — à mon avis le comité tout entier de la division Tableau de bord, section Rangement — se paie de longues sessions de brainstorming pour arriver à inclure dans le design de ce véhicule — une Dodge Merdica, si vous voulez tout savoir — ce plateau sur lequel on ne peut rien poser. Une véritable performance.

Mais cela n'est rien en regard de toutes les prouesses accomplies par les responsables de la conception des magnétoscopes. Je vous épargnerai le couplet sur l'impossibilité de les programmer, car vous vous en êtes aperçu aussi bien que moi. Je ne ferai pas remarquer non plus combien il est irritant d'être obligé de traverser la pièce en rampant chaque fois qu'on veut vérifier que l'appareil est bien en train d'enregistrer. Je me permettrai seulement une petite remarque en passant. J'ai récemment acheté un magnétoscope dont l'un des arguments de vente était sa capacité à programmer un enregistrement douze mois à l'avance. Réfléchissez un peu et dites-moi s'il existe une seule circonstance, un seul événement qui puisse le justifier ?

Je ne voudrais pas passer pour un vieux grincheux et je suis le premier à reconnaître qu'il existe aujourd'hui des tas d'appareils excellents, bien conçus, qui n'existaient pas dans mon enfance — la calculette et la bouilloire électrique qui s'arrête toute seule dès l'ébullition sont parmi ceux qui me remplissent d'une admiration sans bornes et d'une gratitude éternelle. Mais il me semble qu'un tas de produits ont été élaborés par des gens qui n'avaient pas pris la peine de réfléchir une minute à leur mode d'utilisation. Prenez tous ces engins que vous utilisez chaque jour et dont le maniement pose problème — fax, photocopieur, thermostat de chauffage central, billetterie d'avion, télécommande de télévision, mitigeur de douche et réveil d'hôtel, four à micro-ondes, enfin presque tous les objets électriques quotidiens — tout simplement parce qu'ils ont été mal conçus.

Et pourquoi ont-ils été si mal conçus ? Parce que tous les designers sérieux sont occupés à imaginer des chaussures destinées à la course à pied. Ou parce qu'ils sont complètement crétins. Dans les deux cas, vous ne m'enlèverez pas de l'idée qu'il y a vraiment quelque chose qui cloche.

Les grands espaces

Voici deux vérités dont vous feriez bien de vous souvenir toute votre vie : premièrement, Daniel Boone* était un âne ; deuxièmement, faire l'aller-retour en voiture entre Hanover (New Hampshire) et le Maine pour la journée n'en vaut pas la peine.

Je vous explique. L'autre jour je m'amusais avec une mappemonde — un des avantages de la nullité de la télévision américaine, c'est qu'on a le temps de s'amuser avec toutes sortes de choses nouvelles — et j'ai été légèrement abasourdi de constater que la ville où je vis maintenant, Hanover, est plus proche de mon ancien domicile dans le Yorkshire que de bien des régions des États-Unis. Ainsi, entre mon bureau et Attu, l'île la plus occidentale des Aléoutiennes, en Alaska, il y a une distance d'environ 6 400 kilomètres. Autrement dit, les Anglais sont plus proches de Johannesburg que je ne le suis actuellement de l'extrémité de mon propre pays.

Évidemment, vous pourrez toujours faire valoir que l'Alaska n'est pas une comparaison valable parce qu'il y a une étendue considérable de territoire non américain

* Célèbre pionnier et trappeur du début du XIXe siècle, qui s'illustra dans l'exploration du Kentucky. *(N.d.T.)*

entre ici et là-bas. Mais même si on se limite au territoire américain, les distances sont impressionnantes. De chez moi jusqu'à Los Angeles, il y a autant que de chez vous jusqu'au Nigeria. Bref, on se situe ici sur une tout autre échelle.

Toujours dans le domaine des chiffres saisissants, voici une autre statistique : au cours des vingt dernières années — pendant lesquelles, rappelons-le, j'étais occupé à engendrer ma progéniture ailleurs —, la population des États-Unis a augmenté de l'équivalent de la population de la Grande-Bretagne. Ce chiffre me sidère, ne serait-ce que parce que j'ai du mal à imaginer où sont passés tous ces gens.

Ce qui vous frappe aux États-Unis, surtout après avoir habité longtemps un petit coin charmant comme le Royaume-Uni, c'est l'immensité et le vide général de ce grand pays. Pensez-y : le Montana, le Wyoming, les Dakota du Nord et du Sud couvrent la même superficie que la France mais possèdent moins d'habitants que le sud de Londres. L'Alaska est encore plus étendu et beaucoup moins peuplé. Même le New Hampshire, mon État d'adoption en Nouvelle-Angleterre, une région à forte densité démographique, est couvert à 85 pour 100 de forêts, le reste étant surtout occupé par des lacs. Vous pouvez rester au volant des heures et des heures sans rien voir d'autre que des arbres et des montagnes — pas un hameau, pas une seule maison, et parfois même pas une seule voiture.

Je me fais constamment piéger. Tout récemment encore, avec un couple d'amis anglais, nous avions décidé d'aller visiter des lacs dans l'ouest du Maine. Nous pensions que ce serait une chouette balade pour la journée. Il suffisait de traverser le New Hampshire — le quatrième des plus petits États américains —, de pénétrer chez notre charmant voisin, ce territoire pittoresque où abonde l'élan, puis de parcourir vers l'est une très courte distance. J'avais calculé que le voyage devait nous prendre entre deux heures et deux heures et demie.

Évidemment, vous avez deviné la suite. Sept heures plus tard, épuisés, nous avons arrêté la bagnole sur la rive du lac Rangeley, pris quelques photos, échangé quelques regards, et nous sommes remontés en voiture pour rentrer à la maison. C'est devenu un scénario habituel.

Curieusement, la majorité des Américains ne semblent pas avoir la même optique que moi. Ils trouvent que leur pays est surpeuplé. On prend sans arrêt de nouvelles mesures pour restreindre l'accès aux parcs nationaux et aux espaces naturels sauvages sous prétexte qu'ils sont menacés d'« invasion ». Certains endroits le sont en effet, mais simplement parce que 98 pour 100 des visiteurs arrivent en voiture et que 98 pour 100 d'entre eux ne s'éloignent pas de plus de cinq cents mètres de leur matrice métallique. Mais partout ailleurs, vous disposez de montagnes entières pour vous tout seul, même dans les parcs les plus fréquentés, même aux moments de grande affluence. Pourtant, un de ces jours, je risque de me voir interdire l'accès à un grand nombre de régions sauvages, à moins d'avoir pris la peine de réserver mon tour des mois à l'avance, sous prétexte qu'elles sont « trop fréquentées ».

Sinistre conséquence de ce prétendu problème : la conviction de plus en plus forte que la meilleure façon de le résoudre serait de chasser du pays la plupart de ceux qui n'y sont pas nés. Il existe une organisation dont je n'ai pas retenu le nom — quelque chose comme la Ligue des crétins réactionnaires pour une meilleure Amérique — et qui publie périodiquement dans le *New York Times* et autres journaux importants des annonces sérieuses et soigneusement rédigées exigeant l'arrêt de l'immigration qui, je cite, « est en train de détruire notre environnement et de dégrader notre qualité de vie ». Plus loin ils expliquent : « C'est en grande partie à cause de l'immigration que nous fonçons tête baissée vers un désastre écologique et économique. » N'en jetez plus ! Les arguments en faveur de cette politique oublient de signaler, comme par hasard, que l'Amérique expulse déjà un million d'immigrants par an et que beaucoup de ceux qui restent se chargent généralement des boulots trop sales, trop dangereux ou trop mal payés pour être acceptés par des Américains. Ce n'est pas en se débarrassant brutalement des étrangers qu'on créera des emplois pour les autochtones. En revanche, il faudra s'attendre à hériter d'un tas d'assiettes sales et à voir pourrir les récoltes sur pied. En tout cas, de telles mesures ne risquent pas d'agrandir miraculeusement notre espace vital !

Les États-Unis ont déjà l'un des plus faibles taux d'immigration des pays développés : le pays s'achemine peut-être vers un désastre écologique ou économique, mais si tel est le cas ce n'est certainement pas parce que sept personnes sur cent sont nées ailleurs. Essayez pourtant d'expliquer ça à la majorité des Américains !

En fait l'Amérique est déjà l'un des pays les moins surpeuplés du monde avec une densité de 29 habitants au kilomètre carré (contre 107 en France et 240 en Grande-Bretagne). Seulement 2 pour 100 du territoire américain sont considérés comme urbanisés.

Naturellement, les Américains ont toujours eu tendance à voir ces choses sous un angle différent. On connaît l'histoire de Daniel Boone qui, regardant un jour par la fenêtre de sa hutte, vit au loin une mince volute de fumée s'élever de la montagne et décida sur-le-champ de déménager en se plaignant de voir le voisinage envahi. Voilà pourquoi je dis que Daniel Boone était un âne. Et ça me dérange beaucoup que mes concitoyens se comportent comme lui.

Règle numéro un : suivre toutes les règles

L'autre soir, j'ai fait une gaffe : je suis entré dans un bar de mon quartier et je me suis assis sans permission. C'est vraiment quelque chose qui ne se fait pas en Amérique, mais j'avais une réflexion importante à noter avant qu'elle ne me soit sortie de la tête (à savoir : « Il reste *toujours* un peu de dentifrice dans le tube. À méditer »), et de toute façon l'endroit était pratiquement désert. Je me suis donc installé à une table près de la fenêtre.

Une ou deux minutes plus tard, l'hôtesse, ou plutôt la directrice du service Placement des clients, est venue vers moi me dire d'un ton sec :

— Je vois que vous vous êtes assis tout seul.

— Ouais ! ai-je répliqué fièrement. Et je sais aussi m'habiller tout seul !

— Vous n'avez pas vu le panneau ?

Elle a incliné la tête vers une grande pancarte portant cet avertissement : VEUILLEZ ATTENDRE ICI QU'ON VOUS PLACE.

J'étais déjà venu dans ce bar plus de cent cinquante fois. J'avais vu ce panneau de partout — sauf couché par terre.

— Il y a un panneau ? ai-je dit innocemment. Zut alors, je n'ai rien vu !

Elle a poussé un long soupir.

— Eh bien, la serveuse de cette section étant actuellement très occupée, il vous faudra sans doute patienter un bon moment !

Il n'y avait pas un seul client dans un rayon de quinze mètres. Ce n'était donc pas là la vraie raison. La vraie raison, c'est que je n'avais pas respecté une règle affichée. En conséquence j'étais condamné à une petite peine de purgatoire.

Il serait peut-être exagéré d'affirmer que les Américains adorent les règlements, mais ils n'en manifestent pas moins envers eux un certain respect. Un peu comme les Anglais vis-à-vis des queues, cet élément essentiel du maintien de l'ordre et de la civilisation au sein de la société. En ignorant le panneau VEUILLEZ ATTENDRE ICI QU'ON VOUS PLACE, j'ai commis en quelque sorte un crime de « lèse-queue ».

Je pense que ce n'est pas sans rapport avec nos origines germaniques. Personnellement, je n'y vois en général aucun inconvénient. Il y a des moments où, je l'avoue, un peu de rigueur teutonique ne serait pas superflue en Angleterre. Notamment lorsque les gens se croient autorisés à occuper deux places de parking avec leur voiture, le seul délit pour lequel — je n'ai pas honte de l'affirmer ici — je réintroduirais volontiers la peine capitale.

Chez les Américains, il arrive parfois que cet amour de l'ordre aille trop loin. Prenez notre piscine municipale. Le règlement affiché ne possède pas moins de vingt-sept articles — vingt-sept ! —, dont mon favori : « Il est interdit de rebondir plus d'une fois sur le plongeoir avant chaque saut. » Et ce règlement est respecté.

Ce qui est frustrant — non, ce qui me rend fou —, c'est qu'il importe peu que ces règles aient ou non une raison d'être. Il y a environ un an, pour faire face aux dangers du terrorisme, les compagnies aériennes américaines se sont mises à exiger que les passagers présentent une pièce d'identité avec photo au moment de l'embarquement. La première fois que j'eus affaire à cette consigne, j'étais sur le point de prendre un avion à deux cents kilomètres seulement de chez moi.

— Il me faut une pièce d'identité avec photo, me dit un employé avec la grâce et le charme qu'on peut s'attendre à trouver chez un fonctionnaire considérant le port d'une cravate en polyester comme un avantage du métier.

J'avais toutes sortes de papiers sur moi : carte de bibliothèque, cartes de crédit, carte de sécurité sociale, carte de mutuelle, mon billet d'avion... Tous ces documents portaient mon nom mais rien qui ressemblât à une photo. Je finis par dénicher dans mon portefeuille un vieux permis de conduire de l'Iowa dont j'avais oublié jusqu'à l'existence.

— Il est périmé ! me dit l'autre en reniflant.

— Tant pis, je ne conduirai pas l'avion ! répliquai-je.

— Ce permis a plus de quinze ans. Il me faut quelque chose de récent.

Avec un soupir, je repris la fouille de mon sac. Tout à coup, il me revint à l'esprit que j'avais dans mes bagages un de mes livres portant ma photo en couverture. Je le lui présentai avec fierté et soulagement. Il regarda le livre, puis me dévisagea et partit consulter une liste imprimée.

— Cela ne figure pas sur notre circulaire officielle des Identifications visuelles cognitives légales (ou un charabia du même acabit).

— Peut-être, mais je peux vous garantir que c'est bien moi.

Puis, me penchant vers lui, je repris, sur un ton plus bas :

— Dites, vous ne croyez tout de même pas que je suis allé jusqu'à faire imprimer un livre uniquement pour pouvoir m'embarquer pour Buffalo ?

L'employé me fixa encore pendant une bonne minute

avant d'appeler un collègue pour le consulter sur cette affaire. Puis ils discutèrent ensemble et firent venir une troisième personne. J'étais désormais le centre d'un petit attroupement réunissant trois agents d'enregistrement, leur supérieur, le supérieur du supérieur, deux bagagistes, plusieurs curieux jouant des coudes pour mieux voir la scène, ainsi qu'un type vendant des bijoux sur un présentoir métallique.

Mon avion allait décoller dans quelques minutes et l'écume me montait aux lèvres.

— Franchement, vous pouvez me dire à quoi ça rime ? demandai-je enfin à l'un des supérieurs. Pourquoi vous faut-il absolument une pièce d'identité avec photo ?

— C'est le règlement ! fit-il en examinant d'un œil las mon permis périmé et la liste des catégories admises.

— Mais quel est l'objet de ce règlement ? Vous croyez vraiment pouvoir arrêter un terroriste si vous lui demandez de produire une photo plastifiée ? Vous imaginez qu'une personne capable de prévoir et d'exécuter un détournement d'avion sera incapable de fournir une pièce d'identité en bonne et due forme ? Il ne vous est jamais venu à l'esprit qu'il serait plus utile, pour lutter contre le terrorisme, d'engager du personnel à peu près réveillé et doté d'un QI supérieur à celui de l'amibe pour surveiller les écrans des scanners à bagages ?

(Je ne cite peut-être pas mes paroles exactes mais c'était le sens général de mon message.)

Bien évidemment, ce qu'on exige de vous ça n'est pas simplement la possibilité de vous identifier mais la possibilité de vous identifier *d'une manière qui corresponde exactement aux instructions écrites.*

En l'occurrence, je dus changer de tactique et supplier. Je promis de ne plus jamais mettre le pied dans un aéroport sans pièce d'identité valable. J'adoptai une attitude de contrition totale. Je suis sûr qu'on n'avait jamais vu de passager plus repentant ni plus sincèrement désireux de s'embarquer pour Buffalo.

Finalement, comme à regret, le surveillant fit un signe de tête à l'employé pour lui signaler de m'enregistrer. Mais il m'avertit que je ne m'en tirerais pas une seconde fois ; puis il repartit avec ses collègues. L'employé de l'enregistrement me tendit ma carte d'embarquement et je pus me diriger vers la porte. Me retournant, je lui confiai cette pensée profonde sur le ton de la confidence :

— Il reste toujours un peu de dentifrice dans le tube. Ne l'oubliez pas !

Mystères de Noël

En m'installant en Angleterre, j'espérais résoudre certains petits mystères entourant Noël et particulièrement celui-ci : quand les Anglais chantaient *A-Wassailing We'll Go**, où allaient-ils exactement et que faisaient-ils précisément en y arrivant ?

Durant toutes mes années d'enfance, en Amérique, j'ai entendu des filles aux joues roses entonner ce chant à Noël sans jamais qu'on puisse m'expliquer cette histoire obscure et énigmatique de *wassailing*. Le rythme guilleret de ce cantique et l'ambiance de fête qui allait de pair avec son exécution évoquaient dans mon imagination juvénile d'accortes demoiselles s'affairant dans de grandes salles décorées de houx et éclairées de grosses bûches rougeoyantes pour distribuer des cruches de bière dans la liesse et la décontraction générales. L'esprit rempli de telles images, j'attendais impatiemment mon premier Noël en Angleterre. Dans ma famille, tout ce qu'on pouvait espérer comme folie saisonnière, c'était un petit biscuit en forme de sapin.

Vous pouvez donc imaginer ma déception après mon

* *Wassailing*, et, plus loin, *mumming*, *hodening* : mots archaïques obscurs même pour les anglophones. *(N.d.T.)*

premier Noël anglais, sans le moindre *wassailing* en vue. Pis, aucune des personnes interrogées n'avait l'air mieux renseignée que moi quant à ce terme mystérieux d'apparence si vénérable. En fait, pendant la vingtaine d'années que j'ai passée en Angleterre, jamais il ne m'a été donné de rencontrer quelqu'un qui soit allé *a-wassailing*, du moins consciemment. Et pendant qu'on y est, je n'ai pas non plus observé de *mumming* et encore moins de *hodening* — une sorte de mendicité collective visant à récolter un peu d'argent pour se payer une tournée générale au pub le plus proche, bref une idée géniale, à mon avis —, ni aucune de ces traditions que nous promettent les paroles des chants de Noël ou la lecture des livres de Jane Austen et de Charles Dickens.

Un jour, pourtant, étant tombé par hasard sur un exemplaire du livre de T.G. Crippen *Christmas and Christmas Lore (Noël et ses traditions)*, un monument d'érudition publié à Londres en 1923, je découvris enfin que le mot *wassail* était à l'origine une salutation. Venant du vieux norvégien *ves heil*, il signifiait « bonne santé ». À l'époque des Saxons, selon Crippen, celui qui levait son verre avait l'habitude de dire *« Wassail ! »* et son vis-à-vis de répondre *« Drinkhail ! »* avant chaque libation. L'opération se répétait pour tous les convives jusqu'à ce que chacun se retrouve confortablement à l'horizontale.

Il ressort clairement du livre de Crippen qu'en 1923 bon nombre de ces vieilles traditions de Noël si agréables étaient toujours en usage en Grande-Bretagne. De nos jours, hélas ! elles semblent avoir été définitivement reléguées aux oubliettes. Il n'empêche que Noël en Angleterre est un moment merveilleux, bien plus qu'en Amérique, et pour toutes sortes de raisons. D'abord parce qu'en Grande-Bretagne — du moins en Angleterre — on rassemble tous les excès festifs (boire, manger, faire des cadeaux, boire et manger encore) en une seule occasion,

Noël, tandis que nous autres Américains répartissons tous ces plaisirs sur trois fêtes.

En Amérique, la grande fête de la bouffe c'est Thanksgiving, fin novembre. Thanksgiving est vraiment une grande fête — sans doute la plus grande de toutes les fêtes américaines, si vous voulez mon avis. Au cas où vous ne le sauriez pas, elle commémore le premier repas après les moissons, quand les premiers colons, les Pères Pèlerins — se sont assis autour d'une table avec les Indiens pour les remercier de les avoir aidés et pour leur déclarer : « À propos, on a décidé qu'on voulait *tout* le pays ! » C'est vraiment une superfête parce qu'on n'a pas à préparer de cadeaux ni à envoyer de cartes de vœux : on n'a rien à faire sauf s'empiffrer jusqu'à ce qu'on se mette à ressembler à un ballon laissé trop longtemps sur la bonbonne d'hélium.

L'ennui c'est que Thanksgiving se situe moins d'un mois avant Noël. Donc lorsque la mère de famille américaine dépose sur la table, le 25 décembre, une autre dinde, on ne crie pas : « De la dinde ! Chouette, youpi ! » mais plutôt : « De la dinde ? Encore ! » Dans un tel contexte il ne faut pas s'étonner que le repas de Noël soit quelque peu décevant. D'autant qu'en règle générale les Américains ne boivent pas à cette occasion. En fait, je pense que la plupart des gens aux États-Unis trouveraient plutôt indécent de boire le jour de Noël quelque chose de plus corsé qu'un doigt de xérès avant le repas. Les Américains préfèrent réserver leurs excès de boisson pour le réveillon du Nouvel An.

Nous n'avons pas non plus toutes ces coutumes qui vont de pair avec Noël et qui sont une évidence pour les Anglais. Il n'y a pas de pantomimes en Amérique. Pas de tartes aux raisins secs et rarement de *Christmas pudding*. Pas de carillons pour le réveillon de Noël. Ni de pétards. Pas de numéro spécial de *Radio Times*. Pas de beurre manié au cognac. Pas d'assiettes pleines de fruits secs. Pas de *Merry Christmas Everybody* entonné par la voix sirupeuse de Slade toutes les vingt minutes en moyenne. Et, par-dessus tout, il n'y a pas de Boxing Day : aux États-Unis, le 26 décembre, tout le monde reprend le travail. En fait toutes les manifestations de Noël prennent fin aux environs de midi le 25 décembre. Les chaînes de télévision ne programment généralement rien de spécial et la plupart des grands magasins ouvrent leurs portes l'après-midi, sans doute pour que les gens puissent échanger tous les horribles cadeaux qu'ils ont reçus. En Amérique vous pouvez aller au cinéma le jour de Noël. Et même au bowling, ce qui me paraît presque choquant.

Pour ce qui est de Boxing Day, la plupart des Américains n'en ont jamais entendu parler. Au mieux en ont-ils une très vague idée. Vous serez peut être étonnés d'apprendre que Boxing Day est une invention assez récente. L'*Oxford English Dictionary* signale que l'expression n'est apparue qu'en 1849. Son origine remonte au Moyen Âge, lorsque la tradition voulait qu'on ouvrît les troncs des églises le jour de Noël pour en distribuer le contenu aux pauvres le lendemain. Mais la célébration officielle de Boxing Day ne date que du siècle dernier, ce qui explique pourquoi elle n'existe pas aux États-Unis.

Personnellement, je préfère de loin Boxing Day à Noël. Cette fête offre tous les avantages de Noël — beaucoup à manger et à boire, ambiance conviviale avec, en prime, l'occasion de faire la sieste dans un bon fauteuil — sans ses inconvénients — passer des heures sur le plancher à essayer de monter une maison de poupée ou à assembler un vélo en suivant des instructions rédigées dans un anglais de Taïwan, ou remercier hypocritement tante Gladys pour son pull-over tricoté main : « Sincèrement, tante Glad, ça faisait des années que j'avais envie d'un pull avec une grande licorne sur le devant ! »

Non, sérieusement, s'il y a bien quelque chose que je

regrette de l'Angleterre c'est Boxing Day. Et bien sûr aussi la voix de Slade vous serinant *Merry Christmas Everybody* à longueur de temps. Car du coup on apprécie vraiment les autres jours de l'année !

Jeu de chiffres

Le Congrès des États-Unis, une institution qui ne cessera jamais de nous étonner, a récemment attribué au Pentagone 11 milliards de dollars de plus qu'il n'avait été demandé. Est-ce que vous vous rendez compte de ce que représentent 11 milliards de dollars ? Non, naturellement. Personne ne peut l'imaginer. Impossible de se représenter une telle somme.

Dès qu'on aborde l'économie américaine, on se trouve vite confronté à des chiffres si monstrueux qu'ils n'ont aucun sens pour le commun des mortels. Prenez par exemple ces statistiques tirées de ma récente lecture de la presse dominicale. Le produit national brut annuel des États-Unis est de 6 800 milliards de dollars. Le budget fédéral, de 1 600 milliards, le déficit fédéral, de 200 milliards. L'économie du seul État de Californie pèse 850 milliards de dollars.

Il est facile de perdre de vue l'énormité de ces sommes. Selon les derniers calculs, la dette cumulée de l'Amérique frise à un poil près les 4 700 milliards de dollars. (Le chiffre exact est de 4 692, soit en fait une différence de 8 milliards, ce qui fait tout de même très cher le poil, vous en conviendrez.)

J'ai écrit assez longtemps dans les pages économiques de

la presse nationale pour savoir que même les journalistes financiers les plus chevronnés arrivent à se tromper en maniant des termes comme le milliard ou le millier de milliards, et ce pour deux bonnes raisons : premièrement leurs repas sont généralement bien arrosés ; deuxièmement il y a vraiment de quoi se tromper.

Et c'est bien là le problème. Les grands nombres se situent au-delà de ce que notre esprit peut concevoir. Sur la Sixième Avenue, à New York, il y a un panneau électronique financé par un sponsor anonyme. Il s'intitule « L'horloge de la dette nationale ». La dernière fois que j'y étais, en novembre, l'horloge indiquait une dette nationale de 4 533 603 804 000 dollars, soit 4 500 milliards de dollars, et ce chiffre augmentait de 10 000 dollars par seconde, si vite en fait que les trois derniers chiffres du compteur électronique défilaient de manière illisible. Mais 4 500 milliards de dollars, qu'est-ce que cela *signifie* exactement ? Eh bien, essayons seulement avec 1 000 milliards. Imaginez qu'on vous enferme dans une chambre forte avec la totalité de la dette nationale des États-Unis et qu'on vous dise que vous pourrez garder tous les billets d'un dollar sur lesquels vous aurez inscrit vos initiales. Admettons que ce geste vous prenne une seconde et que vous ayez la possibilité de travailler sans vous arrêter. Combien de temps pensez-vous mettre pour arriver à compter 1 000 milliards de dollars ? Allez, faites-moi plaisir, devinez ! Douze semaines ? Cinq ans ?

Si vous paraphez un dollar par seconde vous gagnerez 1 000 dollars toutes les 17 minutes. Après avoir travaillé douze jours non-stop, vous aurez votre premier million de dollars. Et à ce rythme il vous faudra 120 jours pour accumuler 10 millions et 1 200 jours — plus de trois ans — pour arriver à 100 millions. Au bout de 31,7 années vous serez devenu milliardaire et dans presque mille ans vous aurez une fortune comparable à celle de Bill Gates, le fondateur de Microsoft. Mais il vous faudra patienter encore 31 709,8 années avant d'atteindre votre premier millier de milliards, et alors vous ne serez qu'au quart de la pile d'argent représentant la dette nationale américaine.

Ce qui est intéressant, et prouvé chaque jour, c'est que la plupart du temps ces sommes énormes et inimaginables que les économistes et les hommes politiques manient avec tant d'assurance se trouvent finalement très loin de la vérité. Prenez le produit national brut, à la base de toute la politique économique moderne. Le PNB, concept créé dans les années trente par l'économiste Simon Kuznets, est très utile pour mesurer du concret (des tonnes d'acier, des volumes de bois, des pommes de terre, des pneus, etc.) et il était parfaitement adapté à une économie industrielle traditionnelle. Mais aujourd'hui la majorité de la production des pays développés est représentée par des services ou des idées — des choses comme les logiciels d'ordinateur, les télécommunications, les services financiers — qui produisent de la richesse mais pas forcément des produits qu'on peut charger sur une palette ou expédier au marché.

La difficulté de quantifier de telles activités fait que personne ne peut hasarder de chiffres exacts. Beaucoup d'économistes pensent maintenant que les États-Unis ont peut-être sous-estimé le taux de croissance de leur PNB de 2 ou 3 pour 100 depuis de nombreuses années. On trouvera peut-être que ce n'est pas grand-chose, mais si tel était le cas l'économie américaine — qui est déjà d'une ampleur renversante — serait supérieure d'un tiers à ce qu'on a évalué ! En d'autres termes, il se peut qu'il y ait plusieurs centaines de milliards de dollars en train de flotter dans l'économie américaine sans que personne en sache rien. Incroyable !

Mais voici encore une autre constatation effarante : rien de ce qui précède n'a réellement d'importance parce que le PNB est de toute façon une statistique qui ne veut rien dire. Au mieux mesure-t-il au sens strict le revenu de la nation, la « valeur en dollars des produits finis et des services », comme disent les manuels, sur une période donnée. Or toute activité économique augmente le PNB, qu'il s'agisse d'une bonne ou d'une mauvaise activité. On a calculé par exemple que le procès d'O.J. Simpson a ajouté 200 millions de dollars au PNB américain sous forme d'honoraires d'avocats, frais de justice, notes de frais pour les journalistes, etc. Je ne pense pas cependant que nous soyons nombreux à prétendre que tout ce cirque coûteux a beaucoup contribué à la grandeur ou à la noblesse des États-Unis.

En fait, les « mauvaises » activités génèrent souvent plus de PNB que les bonnes. Récemment je me trouvais en Pennsylvanie sur le site d'une usine métallurgique de zinc dont les déchets projetés dans l'atmosphère étaient autrefois si polluants que tout un versant de montagne avait été désertifié. Depuis la clôture de l'usine jusqu'au sommet il n'y avait pas la moindre trace de végétation. Du point de vue du PNB, cependant, c'était pur bénéfice ! D'abord il y avait le gain que l'usine avait rapporté à l'économie en traitant puis en vendant le zinc pendant toutes ces années. Puis le gain représenté par les dizaines de millions de dollars que le gouvernement devrait dépenser pour nettoyer le site et reboiser la montagne. Enfin il y aurait, et pendant de longues années, le gain représenté par les dépenses médicales investies pour traiter les ouvriers de l'usine et les habitants victimes de cette pollution.

En termes économiques conventionnels, toutes ces données sont à enregistrer comme profit et non comme perte. Il en va de même pour la pêche à outrance dans les lacs et les mers. Et pour le déboisement. Bref, plus nous nous comportons comme des sagouins envers notre environnement et mieux notre PNB se porte.

Comme l'a dit l'économiste Herman Daly, « le système de comptabilité nationale actuel traite la terre comme une affaire en liquidation ». Trois autres grands économistes ont fait remarquer avec ironie dans un article de l'*Atlantic Monthly* que « selon les normes actuelles de calcul du PNB américain le héros économique de la nation est un cancéreux en phase terminale empêtré dans un coûteux divorce ».

Alors pourquoi persistons-nous à utiliser cette méthode ridicule pour mesurer des résultats économiques ? Parce que c'est la moins mauvaise que les économistes aient trouvée jusqu'à maintenant.

Désormais vous comprendrez pourquoi on dit que l'économie est une science déprimante !

Room service

Il y a quelque chose que j'ai toujours voulu me payer — et si cette chronique prévoyait le remboursement de mes frais généraux, je le ferais dès maintenant —, c'est un séjour au Motel Inn de San Luis Obispo, en Californie. À première vue, ce désir peut paraître étrange car ce Motel Inn n'a rien d'une attraction particulièrement sensationnelle. Construit en 1925 dans ce style colonial espagnol cher seulement à Zorro et aux Californiens, cet établissement est niché au pied d'une autoroute surélevée très fréquentée, au milieu d'un conglomérat de postes à essence, de fast-foods et d'autres motels plus modernes.

Autrefois, cependant, l'endroit constituait une escale réputée sur la route côtière entre San Francisco et Los Angeles. C'est un architecte de Pasadena, Arthur Heineman, qui le dota de ce style exubérant, mais sa grande inspiration fut le choix de son nom de baptême. À force de jouer avec les mots *motor* et *hotel*, cet homme imaginatif forgea le nom de *mo-tel*, avec un trait d'union pour en souligner la nouveauté. Il existait déjà de nombreux motels en Amérique, mais on les appelait autrement — *auto court*, *cottage court*, *hotel court*, *tour-o-tel*, *auto hotel*, *bungalow court*, *cabin court*, *tourist camp*, *tourist court*, *trav-o-tel*. Pendant longtemps on a pensé que *tourist court* l'emporterait, mais finalement, vers 1950, c'est *motel* qui obtint le statut de terme générique.

Je sais tout cela parce que je viens d'achever la lecture d'un ouvrage sur l'histoire des motels en Amérique au titre débordant d'imagination : *Le Motel en Amérique*. Écrit par trois universitaires, c'est une œuvre ennuyeuse à souhait, pleine de phrases comme : « Les besoins conjugués des consommateurs et des fournisseurs de logements ont fortement influencé le développement de réseaux organisés de distribution. » Je n'en ai pas moins acheté ce livre, et je l'ai dévoré car j'adore tout ce qui touche aux motels. C'est plus fort que moi. Je vibre encore chaque fois que je glisse la clé dans la serrure d'une porte de chambre de motel et que j'ouvre tout grand le battant. Cela fait partie de ces choses — les repas servis dans les avions en sont une autre — qui ont le don de m'exciter, et pourtant je devrais me méfier…

L'âge d'or des motels correspond à mon âge d'or à moi — dans les années cinquante —, ce qui explique vraisemblablement ma fascination. Si vous n'avez jamais parcouru en voiture les États-Unis dans les années cinquante, vous ne pourrez sans doute imaginer ces endroits de rêve qu'étaient les motels. D'abord, les chaînes hôtelières comme Holiday Inn ou Ramada existaient à peine. Jusqu'en 1962, 98 pour 100 des motels étaient la propriété de particuliers, ce qui garantissait à chaque établissement un caractère personnel original.

On trouvait en gros deux types de motels. D'abord, les bons motels : des établissements généralement douillets, dans le style cottage, organisés souvent autour d'une vaste pelouse bien ombragée ornée d'un massif de fleurs où trônait une roue de chariot peinte en blanc. Leurs propriétaires, pour quelque raison personnelle, adoraient également peindre en blanc de grosses pierres qu'ils disposaient le long du chemin d'accès. Souvent ces établissements possédaient aussi une piscine, une boutique de souvenirs et un petit salon de thé. À l'intérieur, ils offraient un niveau de confort et d'élégance qui faisait s'exclamer toute la famille : des moquettes épaisses, un air conditionné ronronnant, une table de chevet avec téléphone (ligne directe) et radio-réveil incorporés, un poste de télévision au pied du lit, une salle de bains rien que pour soi, parfois même un dressing-room et des lits équipés de vibromasseurs où, pour vingt-cinq cents, on pouvait s'offrir des sensations.

Mais il y avait aussi les motels minables. C'est toujours cette catégorie qu'on choisissait. Mon père, un des plus grands radins de l'histoire, considérait que ça ne valait vraiment pas la peine de dépenser son argent pour… eh bien pour n'importe quoi, en fait. Et certainement pas pour quelque chose qui vous servait principalement à dormir. Par conséquent, nous nous retrouvions généralement dans des chambres aux lits défoncés, à l'ameublement fatigué, où l'on pouvait s'attendre à être réveillé en pleine nuit par des cris perçants, le fracas d'une chaise brisée et les supplications d'une voix féminine : « Pose ton flingue, Jimmy, je ferai ce que tu voudras ! » Je n'irai pas jusqu'à prétendre avoir été traumatisé, mais je me rappelle nettement avoir pensé, en voyant la scène où Janet Leigh se fait massacrer au Bates Motel dans *Psychose* : Au moins elle, elle a la chance d'avoir une douche avec un rideau.

Tout cela, même le pire, pimentait nos voyages d'une dose d'imprévu tout à fait grisante. Nous ne savions jamais quel niveau de confort nous attendait en fin de journée, quels menus plaisirs nous seraient offerts en prime. Cela ajoutait au trajet un élément de suspense dont nous privent les raffinements stérilisés des voyages modernes.

Tout a brutalement changé avec l'avènement des chaînes de motels. Holiday Inn, par exemple, est passé de 79 établissements en 1958 à presque 1 500 moins de vingt ans plus tard. Aujourd'hui, cinq chaînes représentent un tiers de tout l'équipement « motelier » de l'Amérique. Les voyageurs actuels ne veulent aucun imprévu dans leur vie. Ils veulent dormir dans la même chambre, manger le même menu, regarder le même programme de télé partout où ils se trouvent.

Récemment, me rendant en voiture de Washington en Nouvelle-Angleterre avec ma famille, j'ai essayé d'expliquer cela à mes enfants et j'ai eu l'idée de passer la nuit dans un de ces endroits familiaux démodés. Tout le monde a trouvé cette proposition colossalement inepte mais j'ai insisté en disant que ce serait une expérience mémorable.

Pour commencer, il a vraiment fallu chercher. Nous avons dépassé des dizaines de motels, mais ils faisaient tous partie d'une de ces grandes chaînes. Finalement, après une heure et demie de quête infructueuse, j'ai quitté l'autoroute pour la septième ou huitième fois et là, ô miracle, scintillant dans le noir, nous avons vu briller les néons du Sleepy Hollow Motel, un authentique établissement des années cinquante.

— Il y a un Comfort Inn de l'autre côté de la route, a fait remarquer un de mes enfants.

— On ne veut pas de Comfort Inn, Jimmy ! ai-je rétorqué, oubliant dans mon excitation qu'aucun de mes gosses ne s'appelle Jimmy. On veut un vrai motel !

Ma femme, en bonne Anglaise, a insisté pour visiter la chambre. Naturellement c'était horrible : ameublement bancal et literie épuisée. Il y faisait si froid qu'on formait des nuages de buée avec notre haleine. Il y avait bien un rideau à la douche mais il ne tenait que par trois anneaux.

— L'endroit a du caractère, ai-je insisté.

— Il y a certainement des puces, a dit ma femme. On va traverser la route et on ira au Comfort Inn.

Incrédule, j'ai vu mes troupes battre en retraite.

— On reste, n'est-ce pas, Jimmy ? ai-je supplié.

Mais même Jimmy est parti sans se retourner.

Je suis resté planté là pendant quinze secondes. Puis j'ai éteint la lumière et je suis allé rendre la clé.

Nous avons donc passé la nuit au Comfort Inn, un endroit très fade, comme tous les Comfort Inns où j'ai déjà séjourné. Mais la chambre était propre, la télé fonctionnait et, je dois le reconnaître, le rideau de la douche était vraiment coquet.

Notre ami l'élan

Ma femme vient de crier à l'instant que le repas est sur la table — personnellement je le préfère dans l'assiette, mais passons… Donc cette chronique risque bien d'être plus courte que d'habitude. Parce que, voyez-vous, dans notre famille, si on n'est pas à table dans les cinq minutes suivant l'appel on hérite seulement de bouts de cartilage et du morceau de ficelle grisâtre entourant le rôti. Mais au moins, dans ce pays — et c'est l'un des avantages de la vie en Amérique aujourd'hui — on peut manger de la viande de bœuf sans risquer de marcher de travers et de se cogner dans les murs en sortant de table.

Je suis retourné en Angleterre récemment et j'ai remarqué que des tas de gens ont recommencé à manger du bœuf. J'en conclus que tous ces gens n'ont pas dû suivre l'excellente émission *Horizon* en deux parties de la chaîne ESB, ni lu le tout aussi excellent article de John Lanchester dans le *New Yorker* sur le même sujet. Si c'était le cas, je vous assure qu'ils s'abstiendraient de manger du bœuf pour le reste de leur vie — et qu'ils regretteraient amèrement d'en avoir avalé ne fût-ce qu'une bouchée entre 1986 et 1988, ce qui est mon cas : les gars, nous sommes tous sacrément mal barrés !

Toutefois, mon propos aujourd'hui n'est pas de vous

faire trembler pour votre avenir — cela dit, je vous conseillerai de faire votre testament tant que vous pouvez encore tenir un stylo — mais plutôt de suggérer des solutions autres que l'abattage de toutes ces pauvres vaches. Je suggère qu'on expédie ici tout ce bétail contaminé, qu'on le lâche en liberté dans les forêts qui couvrent le nord de la Nouvelle-Angleterre depuis le Vermont jusqu'au Maine, et qu'on laisse nos chasseurs s'en occuper. D'après moi, cette solution aurait l'avantage de distraire ces derniers tout en assurant la tranquillité de ces pauvres élans.

Dieu seul sait pourquoi un homme peut avoir envie de tirer sur un animal aussi inoffensif et timide que l'élan, n'empêche qu'ils sont des millions à vouloir le faire. Les aspirants chasseurs sont si nombreux que certains États organisent un tirage au sort pour attribuer les permis. Le Maine a reçu 82 000 demandes pour 1 500 permis disponibles. Plus de 20 000 personnes n'habitant pas l'État ont dépensé gaiement 20 dollars (non remboursables) pour avoir le droit de participer à la loterie.

Les chasseurs vous diront que l'élan est un animal des bois rusé et féroce. En fait, c'est un gros bœuf dessiné par un bambin de trois ans. Rien de plus. De tous les animaux de la forêt il est sans conteste la créature au design le plus invraisemblable et à la naïveté la plus touchante qui soient. L'élan est un animal énorme et d'une gaucherie royale. Il court comme s'il n'avait jamais bien compris qu'il possède quatre pattes. Même ses bois sont ridicules. D'autres bêtes sont équipées d'une ramure aux bouts pointus dont le profil majestueux inspire le respect à leurs adversaires. Les élans, eux, sont nantis de bois qui ressemblent à des gants de cuisine.

Mais surtout, cet animal se distingue par son manque d'intelligence, sa stupidité pratiquement insondable. Si vous rencontrez par hasard sur la route un élan échappé du bois, il vous fixera en louchant pendant une longue minute avant de détaler brusquement sur le macadam, ses sabots galopant dans huit directions différentes à la fois. Peu importe qu'il dispose de vingt mille kilomètres carrés de forêt dense et sûre de chaque côté de la route ! N'ayant pas la moindre idée de l'endroit où il se trouve ni de ce qui se passe exactement, il poursuivra obstinément son chemin sur la route nationale jusqu'au cœur du Nouveau-Brunswick avant que sa démarche dégingandée ne le conduise, par hasard, sous les arbres du bas-côté. Là, il s'arrêtera immédiatement, complètement abasourdi, avec une expression perplexe signifiant : « Tiens, une forêt ? Comment diable ai-je bien pu atterrir ici ? »

Les élans, en fait, sont si monumentalement crétins que lorsqu'ils entendent approcher un véhicule il leur arrive souvent de se précipiter *hors* de la forêt *sur* la chaussée pour se mettre à l'abri. Chaque année, en Nouvelle-Angleterre, un millier d'entre eux se font massacrer par des camions ou des voitures. Sachant qu'un élan pèse près d'une tonne et que sa forme semble étudiée pour qu'un capot de voiture fauche ses pattes maigrelettes et expédie la carcasse à travers le pare-brise, vous imaginez que cette sorte de collision est généralement fatale à l'automobiliste aussi. Lorsqu'on connaît la tranquillité et le vide des routes qui traversent les forêts septentrionales, lorsqu'on mesure le faible risque pour qu'une bête émerge du bois aux rares moments où passera un véhicule, ces statistiques paraissent vraiment étonnantes.

Mais ce qui semble plus étonnant encore, étant donné l'absence de malice de l'élan et son instinct de survie singulièrement émoussé, c'est qu'il est une des créatures les plus anciennes d'Amérique du Nord. À l'ère où les mastodontes se promenaient sur la terre, l'élan était déjà là. Les mammouths laineux, les tigres aux dents de sabre, les lions des montagnes, les loups, les caribous, les chevaux sauvages et même les chameaux qui prospéraient sur les territoires de l'est des États-Unis ont progressivement été frappés d'extinction. Mais pas l'élan. L'élan, lui, a poursuivi son petit bonhomme de chemin sans se soucier des glaciations, des chutes de météores, des éruptions volcaniques ou de la dérive des continents. Pourtant, au début du siècle, on estimait qu'il ne restait pas plus d'une douzaine d'élans dans tout le New Hampshire et probablement plus un seul dans le Vermont. Aujourd'hui on évalue leur population à 5 000 dans le New Hampshire, 1 000 dans le Vermont et près de 30 000 dans le Maine.

C'est en se fondant sur ces solides statistiques que la chasse a été progressivement réintroduite pour contrôler une croissance qui risquait de devenir gênante. Mais il y a deux problèmes. Le premier, c'est que ces chiffres ne représentent qu'une estimation empirique. À l'évidence, les élans ne se sont pas présentés à la queue leu leu pour être recensés. D'éminents naturalistes pensent qu'on a surestimé leur population de 20 pour 100, ce qui laisse penser qu'au lieu de réduire le nombre des élans de façon sélective on est plutôt en train de les massacrer sans discernement.

L'autre problème, encore plus pertinent à mon sens, c'est qu'il y a quelque chose de choquant dans le fait de chasser et de tuer un animal aussi bêtement anodin qu'un élan. Tirer sur un élan n'est pas un exploit. J'en ai déjà rencontré dans la nature et je peux vous garantir qu'on n'aurait presque aucune peine à s'en approcher pour les abattre avec un journal. Que 90 pour 100 des chasseurs arrivent à se payer un élan au cours d'une saison qui dure seulement une semaine témoigne de la facilité avec laquelle on peut chasser cet animal.

Voilà pourquoi je suggère que les Anglais nous expédient tous leurs pauvres bovins contaminés. Cela fournirait à nos chasseurs le défi qui leur manque tout en épargnant nos malheureux élans.

Envoyez-nous vos vaches folles ! Adressez-les à Bob Smith. Il est sénateur du New Hampshire et, s'il faut en croire son passé électoral, on n'a rien à lui apprendre sur les maladies mentales.

Maintenant, veuillez m'excuser : il faut que j'aille voir si mes enfants m'ont laissé quelques lambeaux de viande autour de cette ficelle grise.

Au bonheur du consommateur

Je pense avoir acquis la preuve irréfutable que l'Amérique est le paradis du shopping. Elle m'a été fournie par la lecture d'un catalogue de vidéos qu'on m'a envoyé sans me demander mon avis et que j'ai reçu au courrier de ce matin. Là, parmi les diverses propositions habituelles — *Un violon sur le toit*, *Tai-chi pour rester jeune et en bonne santé*, l'intégrale des films de John Wayne —, on me proposait une cassette pour autodidacte, *Dansez la macarena tout nu*, promettant d'initier le néophyte « aux déhanchements torrides de cette danse latino qui fait un malheur chez nous ». Les autres promotions du catalogue offraient des sujets fascinants : un documentaire sur les « tracteurs d'autrefois », un coffret des œuvres complètes de Don Knotts et deux vidéos de *Ménagères américaines en tenue d'Ève* montrant de banales ménagères « vaquant à leurs tâches quotidiennes dans le plus simple appareil ».

Quand je pense que j'ai demandé une clé à mollette pour Noël !

Il n'y a rien, selon moi, qu'on ne puisse acheter dans ce pays remarquable. Bien sûr, cela fait des décennies que le shopping est devenu le grand sport national, mais il y a récemment eu dans ce domaine trois innovations qui l'ont porté à des sommets vertigineux.

Le télémarketing. — C'est un commerce d'un genre tout nouveau où un escadron de vendeurs appellent au téléphone de parfaits inconnus, plus ou moins choisis au hasard, pour leur lire, sans se laisser démonter, un texte préparé à l'avance leur promettant une douzaine de couteaux à viande ou un poste de radio à modulation de fréquence s'ils acceptent d'acheter un produit ou un service donné. Ces gens sévissent partout de manière implacable.

Les chances de me voir acquérir par téléphone un appartement en multipropriété en Floride sont presque aussi grandes que celles de me voir changer de religion à la suite d'une visite à domicile d'un couple de mormons. Mais, de toute évidence, je ne suis pas un bon exemple : selon le *New York Times*, le télémarketing aux États-Unis rapporte 35 millions de dollars par an. Ce chiffre est tellement phénoménal que, rien que d'y penser, j'en attrape la migraine ; aussi passerons-nous à la rubrique numéro deux…

Les magasins d'usine. — Ce sont des centres commerciaux où des marques comme Calvin Klein ou Ralph Lauren vendent leur propre production à des prix cassés — autrement dit, des tas de magasins où tout est perpétuellement en solde. Récemment, la formule a pris une extension considérable. Il arrive d'ailleurs que ce ne soient même plus des centres commerciaux mais des villes tout entières qui soient envahies par ces magasins d'usine. L'exemple le plus remarquable est incontestablement Freeport dans le Maine, patrie de L.L. Bean, un fabricant d'articles de sport et de plein air pour jeunes cadres branchés.

Nous nous y sommes arrêtés l'été dernier en traversant le Maine, et quand j'y repense j'en ai encore les jambes qui flageolent. Une visite à Freeport suit une procédure immuable. On avance pare-chocs contre pare-chocs jusqu'à la ville. On passe quarante minutes à essayer de se garer. Puis on se mêle à la foule des milliers de pèlerins défilant dans la Grand-Rue devant un alignement de boutiques où se vendent toutes les marques, connues ou inconnues, qui puissent exister. Au centre de Freeport trône le magasin L.L. Bean, énorme, ouvert 24 heures sur 24, 365 jours par an. Vous pouvez y acheter un kayak à trois heures du matin si ça vous chante. Apparemment, il y a des gens qui le font... Voilà la migraine qui me reprend !

Enfin, les catalogues. — Les achats par correspondance existent depuis longtemps déjà mais le phénomène a pris des proportions ahurissantes. Dès l'instant où nous avons mis les pieds aux USA, les catalogues ont été déversés sur notre paillasson avec le courrier du jour sans qu'on ait rien demandé. Actuellement, on en reçoit en moyenne une douzaine par semaine, quelquefois davantage, des catalogues de vidéos, d'outils de jardin, de lingerie, de livres, d'articles de pêche ou de camping, de gadgets pour améliorer le look de votre salle de bains, enfin des catalogues de n'importe quoi. Pendant longtemps je me suis contenté de les jeter avec le reste de la pub. Quel idiot j'étais ! Je viens seulement de comprendre qu'ils offrent des heures de lecture agréable tout en ouvrant des perspectives intéressantes sur une nouvelle vision des choses.

Aujourd'hui même, avec la brochure déjà mentionnée sur la macarena en petite tenue, nous avons reçu un catalogue baptisé *Des outils pour le vrai lecteur.* Il était rempli de la gamme habituelle du matériel de bureau, mais ce qui a tout particulièrement retenu mon attention c'est un gadget appelé le « valet de votre attaché-case », une sorte de petit chariot à roulettes culminant à dix centimètres du sol. Disponible en cerisier naturel ou teinté pour la modique somme de 139 dollars, il est conçu pour soulager l'homme moderne d'une des tâches les plus éreintantes de notre époque. Comme l'explique la notice, « nous devons tous faire face au problème irritant du stockage de notre serviette, à la maison comme au bureau. C'est pourquoi nous avons inventé le "valet de votre attaché-case". Il maintient votre attaché-case au-dessus du niveau du sol, et ainsi la besogne consistant à y placer ou à en retirer des documents est-elle grandement facilitée au cours de la journée ». J'ai surtout apprécié ces cinq derniers mots, « au cours de la journée ». Combien de fois, en effet, me suis-je surpris en train de penser : Qu'est-ce que je ne donnerais pas pour disposer d'un petit appareil sur roulettes, en bois et dans divers coloris, qui me permettrait de faire l'économie de dix centimètres quand j'étends le bras !

Le plus effrayant, c'est que ces gadgets sont souvent accompagnés d'un laïus si convaincant qu'on s'y laisserait presque prendre. Je lisais dans un autre catalogue la description d'un accessoire de cuisine italien appelé *porta-rotolo di carta* qui se glorifiait d'un « bras de tension à ressort », d'une « glissière en inox », d'un « motif artisanal en cuivre » et d'un « support en caoutchouc assurant une plus grande stabilité », le tout pour 49,95 dollars seulement. Et puis j'ai compris qu'il s'agissait d'un dévidoir pour rouleaux d'essuie-tout. Évidemment ils ne pouvaient pas mettre : « Trêve de blabla, ceci n'est qu'un vulgaire porte-rouleaux et on espère bien que vous serez assez bête pour l'acheter. » Non, ils essaient de vous éblouir en octroyant à l'objet un pedigree exotique et en faisant mousser sa complexité technique.

Par conséquent, même les catalogues présentant les objets les plus usuels dépassent en termes de design la description d'une Buick 1954. J'ai sous les yeux un catalogue sur papier glacé proclamant avec une fierté non dissimulée que telles chemises en flanelle sont vendues avec « revers superwash des poignets, poches façon passepoil, doublage duveteux du col renforçant la tendance cocooning du concept », et qu'elles sont « à carreaux tissés-teints sanitized antibactériens avec quadruples surpiqûres de confort ». Même la description des chaussettes s'accompagne d'un pareil charabia et de précisions pseudo-scientifiques vantant les « nouvelles techniques du bien-être auxquelles participent leurs pointes renforcées et talons préformés, avec coutures faites main antiglisse, sans compression ».

Je dois confesser qu'il m'est parfois arrivé d'être tenté de céder aux voix de sirènes du marketing mais, finalement, entre débourser 39,50 dollars pour une chemise tendance cocooning et aller faire un peu de cocooning sous ma couette, c'est toujours cette deuxième option qui l'emportera ! Il n'empêche que si on me propose un jour la vidéo *Comment bricoler chez soi avec notre clé à mollette (et son manche antiglisse dans un large choix de coloris) tout en apprenant à danser la macarena à poil*, je suis preneur.

Le paradis de la malbouffe

J'ai décidé l'autre jour de nettoyer notre frigo. Normalement, nous ne nettoyons jamais le frigo : nous nous contentons de l'emballer tous les quatre ou cinq ans pour l'expédier aux experts du Centre d'hygiène et de dépistage des maladies, à Atlanta, avec une petite note les invitant à utiliser tout ce qui leur paraîtra prometteur sur le plan scientifique. Mais cela faisait plusieurs jours qu'un de nos chats avait disparu et je me rappelais vaguement avoir aperçu quelque chose de poilu vers le fond de la dernière étagère. (En l'occurrence, il s'agissait d'un gros morceau de gorgonzola.)

Donc je me trouvais là, à genoux, en train de défaire les petits paquets entourés de papier d'aluminium ou d'ouvrir avec prudence les boîtes Tupperware, lorsque je suis tombé sur un produit intéressant baptisé la « pizza du petit déjeuner ». Je l'ai contemplé avec une sorte d'affection nostalgique, comme on regarde une vieille photo où l'on se voit accoutré de vêtements tellement ringards qu'on s'étonne d'avoir pu un jour les trouver à la mode. Car cette pizza du petit déjeuner, voyez-vous, représentait le dernier vestige d'une de mes tentatives de shopping particulièrement malheureuses.

Quelques semaines plus tôt, en effet, j'avais annoncé à

ma femme ma décision de l'accompagner au supermarché parce que les produits qu'elle en rapportait chaque fois n'étaient pas vraiment — comment dire ? — pas vraiment conformes à l'esprit de la vraie cuisine américaine. Nous vivons dans un pays qui est le paradis de la bouffe artificielle, un pays qui a donné à l'humanité, entre autres merveilles, le fromage en bombe aérosol, mais mon épouse s'obstine à acheter des trucs naturels et sains comme des brocolis frais ou des petits pains suédois. C'est parce qu'elle est anglaise, bien sûr. Elle n'a pas encore saisi toute la richesse et les perspectives infinies qu'offre le régime alimentaire américain dans la gamme du graillon et du gluant.

Personnellement, je mourais d'envie de déguster des morceaux de jambon artificiel, des fromages aux coloris surnaturels, des sauces sirupeuses au chocolat ou même des préparations réunissant ces trois ingrédients. J'avais envie de nourriture qui gicle quand on y plante les dents, d'aliments qui vous dégoulinent si généreusement sur le plastron de votre chemise qu'on doit quitter la table penché en arrière et danser le limbo jusqu'à l'évier pour se nettoyer.

Cette fois, donc, j'avais décidé qu'il était temps de l'accompagner au supermarché. Là, tandis qu'elle s'affairait au rayon frais à tâter les melons ou à trouver le prix des champignons, je me suis rendu au rayon « malbouffe », soit quasiment tout le reste du magasin. Eh bien, c'était le paradis !

Le coin « céréales » à lui tout seul aurait pu m'occuper le reste de l'après-midi. Il y en avait bien de deux cents sortes, et je n'exagère pas. Toutes les substances imaginables aptes à être réduites en poudre, gonflées ou enrobées de sucre étaient représentées. À première vue, je donnerai la palme à un type de céréales baptisées Cookie Crisp et vantées comme un petit déjeuner complet et nutritif alors qu'il ne s'agit que de minibiscuits au chocolat qu'on met dans un bol et qu'on mange avec du lait. Génial !

J'accorderai aussi une mention spéciale aux Peanut Butter Crunch, Cinnamon Mini Buns, Count Chocula (avec des morceaux monstres de marshmallows) et à une variété particulièrement robuste appelée Cookie Blast Oat Meal qui ne regroupe pas moins de quatre sortes de petits biscuits. J'ai pris un paquet de chaque plus deux paquets de flocons d'avoine — combien de fois ai-je répété qu'on ne peut commencer sa journée sans un bol de lait bien chaud rempli de céréales ! — et je suis vite retourné vers notre chariot.

— C'est quoi, ça ? m'a demandé ma femme avec ce ton particulier qu'elle adopte pour me parler dans les magasins.

Je n'avais pas le temps de lui expliquer.

— Le petit déjeuner pour les six mois à venir, ai-je résumé, essoufflé. Et ne t'avise surtout pas d'en remettre une seule boîte en rayon ou de la remplacer par du muesli !

Jamais encore je ne m'étais rendu compte de la place gigantesque occupée par la malbouffe. De tous côtés j'étais entouré d'aliments garantissant l'obésité galopante, des produits qui m'étaient pour la plupart inconnus, des trucs à la gelée ou à la crème de synthèse, bourrés de sauces indescriptibles à la noix de pécan et à la pêche, des bonbons fourrés à la *root beer*, des caramels baptisés « chiens du diable », du Fluff, pâte à tartiner à la guimauve présentée dans un baril assez grand pour qu'on y donne son bain à un bébé…

On n'arrive pas à imaginer la quantité monstrueuse et la variété phénoménale des aliments sans intérêt nutritif qui sont offerts de nos jours aux clients des supermarchés américains. Je viens de lire qu'un Américain moyen consomme environ huit kilos de bretzels par an.

La travée numéro 7 (rayon pour obèses avancés) était particulièrement bien garnie. J'y ai découvert toute une section consacrée aux pâtisseries à toaster qui comprenait entre autres variétés huit types différents de Toaster Strudel. Et qu'est-ce que le « toaster strudel » ? Aucune importance ! C'était sirupeux et visqueux à souhait. J'en ai pris une pleine brassée. J'avoue que dans mon enthousiasme je me suis quelque peu laissé emporter. Mais il y avait un tel choix, et j'avais été absent si longtemps !

Finalement c'est la pizza du petit déjeuner qui a fait tiquer ma femme. Elle a jeté un coup d'œil sur la boîte et a dit « non ! ».

— Tu disais, ma douce ?

— Non ! Tu ne vas pas nous ramener à la maison un truc comme la pizza du petit déjeuner. Je t'autorise (elle a plongé dans le chariot pour chercher des exemples) les bonbons à la *root beer* et le Toaster Strudel mais…

Elle a brandi un paquet qu'elle n'avait pas remarqué.

— Qu'est-ce que c'est que ça ?

J'ai regardé par-dessus son épaule.

— Des crêpes micro-ondes.

— Des crêpes micro-ondes, a-t-elle répété sans enthousiasme.

— Ça n'est pas merveilleux, la science ?

— Tu mangeras tout ça ! Tout ce que tu ne remets pas immédiatement en rayon, tu vas le manger. Jusqu'à la dernière bouchée. C'est bien entendu ?

— Bien sûr, ai-je répondu de ma voix la plus sincère.

Et vous savez quoi ? Elle m'a vraiment obligé à tout manger. J'ai passé des semaines à consommer progressivement toute une gamme symphonique de bouffe américaine et tout, sans exception, était affreux. Infect. Je ne sais pas si les produits américains ont empiré ou si mes papilles gustatives ont évolué, mais même les friandises dont enfant je me régalais m'ont semblé d'une fadeur décevante ou horriblement écœurantes.

Le pire de tout a été la pizza du petit déjeuner. J'ai fait trois ou quatre essais, en vain, pizza grillée au four ou irradiée au micro-ondes. Une autre fois, en désespoir de cause, je l'ai tartinée de Fluff à la guimauve, mais sans obtenir rien de plus savoureux qu'un triste amalgame mou et pâteux. Au bout du compte, j'y ai renoncé et j'ai enfoui le paquet dans le cimetière à Tupperware, au fond du frigo.

Cela vous explique pourquoi, lorsque je l'ai retrouvé par hasard l'autre jour, mes sentiments étaient très mitigés. Ma première réaction a été de tout balancer et puis j'ai hésité et soulevé le couvercle. Cela ne sentait pas mauvais — j'imagine que la préparation est tellement bourrée de produits chimiques qu'il ne reste pas de place pour la moindre bactérie — et je me suis dit que je devrais garder la chose quelque temps encore en souvenir d'une crise de folie... Mais finalement j'ai tout jeté. Et puis, sentant venir un petit creux, je suis allé dans le garde-manger voir si je n'y dénicherais pas une galette au blé complet et, pourquoi pas, une branche de céleri.

Histoires de forêts

Il y a un an environ, en plein hiver, un jeune étudiant a quitté une soirée dans un village du New Hampshire, près de chez nous, pour rentrer à pied chez ses parents, à environ trois kilomètres de là. Mais il faisait nuit, il avait un peu bu et il a fait la bêtise de prendre un raccourci à travers bois. Il n'est jamais arrivé. Le lendemain, quand on a appris sa disparition, des centaines de bénévoles sont partis à sa recherche. Ils ont fouillé la forêt pendant des jours et des jours, sans succès. Et puis au printemps, un promeneur a découvert son corps, par hasard.

Il y a cinq semaines s'est produit un incident comparable. Un petit jet privé ayant deux personnes à son bord et qui se préparait à atterrir sur notre aéroport local a dû interrompre sa manœuvre à cause du mauvais temps. Après un crochet vers le nord-est, il est entré en contact avec la tour de contrôle pour signaler son approche. Quelques instants plus tard, la petite lumière verte représentant l'avion a disparu de l'écran radar de l'aéroport. Quelque part par là-bas, brutalement et pour des raisons inconnues, l'avion s'était écrasé dans les bois. De nouveau, on a organisé des recherches, cette fois avec deux cents volontaires au sol appuyés par une douzaine d'avions et onze hélicoptères. De nouveau on a cherché pendant des semaines, et de nouveau sans succès. Cet avion était un jet de dix-huit places. On peut donc imaginer qu'il a laissé un impact considérable. Pourtant on n'a décelé aucun signe d'épave, aucune trace de crash dans les arbres. L'avion avait tout simplement disparu, il s'était volatilisé.

Je ne suis pas en train d'insinuer que nous vivons en bordure d'une sorte de triangle des Bermudes végétal. Non, je veux simplement vous prouver que les forêts du New Hampshire sont des endroits plutôt étranges et assez sinistres. Pour commencer, elles sont pleines d'arbres — et je n'essaie pas d'être drôle. L'été dernier, j'y ai fait de la randonnée pendant quelques semaines et je peux vous affirmer que le nombre d'arbres qu'on y rencontre dépasse l'entendement. Parfois c'est franchement perturbant car on a le sentiment de voir le même paysage répété à l'infini. À chaque détour du chemin on découvre un paysage identique au précédent, et ainsi de suite, dans quelque direction que l'on aille. Si l'on quitte sa route, on a de fortes chances — en fait toutes les chances — de s'égarer, faute de points de repère bien marqués. On court ainsi le risque de marcher jusqu'à épuisement avant même de se rendre compte qu'on n'a fait que tourner en rond.

Sachant cela, on est beaucoup moins étonné d'apprendre que ces bois peuvent avaler des avions entiers ou garder à tout jamais le corps des infortunés qui ont eu le malheur d'être entraînés dans leurs labyrinthiques profondeurs. Le New Hampshire, qui a la même superficie que le pays de Galles, est couvert à 85 pour 100 de forêts. Cela représente assez d'arbres pour qu'on s'y égare sans problème. Chaque année, un ou deux promeneurs au moins y disparaissent, souvent pour toujours.

Mais voici un détail assez étonnant : il y a un siècle seulement, parfois moins longtemps dans certaines régions, la plupart de ces bois n'existaient pas. Presque toute la Nouvelle-Angleterre rurale, notamment notre région du New Hampshire, n'était que terres agricoles et prairies verdoyantes. Ce fait m'a été confirmé pas plus tard que la semaine dernière, lorsque le conseil municipal de notre ville nous a envoyé ses vœux sous forme d'un calendrier reprenant de vieilles photos de la ville tirées des archives locales. L'un des clichés — un panorama pris d'une colline en 1874 — me rappelait un paysage vaguement familier sans que je puisse dire en quoi. On y voyait un coin du campus de Dartmouth College, avec une route de terre qui se perdait au loin dans les collines. Il m'a fallu quelques minutes pour comprendre que je contemplais ce qui allait devenir mon propre quartier. C'était vraiment étrange, car aujourd'hui notre rue ressemble aux rues traditionnelles de Nouvelle-Angleterre, avec des maisons à bardeaux entourées de grands arbres majestueux. Mais en fait tout cela ne date que des années vingt, soit un demi-siècle après cette photo. La colline d'où la vue a été prise est désormais couverte d'un bois de cinq hectares, et toute la zone depuis nos maisons jusqu'aux lointaines collines est couverte d'une épaisse et vénérable forêt dont pratiquement pas la moindre brindille n'existait en 1874.

Les fermes ont disparu parce que les fermiers sont partis à l'ouest vers les terres plus fertiles de l'Illinois et de l'Ohio, ou alors sont allés vers les villes industrielles en pleine expansion, attirés par la perspective de revenus plus généreux et plus réguliers. Les fermes qu'ils ont abandonnées — parfois même des villages entiers — sont tombées en ruine et, progressivement, la nature sauvage a repris ses droits. Partout en Nouvelle-Angleterre une promenade en forêt vous donnera l'occasion de tomber sur les vestiges d'un vieux mur de pierre ou sur des fondations nichées dans les fougères du tapis forestier.

Près de notre maison part un sentier qui s'enfonce dans les bois en suivant le tracé d'une vieille route postale du

XVIIIe siècle. Sur plus de trente kilomètres, il serpente au milieu d'une obscure et inextricable forêt d'apparence ancienne. Pourtant il y a des gens encore vivants qui se rappellent le temps où tout le pays n'était qu'une vaste terre agricole. Un peu à l'écart de l'ancienne route postale, à quelque six kilomètres d'ici, s'élevait autrefois le village de Quinntown qui possédait un moulin, une école et pas mal de maisons. Il est encore indiqué sur les vieilles cartes d'état-major.

Je suis parti à la recherche de Quinntown une ou deux fois au hasard de mes balades. Mais même avec une excellente carte le site est terriblement difficile à repérer, faute de points de repère visibles. Je connais un homme qui cherche Quinntown depuis des années et qui ne l'a toujours pas découvert.

Le week-end dernier j'ai décidé de refaire une tentative. La neige venait juste de tomber, ce qui rend toujours les bois agréables. Naturellement la possibilité de tomber soudain sur la carcasse de l'avion disparu m'a effleuré l'esprit. Je ne pensais pas sérieusement trouver quelque chose — après tout j'étais à quinze kilomètres du site présumé de la catastrophe —, mais d'un autre côté il fallait bien que l'avion soit quelque part et on n'avait sans doute pas encore cherché de ce côté-là. Je me suis donc enfoncé dans la forêt où j'ai fait un sacré tour. J'ai pris un grand bol d'air frais, je me suis bien dépensé physiquement. La vue de ces bois baignant dans la douceur de la neige était splendide. Mais quel sentiment étrange de savoir que ce vaste désert silencieux recélait les ruines d'un village jadis florissant. Et encore plus étrange de penser que, pas loin de moi dans cette sombre forêt, il y avait la carcasse d'un avion avec deux cadavres à son bord.

J'aurais beaucoup aimé pouvoir vous dire que j'ai retrouvé Quinntown ou les débris de l'avion, ou même les deux. Mais hélas ! ce n'est pas le cas. Dans la vie, parfois, les aventures se terminent en queue de poisson. Certaines chroniques aussi.

Salut au grand chef !

Demain, c'est la journée des Présidents aux États-Unis. Oui, je sais, moi aussi je suis tout excité. La journée des Présidents est une fête nouvelle pour moi. Dans ma jeunesse, on avait deux jours fériés pour les présidents : le 12 février on commémorait la naissance de Lincoln, le 22 celle de Washington. Ces dates sont approximatives ou peut-être complètement fausses car, entre nous, c'est loin, ma jeunesse, et de toute façon ces fêtes n'étaient pas très intéressantes. Il n'y avait ni cadeaux ni pique-nique. Absolument rien.

Le problème, avec les anniversaires, c'est qu'ils peuvent tomber, comme vous l'avez sans doute remarqué, n'importe quel jour de la semaine alors que les gens préfèrent avoir un jour férié le lundi, ce qui allonge nettement le week-end. Par conséquent, assez longtemps, l'Amérique a fêté les anniversaires de Lincoln et de Washington le lundi le plus proche des dates en question. Cependant, certaines personnes un peu bizarres en ont été incommodées et l'on a donc décidé de regrouper les deux commémorations le troisième lundi de février, qui a reçu le nom de « journée des Présidents ».

Désormais le but est de rendre hommage d'un seul coup à tous les présidents des États-Unis, qu'ils aient été bons ou mauvais. Je trouve plutôt sympa de tirer de l'oubli les présidents les plus obscurs, en particulier des gens comme Grover Cleveland, qui, dit-on, avait l'habitude intéressante de se soulager par la fenêtre de son bureau, ou Zachary Taylor, qui n'a jamais voté de sa vie, pas même pour lui.

Il faut reconnaître que l'Amérique a produit pas mal de grands présidents : Washington, Lincoln, Jefferson, Teddy et Franklin Roosevelt, Woodrow Wilson, John F. Kennedy. Elle a aussi produit plusieurs grands hommes qui sont devenus accessoirement présidents, notamment James Madison, Ulysses S. Grant et aussi — vous serez sans doute surpris de me l'entendre dire — Herbert Hoover.

Je dois dire que j'éprouve une certaine estime pour Herbert Hoover — « affection » serait un terme excessif —, d'abord parce qu'il vient de l'Iowa comme moi, ensuite parce que ce pauvre homme me fait un peu pitié. C'est la seule personnalité dans toute l'histoire des États-Unis pour qui l'accession à la Maison-Blanche ait été un mauvais plan de carrière. De nos jours, lorsqu'on évoque le président Hoover, c'est pour le rendre responsable de la Grande Dépression des années trente.

Or pratiquement personne ne se rappelle le demi-siècle d'accomplissements remarquables, voire héroïques, ayant précédé ce désastre.

Examinons son CV. Orphelin à huit ans, il parvint tout seul à faire des études supérieures (il appartient à la première promotion des diplômés de l'université de Stanford) puis devint un brillant ingénieur des mines dans l'Ouest. Ensuite il partit pour l'Australie ; il contribua à l'essor de l'industrie minière dans la partie occidentale du pays — restée de nos jours une des régions les plus productives du monde —, avant de s'installer à Londres où il joua un rôle éminent dans le monde des affaires, devenant ainsi un homme riche et influent. Sa personnalité prit une telle envergure qu'au début de la Première Guerre mondiale on lui offrit de faire partie du Cabinet britannique, ce qu'il refusa, préférant prendre la direction du programme d'aide alimentaire aux alliés menacés de famine. Il mena cette tâche avec tant de succès qu'on estime à dix millions le nombre de vies qu'il contribua à sauver. À la fin du conflit, Hoover était un des hommes les plus admirés et les plus respectés de son temps, connu dans le monde entier comme le « grand humanitaire ».

De retour aux États-Unis, il devint l'un des principaux conseillers de Woodrow Wilson, puis il fut secrétaire du Commerce sous les présidences de Harding et Coolidge, en ces huit années où les exportations augmentèrent de 58 pour 100. Lorsqu'il se présenta aux élections présidentielles de 1928, il fut élu à une majorité écrasante.

En mars 1929, il fut investi. Sept mois plus tard, c'était le crash de Wall Street et l'effondrement de toute l'économie. Contrairement à ce que l'on croit généralement, Hoover réagit immédiatement. Il dépensa plus d'argent en travaux publics et en aides aux chômeurs que tous ses prédécesseurs réunis. Il fournit 500 millions de dollars aux banques en difficulté et fit même don de son propre salaire aux œuvres de charité. Mais il manquait de charisme et s'aliéna l'opinion publique en s'obstinant à répéter que la reprise était imminente. En 1932, il fut battu de façon aussi magistrale qu'il avait été élu quatre ans auparavant et, depuis lors, il est resté dans les mémoires comme l'exemple même de l'échec pitoyable.

Mais au moins se souvient-on de lui, ce qui n'est certes pas le cas de la plupart de nos grands patrons de l'exécutif. Sur les quarante et un personnages ayant accédé à la magistrature suprême, la moitié au moins ont rempli leurs fonctions si discrètement qu'ils sont passés aux oubliettes — ce que j'approuve chaleureusement. N'empêche que devenir président des États-Unis et ne rien accomplir du tout relève de l'exploit, en un sens.

En général, on s'accorde à reconnaître que le plus insipide et le plus inefficace de tous nos chefs d'État fut Millard Fillmore, qui remplaça Zachary Taylor à sa mort en 1850 et passa les trois années de son mandat à démontrer comment le pays aurait été géré si l'on s'était contenté de caler le corps de Taylor dans un fauteuil avec des coussins. Toutefois, Fillmore a acquis une telle célébrité par cette inexistence même qu'il est devenu une sorte de personnage, ce qui le disqualifie pour cette course à l'oubli.

Plus remarquable, à mon sens, est le grand Chester A. Arthur qui fut investi en 1881, posa pour une photo officielle et dont, à ma connaissance, on n'entendit plus jamais parler. Si le but de sa vie était de se faire pousser une magnifique barbe et de laisser dans les livres d'histoire toute la place aux réalisations des autres présidents, alors on doit admettre qu'Arthur a magnifiquement réussi.

Admirables aussi à leur manière furent des présidents comme Rutherford B. Hayes (1877-1881), qui se fit l'avocat inlassable de l'« argent dur » et de la révocation de la loi Bland-Allison — deux affaires si obscures et futiles que personne ne se souvient aujourd'hui de quoi il s'agissait —, et Franklin Pierce, dont le mandat de 1853 à 1857 fut un interlude insignifiant entre deux périodes plus prolongées d'anonymat. Il passa pratiquement tout son séjour à la Maison-Blanche dans un état d'ébriété avancé, d'où ce sympathique slogan : « Pierce, le héros des bouteilles désespérées. »

Mes favoris, néanmoins, restent les deux présidents Harrison. Le premier fut William Henry Harrison, qui refusa héroïquement d'enfiler un pardessus lors de sa cérémonie d'investiture en 1841, ce qui lui valut de contracter une pneumonie et de décéder avec une promptitude remarquable. Il n'a été président que trente jours, la plupart dans le coma. Quarante ans plus tard, son petit-fils, Benjamin Harrison, fut élu président à son tour et réussit le rude exploit d'accomplir aussi peu de choses en quatre ans que son grand-père en un mois.

Si vous voulez mon avis, chacun de ces grands hommes mériterait d'avoir un jour férié bien à lui. Alors vous imaginez mon désarroi en apprenant que le Congrès envisage de supprimer la journée des Présidents pour revenir à la double célébration des anniversaires de Lincoln et Washington, sous prétexte qu'eux étaient véritablement de grands hommes – et que de surcroît ils ne faisaient pas pipi par la fenêtre de leur bureau.

Vous vous rendez compte ? Il y a des gens qui n'ont vraiment aucun sens de l'Histoire !

Il fait froid !

À cette époque de l'année j'aime me livrer à un acte téméraire : sortir de la maison sans mettre ni anorak, ni gants, ni aucune autre protection contre les éléments, et parcourir à pied les trente mètres qui me séparent de la boîte aux lettres, au bout de l'allée, pour en rapporter le journal du matin.

Vous me direz peut-être qu'il n'y a là rien de bien courageux, et en un sens vous avez raison. Surtout quand on considère que l'aller-retour ne prend pas plus de vingt secondes. Mais voici ce qui rend cet acte remarquable : il m'arrive de rester planté devant ladite boîte aux lettres un moment, uniquement pour évaluer ma résistance au froid.

Sans vouloir me vanter, j'ai consacré une bonne partie de ma vie à tester la tolérance du corps humain à tous les extrêmes, négligeant parfois les risques que je faisais courir à ma propre personne. Par exemple, je laisse une de mes jambes s'engourdir au cinéma pour voir ce qui se passe quand je me lève pour acheter du pop-corn, ou bien j'entoure mon index d'un élastique pour voir si j'arrive à le faire exploser. Ce genre d'expériences m'a permis de faire des découvertes significatives, par exemple : les surfaces très chaudes ne présentent pas obligatoirement l'aspect du chaud. Ou encore : on peut provoquer chez le sujet une crise d'amnésie temporaire en plaçant la tête dudit sujet juste au-dessous d'un tiroir ouvert.

J'imagine que votre première réaction est de considérer ce comportement comme parfaitement stupide, mais soyez honnête : combien de fois avez-vous frôlé une petite flamme avec un doigt juste pour voir ce qui se passerait — et qu'est-ce qui s'est passé, hein ? — ou bien levé un pied puis l'autre dans un bain bouillant en attendant qu'un flot d'eau froide vienne en modérer les ardeurs, ou encore laissé la cire d'une bougie dégouliner sur votre main ? Et je pourrais vous citer bien d'autres expériences de ce genre… Au moins, lorsque moi je m'y livre, c'est dans un esprit d'analyse scientifique sérieuse. Ce qui explique, comme je le disais, pourquoi j'aime aller chercher notre gazette matinale dans le plus simple appareil autorisé par la décence et Mrs. Bryson.

Ce matin, le thermomètre indiquait – 28 °C, une température assez froide pour geler les glandes portant les espérances de paternité d'un soldat de plomb. À moins que vous ne soyez doué d'une imagination particulièrement puissante ou que vous ne lisiez cette chronique assis dans votre congélateur, vous aurez sans doute de la peine à concevoir ce que représente un froid aussi extrême. Alors je vais vous dire à quel point c'est froid : *extrêmement*.

Lorsque vous mettez le pied dehors par un temps pareil, votre première réaction est de trouver cela plutôt vivifiant — un peu comme plonger dans une eau très froide, une sorte de réveil brutal de toutes vos cellules. Mais ce stade ne dure pas. Avant d'avoir parcouru quelques mètres, vous avez l'impression d'avoir reçu une paire de claques magistrales, vos extrémités vous font mal et chaque inspiration vous brûle les poumons. Lorsque vous regagnez enfin la maison, vos doigts et orteils palpitent d'une douleur sourde mais tenace et vous éprouvez la sensation bizarre de ne plus avoir de joues. Le peu de chaleur emmagasinée au départ s'est volatilisée et vos vêtements ont perdu toute fonction isolante. C'est franchement inconfortable.

Vingt-huit degrés au-dessous de zéro est une température inhabituellement froide, même pour le nord de la Nouvelle-Angleterre. J'étais donc curieux de voir combien de temps je pourrais supporter ce froid. La réponse est : 39 secondes. Ça n'est pas le temps qu'il m'a fallu pour commencer à m'ennuyer ou pour me dire : « Bon sang, fait pas chaud ! Je crois que je vais rentrer. » Non, c'est le temps qu'il m'a fallu pour avoir tellement froid que j'aurais piétiné le corps de ma propre mère pour rentrer le premier à la maison.

Le New Hampshire est connu pour ses hivers rigoureux, mais en fait il existe beaucoup d'endroits bien pires. La température la plus basse jamais enregistrée ici a été de – 45 °C en 1925 ; mais cette année-là vingt autres États ont vu le thermomètre chuter bien plus bas. Le relevé le plus impressionnant qui ait été effectué dans la Confédération l'a été à Prospect Creek, en Alaska, où en 1971 la température est tombée à – 69 °C.

Évidemment, il y a presque partout des périodes de froid. Mais dans ces régions, ce qui fait la différence, c'est la durée. À International Falls, dans le Minnesota, les hivers sont si longs et si féroces que la température moyenne annuelle n'est que de 2,5 °C, ce qui n'est vraiment pas généreux. Dans le coin, on trouve une ville baptisée Frigid (je ne mens pas) où la situation doit certainement être pire mais où les gens sont sans doute trop déprimés pour en faire état.

Dans le genre « qualité de vie misérable » la palme revient certainement à Langdon, dans le Dakota du Nord, où l'on a enregistré durant l'hiver 1935-1936 pas moins de 176 jours de gel consécutifs, dont 67 où la température est passée à un moment de la journée au-dessous de – 18 °C (c'est alors que le soldat de plomb commence à se faire du souci) et 41 jours consécutifs au cours desquels le thermomètre n'est jamais monté au-dessus de – 18 °C. Pour vous donner une idée concrète, 176 jours représentent la période qui, en ce mois de février, nous sépare du mois d'août. Personnellement, je trouve déjà difficile de passer 176 jours consécutifs dans le Dakota du Nord à n'importe quelle période de l'année, mais c'est une autre histoire…

En tout cas, question froid, j'ai tout ce qu'il me faut ici dans le New Hampshire. Je redoutais les longs et cruels hivers de la Nouvelle-Angleterre mais, à ma grande surprise, ils me ravissent. C'est un tel choc ! Il y a vraiment quelque chose de grisant dans l'âpreté du froid et la pureté de l'air, et les hivers ici sont d'une beauté stupéfiante. Chaque pignon de maison, chaque boîte aux lettres s'encapuchonne pendant des mois d'une charmante coiffe de neige. Le soleil brille pratiquement tous les jours, ce qui vous épargne cette grisaille sombre et oppressante qui caractérise l'hiver dans bon nombre d'endroits, et au moment où la neige commence à être piétinée ou salie d'autres chutes viennent lui redonner sa légèreté duveteuse.

Ici, les gens adorent l'hiver, synonyme de ski, de patin à glace et de compétitions de luge sur le terrain de golf local. Un de nos voisins inonde une partie de son jardin et la transforme en patinoire pour les gosses du quartier. L'université organise un carnaval avec sculptures de glace. Tout cela crée une ambiance extrêmement joyeuse.

Il est réconfortant de savoir que l'hiver n'est qu'une des saisons marquées et bien contrastées d'un cycle perpétuel. Quand le froid commence à se faire déprimant, il reste en effet la certitude que le bel été ne tardera pas à poindre. Entre autres plaisirs, le retour des beaux jours promet toute une série de défis expérimentaux des plus intéressants avec les coups de soleil, le sumac vénéneux, les infections transmises par la tique du daim, les taille-haies électriques et, cela va sans dire, le liquide d'allumage des barbecues.

J'en trépigne d'impatience.

Harcèlement administratif

Je ne tenterai même pas de vous raconter l'épreuve frustrante que représentent les formalités d'obtention du statut de résident américain pour une épouse née en Grande-Bretagne ou tout autre être cher. La taille de cette chronique est limitée et la vie trop courte. De plus, je ne peux pas me mettre à en parler sans verser force larmes. Et puis je suis sûr que vous me soupçonneriez d'exagérer.

Vous m'accuseriez d'affabulation, j'en suis sûr, si je vous disais qu'un de nos amis, universitaire de grande réputation, a eu la surprise d'entendre poser à sa fille des questions telles que : « Avez-vous déjà pris part à des activités commerciales illicites liées à des vices et comprenant ou non les paris illégaux ? » Ou encore : « Avez-vous été membre actif (ou sympathisant) du parti communiste ou d'un autre parti totalitaire ? » Et enfin celle-ci, d'après moi la meilleure : « Avez-vous l'intention de pratiquer la polygamie aux États-Unis ? »

Sa fille, j'ai oublié de le mentionner, est âgée de cinq ans. Vous voyez, j'en pleure déjà.

Il y a quelque chose qui déraille sérieusement dans un pays qui pose ce genre de questions à un individu, et pas seulement parce qu'elles sont indiscrètes et farfelues, ni parce qu'elles violent la liberté de pensée du citoyen garantie par la Constitution américaine, mais surtout parce qu'elles représentent une immense perte de temps pour tout le monde. Car quel individu interrogé sur ses intentions de commettre génocides, actions d'espionnage, détournements d'avion, mariages multiples et autres activités tirées d'une liste extrêmement longue établie par de drôles de paranoïaques serait assez fou pour rétorquer : « C'est justement ce que j'ai l'intention de faire mais j'espère que ça ne diminue pas mes chances d'entrer aux États-Unis, hein ? »

Si toute la procédure se limitait à répondre sous serment à une série de questions idiotes, je pousserais un grand soupir et je me résignerais. Mais c'est infiniment plus compliqué que cela. Obtenir un statut légal aux USA est un véritable parcours du combattant comprenant relevé d'empreintes digitales, prises de sang, visite médicale, déclarations sous serment, acte de naissance, certificat de mariage, références professionnelles, preuves de solvabilité et j'en passe... Le tout assemblé, validé, présenté et payé selon des normes bien spécifiques. Récemment, ma femme a dû faire un aller-retour de 400 kilomètres pour une prise de sang dans un établissement agréé par les services d'immigration et de naturalisation américains alors que nous vivons dans une ville qui s'enorgueillit de posséder l'un des meilleurs hôpitaux universitaires du pays.

Il y a un nombre infini de formulaires à remplir, tous assortis de pages d'instructions qui se contredisent entre elles et qui exigent invariablement le recours à d'autres formulaires. Je vous livre un extrait de la prose accompagnant la présentation des empreintes digitales : « Soumettez un échantillon complet de vos empreintes digitales sur le formulaire FD-258. Remplissez la demande de renseignements située en haut de l'imprimé et reportez votre A# (si vous en avez un) dans la case *Votre numéro OCA* ou *N*[os] *MNU divers.* » Si vous ne possédez pas le formulaire FD-258 (ce qui est le cas) ou si vous n'êtes pas sûr de ce que représente votre numéro MNU (et vous ne l'êtes pas), il vous faudra passer des jours entiers à composer un numéro de téléphone (toujours occupé) pour vous entendre dire finalement qu'il faut appeler un autre numéro marmonné avec une telle rapidité que vous n'arrivez pas à le noter avant d'être coupé.

Et c'est le même processus avec chacun des différents services de l'administration américaine. Au bout d'un certain temps, vous commencez à comprendre pourquoi certains cow-boys au regard dur transforment leur ranch du Montana en forteresse et menacent de tirer à vue sur tout représentant du gouvernement assez stupide pour se mettre dans leur collimateur. Et inutile d'essayer de remplir ces formulaires du mieux que vous pourrez, parce que si vous négligez un détail infime on vous renverra immédiatement l'ensemble du dossier. C'est ce qui s'est passé pour ma femme, sous prétexte que sur sa photo de passeport la distance entre son front et son menton excédait de trois millimètres la norme légale.

En ce qui nous concerne, cela dure depuis deux ans. Entendons-nous bien : ma femme n'a pas l'intention de pratiquer la neurochirurgie ni l'espionnage. Elle ne prévoit pas de devenir complice ou membre actif d'un trafic de stupéfiants, ni de renverser le gouvernement — entre nous, elle aurait ma bénédiction —, ni de prendre part à aucune des activités proscrites. Tout ce qu'elle veut, c'est faire les magasins et résider légalement aux USA dans sa propre famille. Franchement, ça n'est pas beaucoup demander ! Dieu seul sait ce qui bloque le dossier ! De temps en temps on nous réclame un document supplémentaire. Tous les deux ou trois mois j'écris pour demander où en sont les choses, mais je n'obtiens jamais de réponse. Il y a trois semaines, nous avons reçu de

Londres un courrier qui, croyions-nous, devait contenir l'approbation officielle. Hélas ! c'était une lettre informatisée nous prévenant que, faute de pièces nouvelles versées au dossier durant les douze derniers mois, la demande de mon épouse était annulée.

Mais j'en arrive, après tous ces préliminaires, à l'histoire que je voulais vous raconter. Elle est arrivée à une famille d'amis britanniques qui habitent comme nous à Hanover. Le père est professeur à l'université depuis bon nombre d'années. Il y a dix-huit mois, il est retourné en Angleterre avec les siens pour y passer un an de congé sabbatique. Quand, tout excités à l'idée de revoir leur pays, ils ont débarqué à Londres, l'agent du service d'immigration leur a demandé combien de temps ils comptaient séjourner en Angleterre.

— Un an, répondit mon ami d'un ton joyeux.

— Ah ! Et l'enfant américain ? s'enquit l'agent en levant le sourcil.

Le plus jeune de leurs enfants était né aux États-Unis et mes copains n'avaient jamais pris la peine de le déclarer comme britannique. Il n'avait que quatre ans. Ce n'était donc pas comme s'il avait été à la recherche d'un emploi. Les parents expliquèrent la situation à l'officier d'immigration. Ce dernier les écouta gravement puis partit en référer à son supérieur.

Ayant quitté la Grande-Bretagne depuis huit ans et craignant que leur mère patrie soit devenue semblable aux États-Unis, mes amis commençaient sérieusement à s'inquiéter. Une minute plus tard le fonctionnaire revint suivi de son supérieur et leur glissa à voix basse :

— Mon chef va vous demander combien de temps vous pensez rester en Angleterre. Répondez : « Deux semaines. »

Le chef en question leur demanda donc combien de temps ils pensaient rester en Angleterre et ils répondirent :

— Deux semaines.

— Parfait ! déclara le chef avant d'ajouter, comme si la pensée venait de lui traverser l'esprit : Ce serait peut-être une bonne idée de déclarer officiellement votre enfant comme citoyen britannique dans un jour ou deux, au cas où vous decideriez de prolonger votre séjour.

— Bonne idée, approuva notre ami.

Et on les laissa passer.

Voilà pourquoi j'aime l'Angleterre. Pour ça, pour les pubs, le Branston pickle, les cimetières de campagne et un tas d'autres choses, mais surtout parce qu'on y trouve encore dans le service public des gens capables de faire preuve d'humanité, des fonctionnaires qui n'agissent pas comme s'ils vous haïssaient. Et là-dessus, je pars faire le plein de munitions.

Le grand désert

Je viens de voir un film : *Le Secret magnifique.* Tourné en 1954 avec Rock Hudson et Jane Wyman, c'est une de ces productions d'une médiocrité stupéfiante comme on en sortait à la chaîne dans les années cinquante, quand les gens étaient prêts à regarder n'importe quoi — à la différence d'aujourd'hui où les gens *exigent* n'importe quoi, dont un grand nombre d'explosions et au moins une scène où le héros descend en rappel la cage d'ascenseur.

Quoi qu'il en soit, si j'ai bien compris, *Le Secret magnifique* conte l'histoire d'un coureur automobile — Rock Hudson — ayant eu un accident qui a rendu aveugle Ms. Wyman. Rongé par le remords, Rock part étudier la médecine à l'« université d'Oxford, Angleterre », puis revient à Perfectville sous un faux nom et consacre sa vie à rendre la vue à la demoiselle. Naturellement, celle-ci ne se doute pas que c'est lui, puisqu'elle est non voyante — et aussi, semble-t-il, légèrement dure de la feuille, car elle n'a pas reconnu la voix de l'homme responsable de son infirmité. Ai-je besoin de préciser qu'ils vont tomber amoureux et qu'elle recouvrera la vue ? La meilleure scène se situe au moment où Rock lui enlève ses pansements et où elle s'exclame : « Non ?... C'est vous ?... » avant de perdre connaissance d'une manière fort gracieuse mais, malheureusement, sans se cogner la tête assez fort pour perdre la vue derechef, ce qui, d'après moi, aurait considérablement amélioré le scénario.

Jane est également la mère d'une fille de dix ans dont le rôle est tenu par une de ces insupportables gamines à queue de cheval, un de ces acteurs-enfants des années cinquante qu'on meurt d'envie de pousser par la fenêtre. J'imagine aussi que Lloyd Nolan doit traverser l'écran à un moment quelconque de l'histoire parce que c'était un acteur généralement commis d'office dans toutes les fictions comportant un médecin. En fait, je ne suis pas sûr des détails parce que je n'ai pas suivi le film dans l'ordre ni même avec beaucoup d'attention. Je l'ai regardé presque malgré moi sur une de nos chaînes câblées qui l'a programmé au moins cinquante-quatre fois au cours des deux derniers mois. Aussi n'ai-je pu y échapper dès que je me mettais en quête d'une émission vraiment intéressante.

Vous ne pouvez pas imaginer — n'essayez même pas ! — la médiocrité crasse, la profonde misère intellectuelle de la télévision américaine. Oh ! je sais que les télévisions européennes peuvent être assez affligeantes elles aussi. Ayant vécu vingt ans en Angleterre, je connais bien ce sentiment de désespoir qui s'empare du téléspectateur britannique lorsqu'il s'aperçoit que le programme de la soirée n'offre rien de plus palpitant qu'*Observons ensemble*, reportage animalier sur les asticots des eaux glacées du lac Baïkal, ou la nouvelle série de Jeremy Beadle baptisée *Excusez-moi, je crois que je vais vomir*. Mais même dans ses heures les plus noires — lorsqu'elle nous oblige à choisir entre *Prisonnier, cellule H* et un débat sur les subventions agricoles de la Communauté européenne — la télévision britannique n'arrive pas à la cheville de la télévision américaine pour ce qui est de donner l'envie irrépressible d'aller se jeter sous un train.

À la maison, nous recevons environ 50 chaînes et il est

possible, m'a-t-on dit, d'en capter jusqu'à 200 avec certains systèmes. Première réaction : on se dit qu'on va être gâté question choix, et puis on comprend peu à peu que dans ce pays les chaînes de télévision n'ont pour seule ambition que de squatter l'écran avec de vieilles nullités cathodiques.

Des émissions que même Sky One aurait honte de programmer — je sais, ça paraît impossible, mais c'est vrai — passent ici régulièrement à l'antenne. On dirait que les responsables se contentent de prendre au hasard une vieille vidéo sur un rayon pour la fourrer dans la machine. J'ai vu des sujets « d'actualité » qui avaient plus de dix ans ; j'ai vu Barbara Walters interviewer des gens morts il y a douze ans et qui n'étaient même pas intéressants de leur vivant. Sept soirs par semaine, vous pouvez suivre les spectacles de Johnny Carson qu'on trouvait débiles en 1976, qu'on trouve débiles aujourd'hui, et en plus démodés.

Personne ne semble avoir imaginé que la télévision pourrait proposer de temps à autre des émissions nouvelles et de qualité. Ce soir même, dans la catégorie « séries », le magazine des chaînes câblées recommande, comme programme sublime à ne pas manquer, *Matlock* et *La Petite Maison dans la prairie*. Demain on nous conseille *Les Walton* et *Dallas*. Après-demain, *Dallas* encore et *Arabesque*.

On se demande parfois qui peut bien regarder tout ça. Une de nos chaînes passe des dessins animés vingt-quatre heures sur vingt-quatre. Déjà je trouve surprenant qu'il existe des gens désireux de regarder des dessins animés au milieu de la nuit. Mais le plus étrange, c'est que cette chaîne passe également, à ces heures-là, des spots publicitaires. Qu'est-ce qu'on peut espérer vendre à des gens qui regardent les *Teletubbies* à deux heures du matin ? Des bavoirs ?

L'aspect le plus abrutissant de la télévision américaine reste cette manie de rediffuser le même programme chaque soir à la même heure jusqu'à la nausée. Ce soir à 21 h 30, sur canal 20, on nous propose *Les Monstres*. Hier soir, à 21 h 30, sur canal 20, on nous proposait *Les Monstres*. Demain, à 21 h 30, sur canal 20, on nous proposera — essayez de deviner — *Les Monstres*. Chaque épisode des *Monstres* est précédé d'un épisode de *Happy Days* et suivi d'un épisode du *Mary Tyler Moore Show*. Cela fait des années que ça dure et j'imagine que ça n'est pas prêt de changer ! D'ailleurs le même scénario se répète sur toutes les autres chaînes et pour toutes les tranches horaires. Si on se branche sur la chaîne Découverte et qu'on tombe sur les cascadeurs d'Hollywood — c'est généralement le cas — on est certain de retrouver le lendemain sur la chaîne Découverte un reportage sur les cascadeurs d'Hollywood. Et probablement le même !

Avec des chaînes aussi nombreuses et si également dépourvues d'intérêt, on ne regarde rien, en fait. Et c'est bien là le plus déprimant. Quoique la télévision américaine soit complètement débile, qu'elle vous donne envie de pleurer, de vous arracher les cheveux et de balancer des tomates sur l'écran, curieusement son attrait est irrésistible. Comme me l'a expliqué un ami, ici on ne regarde pas la télé pour voir ce qu'on diffuse sur une chaîne mais pour aller voir sur d'autres chaînes s'il n'y aurait pas par hasard autre chose… Et le seul avantage de la télé américaine c'est qu'il y a *toujours* autre chose. On peut zapper indéfiniment. Le temps d'arriver à la cinquantième chaîne, on a oublié ce que diffusait la première et on recommence à zéro, fort de cet indécrottable optimisme qui fait espérer qu'on va enfin tomber sur quelque chose de passionnant.

Je n'ai fait qu'effleurer le sujet. La télévision est ma grande passion, alors attendez-vous à ce que je vous en reparle prochainement. Mais je dois vous quitter : j'ai noté que *Le Secret magnifique* allait (re)passer et j'aimerais bien ne pas rater le passage où Jane Wyman perd la vue — le meilleur moment du film. Et puis je suis convaincu que si je regarde assez longtemps, Lloyd Nolan se décidera enfin à pousser la sale gamine par la fenêtre du dernier étage.

De la pub, encore de la pub et toujours de la pub

En ce moment on diffuse un spot publicitaire à la télévision avec un message de ce genre : « Voici la nouvelle Dodge Pétarade. Classée numéro un par rapport à la Chrysler Camelote pour la tenue de route ; numéro un par rapport à la Plymouth Catastrophe pour la consommation d'essence ; numéro un par rapport à la Ford Eczéma pour l'entretien. »

Comme vous l'avez remarqué, vous dont le cerveau n'a pas été complètement obscurci ou ramolli par des années de surexposition au matraquage publicitaire américain, dans chaque cas la Dodge est comparée à une seule concurrente, ce qui rend l'exercice assez vain voire un peu suspect. Car si l'on avait classé la Dodge numéro un par rapport à une quinzaine de rivales, on peut penser que la publicité l'aurait proclamé. Comme cela n'est pas précisé, on peut logiquement en déduire que la Dodge a obtenu de moins bons résultats que les autres voitures, à l'exception de la seule marque citée. Autrement dit, ce spot vous invite à réfléchir à deux fois avant d'acheter la Dodge Pétarade.

L'inanité des affirmations publicitaires me laisse souvent pantois. L'an dernier, un autre constructeur automobile a proclamé que ses modèles avaient été classés premiers pour leur grande fiabilité devant tous les autres

« fabriqués ou assemblés aux États-Unis », ce qui m'a paru être une invitation non déguisée à courir acheter une voiture étrangère. À l'évidence, la clientèle ne voit pas les choses de cette façon.

La manipulation savante de la vérité est une véritable tradition de la publicité américaine. Je garde une certaine affection envers une série de spots publicitaires pour une compagnie d'assurances où « des personnes vraies dans des situations vraies » discutaient de leurs problèmes financiers. Lorsqu'un journaliste a demandé qui étaient ces « personnes vraies », le porte-parole de la compagnie a répondu qu'en fait c'étaient des acteurs et qu'en un sens « ce n'étaient pas réellement des personnes vraies ». Voilà qui vous en dira suffisamment long sur la manière dont on conçoit la publicité en Amérique.

Soyons juste, les spots ne sont pas tous débiles ou mensongers. Je peux en citer beaucoup — deux, en fait — qui sont drôles et originaux. Mon favori du moment concerne une marque de pizzas livrées à domicile : le livreur, à pied et chargé d'une pizza extralarge, démolit tout sur son passage. La pub que j'aime le moins, si vous me permettez de le signaler en passant, c'est celle où l'on voit une créature splendide — et qui le sait — se tourner vers la caméra et déclarer : « Ne m'en voulez pas d'être aussi belle ! »

Le problème, avec les publicités américaines, c'est qu'elles sont omniprésentes et envahissantes. La plupart des chaînes en passent toutes les cinq ou six minutes. CNN, d'après moi, se compose *exclusivement* de pauses publicitaires... Comme cette dernière constatation me semblait une généralisation hâtive, je viens de consacrer une demi-heure (je ne vous compterai pas de supplément) à suivre attentivement un programme typique de CNN, et je vous livre mes résultats. En trente minutes, la chaîne a interrompu l'émission cinq fois pour diffuser vingt spots publicitaires. Au total, elle a consacré 10 minutes à la pub dans un créneau de 30 minutes. Mis à part une période de 7 minutes sans interruption au début de la transmission, l'intervalle le plus long entre les pubs a été de 4 minutes et 59 secondes, et le plus court de 2 minutes. À l'attention des spectateurs victimes d'un début d'Altzheimer en cours d'émission, trois spots ont été bissés.

Et ceci, je m'empresse de le préciser, est absolument normal. Hier soir, une des chaînes a programmé *Le Fugitif* et je me suis livré au même exercice. Pour regarder 100 minutes de film, il faut se payer 50 minutes de publicité réparties en 20 séries, soit une moyenne d'une pub toutes les 7 minutes. Selon Neil Postman, dans son livre *Amusing Ourselves to Death (S'amuser à en crever)*, l'Américain moyen est exposé à 1 000 publicités télévisées par semaine. Parvenu à l'âge de dix-huit ans, le jeune Américain en aura suivi, les yeux exorbités, pas moins de 350 000.

De plus en plus souvent, même lorsque vous ne regardez pas les pubs vous vous trouvez de fait en train de regarder la pub… si vous me suivez. Par exemple, le réseau ABC a diffusé récemment une émission spéciale sur le tournage du *Bossu de Notre-Dame*. D'après le *New York Times*, plusieurs chaînes d'ABC ont consacré une partie des informations de la soirée à la couverture d'un gala Disney pour le lancement du film à La Nouvelle-Orléans. Or il se trouve comme par hasard qu'ABC possède Disney. Au même moment, la chaîne Histoire dévoilait son intention de consacrer sous le titre *L'Esprit de l'entreprise* une série aux réalisations et aux succès de grandes sociétés comme Boeing, DuPont et General Motors. Ces programmes seraient réalisés (ben voyons !) par ces sociétés elles-mêmes. La nouvelle a soulevé un tel tollé que la chaîne a dû abandonner ce projet vraiment trop nauséabond.

CNBC, moins gênée par des considérations éthiques, a annoncé le lancement d'un magazine d'information, *Scan*. Ce programme devrait présenter les dernières innovations technologiques — ou, pour être un peu plus exact, les innovations ayant reçu l'approbation du sponsor de l'émission, IBM. « Il ne s'agit pas d'un vrai programme d'information, a expliqué le porte-parole de CNBC, seulement d'une émission spéciale. » Ah bon ! Nous voilà rassurés !

Bref, aux États-Unis on n'échappe pas à la publicité — et pas seulement chez soi. Je suis navré de vous apprendre que des milliers d'écoles américaines dépendant désormais, du moins en partie, de matériel éducatif fourni par de grandes entreprises, si bien que les enfants suivent des cours de nutrition financés par McDonald's et découvrent la protection de la nature et de l'environnement grâce à Exxon. Depuis 1989, Channel One offre aux écoles des programmes éducatifs en circuit fermé. Lesdits programmes sont gratuits mais truffés de publicités visant spécifiquement le jeune public. Pour moi, c'est de l'exploitation pure et simple et de la manipulation caractérisée, mais mon point de vue semble largement minoritaire. Channel One connaît un énorme succès et équipe 350 000 salles de classe.

Selon le *Boston Globe*, même une émission comme *Sesame Street* — mon cœur saigne ! — est devenue « un spot publicitaire de trente minutes ininterrompues ». Comme le fait remarquer le *Globe*, elle génère plus de 800 millions de dollars en produits dérivés et ses directeurs touchent des salaires astronomiques. Et comme l'émission est diffusée par une chaîne publique, elle reçoit également une subvention gouvernementale de 7 millions de dollars par an. J'allais vous demander d'imaginer ce qui se passerait si on pouvait distribuer 7 millions supplémentaires aux écoles des quartiers défavorisés. Mais je crois hélas qu'on les encouragerait seulement à acheter des postes de télévision pour recevoir Channel One.

Inévitablement, tout cela m'a donné la migraine, alors je vais aller prendre un Tylenol. D'après ce que j'ai lu, une personne sur deux le préfère à toute autre marque. Mais je confonds peut-être avec Pepsi.

Des gens vraiment sympas

Cette semaine, je comptais vous parler d'une des frustrations de la vie américaine d'aujourd'hui lorsque Mrs. Bryson — qui est, je m'empresse de le dire, une femme charmante — m'a apporté une tasse de café. Elle a lu les premières lignes sur mon écran puis s'est éloignée en marmonnant :

— Vieux râleur !

— Plaît-il, ma douce rose d'Albion ?

— Tu ne fais rien que râler dans cette chronique.

— Mais il faut bien corriger les imperfections de ce bas monde, ô fille-de-Bodicée-au-teint-de-pêche, ai-je répliqué tranquillement. De plus, je suis payé pour me plaindre.

— Te plaindre, voilà tout ce que tu sais faire !

Ah ! mais pardon, pas toujours ! Je crois avoir exprimé, dans ces chroniques mêmes, quelques louanges à l'attention du broyeur d'ordures ménagères équipant toute bonne cuisine américaine, et je me rappelle très clairement avoir félicité notre bureau de poste local de m'avoir offert beignet et café à l'occasion de la journée de la Clientèle. Cela dit, mon épouse n'avait peut-être pas tort.

Les États-Unis d'Amérique méritent nos éloges pour nombre de choses merveilleuses — les droits du citoyen, la loi sur la liberté de l'information et les pochettes d'allumettes gratuites sont les trois premières qui sautent à l'esprit —, mais rien n'est plus remarquable que la gentillesse de ses habitants. Lorsque nous avons emménagé dans cette petite ville du New Hampshire, les gens nous ont reçus comme s'il ne leur avait manqué jusqu'à ce jour que la famille Bryson pour que leur bonheur soit complet. Ils nous ont apporté des gâteaux, des tartes et des bouteilles de vin. Personne ne nous a dit : « Alors, vous êtes donc ces gens qui ont payé une fortune la maison Smith ? », ce qui est, je crois, la formule de bienvenue traditionnelle en Angleterre. Nos voisins immédiats, apprenant qu'on envisageait de manger au restaurant le premier soir, ont protesté en disant que ce serait trop sinistre de se retrouver dans un restaurant inconnu dans une ville étrangère, et ils ont insisté pour que nous dînions avec eux, comme si la présence de six bouches supplémentaires n'était qu'une peccadille.

Quand le bruit s'est répandu que nos meubles se trouvaient sur un porte-conteneurs effectuant la liaison Liverpool-Boston (en empruntant de toute évidence la route Port-Saïd, Mombasa, les îles Galapagos) et que nous nous trouvions momentanément dépourvus du nécessaire pour dormir, nous asseoir ou manger, un flot d'étrangers sympathiques (que, pour certains, je n'ai plus jamais revus) nous ont offert spontanément chaises, lampes, tables et même un four à micro-ondes. C'était extraordinaire et cela continue. Cette année, nous sommes retournés en Angleterre pendant dix jours, et lorsque nous sommes rentrés, tard le soir, affamés, nous avons découvert qu'un voisin avait rempli le frigo de produits de base et de petites gâteries, et qu'il avait garni les vases de fleurs fraîches. Ce genre d'attention est fréquent ici.

Récemment, je suis allé assister avec l'un de mes enfants à un match de basket universitaire. Arrivés peu avant le début de la rencontre, nous avons commencé à faire la queue à l'entrée pour acheter nos billets. Une minute plus tard un homme s'est avancé vers moi et m'a demandé :

— Vous faites la queue pour acheter des billets ?

Non, ai-je failli lui rétorquer, je fais la queue juste pour le plaisir. Mais naturellement je me suis contenté de lui répondre oui.

— Dans ce cas, prenez ceux-là, a-t-il ajouté en me glissant deux billets dans la main.

Ma première réaction, fruit d'années de quiproquos stupides, a été de me dire qu'il s'agissait d'un vendeur au noir et qu'il y avait une arnaque.

— Combien ? ai-je demandé, soupçonneux.

— Non, non, c'est gratuit ! Nous ne pouvons pas assister au match nous-mêmes, voyez-vous.

Et il m'a désigné une voiture garée, moteur tournant, avec une femme à l'intérieur.

— Vraiment ? Eh bien, merci beaucoup ! ai-je dit, puis une pensée m'a traversé l'esprit :

— Est-ce que vous avez fait le trajet spécialement pour offrir à quelqu'un ces deux tickets ?

— Ben oui, sinon ils auraient été perdus, a-t-il répondu comme pour s'excuser. Amusez-vous bien !

Je pourrais vous raconter mille autres anecdotes de cette veine : celle du jeune homme qui a rapporté le portefeuille contenant tout le salaire d'été de mon fils sans vouloir accepter la moindre récompense ; celle des employés du cinéma qui, en cas de pluie, sortent remonter les vitres des voitures des spectateurs garées dans le coin ; celle des policiers qui, lorsque l'épouse de leur chef a perdu ses cheveux à la suite d'une chimiothérapie, se sont tous rasé la tête pour que cette pauvre femme se sente moins seule et ont récolté des fonds destinés à une œuvre charitable contre le cancer.

Que les gens ne ferment pas leur voiture et laissent leurs

vitres baissées en dit suffisamment long sur la ville elle-même. En fait, ici il n'y a pas de délinquance. On laisse couramment un vélo de cinq cents dollars contre un arbre le temps de faire ses courses. Si quelqu'un s'avisait de le voler, je suis certain que la victime courrait après le voleur en criant :

— N'oubliez pas, s'il vous plaît, de le rapporter 32, rue Wilson quand vous aurez fini ! Et attention : en troisième, la chaîne saute !

Oui, personne ne ferme jamais rien à clé. Je me rappelle que cela m'avait stupéfié lors de mon premier séjour, quand un agent immobilier me faisait visiter des maisons. (Autre remarque : dans ce pays les agents immobiliers n'ont pas peur de s'activer !) La dame de l'agence ne verrouillait jamais les portières de sa voiture, même lorsque nous allions au restaurant à midi, et elle laissait son téléphone portable ou toutes ses courses sur le siège du passager. Une fois, devant l'une des maisons, elle s'est rendu compte qu'elle avait pris le mauvais trousseau de clés.

— La porte de derrière doit être ouverte, a-t-elle lancé, confiante.

Et la porte était ouverte ! Depuis, j'ai constaté que cela n'avait rien d'inhabituel. Nous connaissons des gens qui partent en vacances sans jamais boucler leur maison, qui ne savent pas où sont leurs clés et qui ne sont même pas sûrs de les avoir encore.

Vous vous demandez sans doute pourquoi, dans de telles conditions, les voleurs n'en profitent pas. À mon avis il y a deux raisons à cela. D'abord il n'existe pas ici de marché pour les objets volés. Si vous accostiez quelqu'un dans le New Hampshire pour lui proposer un autoradio, cette personne vous regarderait comme si vous aviez perdu la raison et vous répondrait : « Non, merci. J'en ai déjà un » avant de vous signaler à la police qui — deuxième raison — viendrait aussitôt vous flinguer.

Mais bien sûr, la police locale ne flingue jamais personne. Inutile puisqu'il n'y a pas de délinquance ! C'est un exemple très rare, et hautement réconfortant, de « cercle vertueux ». Maintenant, nous avons fini par nous y habituer mais je me rappelle qu'à notre arrivée j'en avais fait la remarque à une amie originaire de New York et installée ici depuis vingt ans. Elle avait posé la main sur mon bras et dit, sur le ton du secret :

— Mon chou, ici on ne vit plus dans un monde réel. On vit dans le New Hampshire !

Numéro vert

Je suis tombé, dans notre salle de bains, sur un objet qui m'a fait beaucoup cogiter depuis. Il s'agit d'un petit distributeur de fil dentaire. Ce n'est pas l'objet lui-même qui m'intrigue mais le fait qu'il porte, imprimé sur le côté, un numéro vert qui permet d'appeler gratuitement Floss Assistance vingt-quatre heures sur vingt-quatre. Mais — et c'est là ma grande question — pour quel motif ? Vous imaginez, vous, un quidam qui appellerait pour demander d'une voix anxieuse : « Allô ? J'ai le fil dentaire. Et maintenant qu'est-ce que j'en fais ? » À mon avis, quiconque ayant besoin de consulter un fabricant sur les usages du fil dentaire n'est pas tout à fait parvenu à ce degré de raffinement question hygiène.

Intrigué, j'ai entrepris de fouiller tous nos placards. Conclusion intéressante : tous les produits ménagers en Amérique portent un numéro vert d'assistance. Vous pouvez, semble-t-il, téléphoner pour demander le mode d'emploi de votre savonnette ou de votre shampooing, ou bien des conseils sur ce qu'il faut faire pour éviter que votre crème glacée ne devienne de la soupe, ou encore l'avis d'un spécialiste concernant les parties de votre corps sur lesquelles il convient d'appliquer avec succès du vernis à ongles.

Pour les personnes qui n'ont pas le téléphone — ou qui en possèdent un mais n'en ont pas encore maîtrisé l'utilisation —, la plupart des produits portent des petits conseils très utiles comme « Ôter la coquille avant d'avaler » (pour les noix) ou « Attention ! Ne pas utiliser pour conserver des boissons » sur les bouteilles d'eau de Javel. Récemment, nous avons acheté un fer à repasser qui nous interdisait, entre autres, de l'utiliser en même temps que des explosifs. Dans le même genre, j'ai lu que les fabricants d'ordinateurs envisageaient de réécrire certains messages tels que « Frapper la touche de votre choix » parce que de nombreux utilisateurs les appellent pour signaler qu'il n'existe pas de touche *de votre choix* sur leur clavier.

J'aurais été tenté de glousser et de me moquer de ces gens qui ont besoin d'une aide aussi élémentaire si trois choses ne m'avaient fait changer d'attitude.

La première : j'ai lu dans le journal que John Smolz, un lanceur de l'équipe de base-ball des Atlanta Braves, était arrivé à l'entraînement avec une méchante marque rouge sur la poitrine. Pressé de fournir des explications, il a fini par admettre, tout penaud, qu'il avait essayé de repasser une chemise *qu'il portait sur lui.*

La deuxième : si je n'ai jamais commis une bêtise de ce genre, c'est seulement parce que je n'y ai jamais pensé.

La troisième, et sans doute la plus significative : il y a deux jours, je suis sorti faire deux petites courses, plus précisément acheter du tabac pour ma pipe et poster une lettre. J'ai acheté le tabac puis, une fois de l'autre côté de la rue, j'ai ouvert le battant de la boîte aux lettres et j'y ai glissé mon paquet de tabac. Je renonce à vous dire quelle distance j'ai parcourue avant de comprendre que ce geste ne correspondait pas exactement à mon projet initial.

Vous voyez mon problème : quelqu'un ayant besoin qu'on inscrive en gros sur les boîtes aux lettres NE PAS Y INTRODUIRE DE TABAC OU AUTRES OBJETS PERSONNELS ne me paraît pas le mieux placé pour se gausser des autres, même d'individus qui se repassent la poitrine ou qui téléphonent aux fabricants de shampooing avant de se savonner.

J'ai eu la maladresse d'en parler à table l'autre soir, et j'ai été atterré par l'enthousiasme avec lequel ma famille s'est empressée de proposer des notices particulièrement adaptées à mon cas. On m'a suggéré : « Avis. Si on indique POUSSER sur une porte, inutile de TIRER. » Ou bien ceci : « Attention ! N'essayez pas d'ôter votre pull-over tout en marchant dans une pièce bourrée de meubles et d'objets précieux. » Il y a eu unanimité pour : « Attention ! Assurez-vous que chaque bouton de votre chemise est dans le bon trou avant de sortir. » Et ça a continué pendant des heures.

Je reconnais avoir de sérieuses lacunes question mémoire, soin apporté à ma toilette, passage sous les portes basses et j'en passe, mais la responsabilité en incombe à mes gènes. Je vous explique… Voici quelques jours, j'ai découpé un article de journal sur une étude faite par l'université de Michigan ou peut-être l'université de Minnesota — en tout cas un endroit où on se gèle avec le mot « université » dans le titre. Elle démontrait que la distraction était un trait héréditaire. J'ai classé cette coupure dans un dossier « Distraction » que j'ai évidemment égaré aussitôt. Mais en le cherchant ce matin je suis tombé sur un autre dossier intitulé « Gènes, etc. » qui s'est révélé fort intéressant et, par chance, pas trop éloigné du sujet. J'y ai trouvé la photocopie d'un article paru le 29 novembre 1996 dans la revue *Science* sous le titre alléchant de : « Concomitance des traits liés à l'anxiété avec un polymorphisme de la région régulatrice du gène portant la sérotonine. »

Pour être tout à fait sincère, j'avoue ne pas suivre le polymorphisme de mes transporteurs de sérotonine avec grande attention, surtout pendant la saison des tournois de basket, mais en lisant la phrase : « En régulant la magnitude et la durée des réactions sérotonergiques, le porteur 5-HT (5-HTT) se révèle d'une importance capitale dans la mise au point précise de la transmission sérotonergique du cerveau », je me suis dit que ces petits gars avaient dû mettre le doigt sur quelque chose. Globalement, l'article nous informe que les chercheurs ont identifié un gène (le gène numéro SLC6A4 sur le chromosome 17q12, au cas où vous souhaiteriez faire l'expérience chez vous) qui permet de déterminer si vous êtes ou non un angoissé de naissance. Pour être plus précis, si vous possédez la version longue du gène SLC6A4, vous êtes probablement décontracté et serein, mais si vous êtes équipé de la version courte vous ne pouvez sans doute pas quitter la maison sans vous exclamer un peu plus tard : « Arrêtez la voiture ! Il faut que je vérifie si j'ai bien fermé le robinet de la salle de bains ! » Cela signifie concrètement que si vous n'êtes pas inquiet de naissance vous n'avez aucune raison de vous inquiéter (ce que, de toute façon, vous ne ferez pas), tandis que si vous *êtes* un inquiet de nature il faut l'accepter et arrêter de vous inquiéter (ce que, de toute façon, vous continuerez à faire, puisque c'est votre nature d'être inquiet). En résumé, les découvertes de l'université de ce bled où on se les caille démontrent qu'en matière de distraction nos gènes portent vraiment une lourde responsablité.

Tenez, voici un autre fait intéressant extrait de mon dossier « Gènes, etc. ». Selon Richard Dawkins, dans *The Blind Watchmaker (L'Horloger aveugle)*, chacune des 10 billions de cellules du corps humain contient plus d'informations que la totalité de l'*Encyclopedia Britannica* (en faisant l'économie de ces représentants qui viennent sonner à votre porte). Mais apparemment, 90 pour 100 de notre équipement génétique ne fiche rien. Il se contente de rester assis là à ne rien faire, comme l'oncle Fred et la tante Muriel quand ils vous rendent une visite dominicale.

De toutes ces informations je pense qu'on peut tirer quatre conclusions importantes, à savoir : 1. Même si vos gènes ne fichent rien, ils peuvent vous trahir de façon embarrassante ; 2. Il faut toujours acheter son tabac *après* avoir posté ses lettres ; 3. Il ne faut pas promettre une liste de quatre conclusions si l'on n'est pas certain de se rappeler la quatrième ; 4…

La peste soit des étrangers !

Julian Barnes a employé une formule que je compte bien m'approprier un de ces jours. Tout étranger en visite aux États-Unis peut facilement réaliser un tour de magie : « Il lui suffit d'acheter un journal et son propre pays disparaîtra ! » En fait, vous n'avez même pas besoin de journal. Il vous suffit de feuilleter une revue, de regarder la télévision ou tout simplement de parler aux gens. Mon fils m'a raconté que récemment, au lycée, dans une épreuve sur les questions d'actualité, un seul élève avait pu citer le nom du Premier ministre britannique : lui.

Soyons juste : la plupart des gens, dans la plupart des pays, ne savent pas grand-chose sur le reste du monde. Par exemple, pourriez-vous nommer le Premier ministre du Danemark, des Pays-Bas ou de l'Irlande ? Non, naturellement, et pourtant vous êtes tous éminemment intelligents et cultivés, je le sens. Il n'y a aucune raison pour que vous puissiez le faire : le monde est grand et vous avez déjà assez de mal à suivre *Colombo.* Je comprends.

Mais il y a une grande différence entre vous et les Américains. Vous savez, ou vous êtes vaguement au courant, à force de lire les journaux et d'écouter les nouvelles, qu'il existe un univers au-delà de vos frontières, un monde où les gens sont occupés à différentes choses. Aux États-Unis, c'était pareil autrefois. Le magazine *Time* était rempli d'articles sur la chute des gouvernements de coalition en Italie ou sur la dernière affaire de corruption en Amérique du Sud. Les informations de la soirée contenaient quelques bribes de reportage montrant un envoyé spécial en burberry, le micro à la main, devant un palais de la Bourse, un sampan ou un parlement de la Révolution populaire — bref, un reportage sur un endroit qui, à l'évidence, n'était pas le Nebraska. Même si l'on ne prêtait aucune attention à ces nouvelles, au moins avaient-elles le mérite de nous rappeler qu'on vivait sur la planète Terre.

Plus maintenant. Au cours des trois derniers mois, l'édition américaine de *Time* n'a proposé aucun article sur la France, l'Italie, l'Espagne ou le Japon, pour ne citer que quelques pays mineurs. La Grande-Bretagne a eu droit à une mention, grâce à Dolly, la brebis clonée. L'Allemagne aussi, à cause des démêlées du gouvernement avec l'Église de scientologie. Pour le reste, l'Europe occidentale est restée aux oubliettes. De nos jours, les pages « internationales » de *Time* ne contiennent qu'un seul article, deux au grand maximum. Mais le plus ahurissant, c'est de constater, d'après la liste des journalistes, que cet hebdomadaire a des correspondants dans tous les pays — à Paris, Londres, Rome, Vienne, absolument partout ! Qu'on me donne un de ces postes, s'il vous plaît !

Les journaux télévisés ne valent pas mieux. Pour être sûr de ne pas vous bourrer le mou, j'ai suivi attentivement les actualités sur NBC hier soir. Elles valent celles de vos chaînes nationales, avec en prime vingt minutes de publicité pour les colles à dentier, les crèmes contre les hémorroïdes et les comprimés laxatifs. (De toute évidence, les gens qui regardent NBC filent un mauvais coton.) Eh bien, le bulletin de NBC comportait onze sujets, dont dix exclusivement sur les États-Unis. Un seul reportage, sur la visite du vice-président en Chine, admettait la possibilité d'une vie au-delà des côtes américaines, et encore : le sujet ne traitait que des perpectives du commerce extérieur américain et n'a pas dépassé 22 secondes ! Mais il y a eu un plan de 2 secondes avec une foule de gens à bicyclette devant un bâtiment genre pagode. Donc j'imagine que ça peut compter.

Par la suite, j'ai procédé au même exercice avec le journal de la soirée sur CNN. Il dure une bonne heure, ce qui permet de diffuser encore plus de publicités pour les analgésiques, les baumes et les onguents mentholés (on devrait sérieusement penser à hospitaliser certains téléspectateurs), tout en glissant à l'occasion quelques bribes d'information, vingt-deux au total, consacrées aux seuls États-Unis — et ce dans une émission intitulée *Aujourd'hui dans le monde*.

Dans ce pays, les gens sont si peu exposés aux affaires non américaines qu'ils rejettent avec agacement tout ce qui ne leur est pas familier. J'ai sous les yeux une critique du *New York Times* sur un livre du journaliste Stephen Fay traitant de l'affaire Nick Leeson et de l'effondrement de la banque Barings. L'auteur de l'article se plaint avec irritation que le bouquin soit « truffé d'expressions typiquement britanniques rendant la lecture difficile ». Parmi les expressions prêtant à confusion, il cite *cock-up* et *not just on**, ainsi que la description d'une salle des marchés comparée à un stade de *football***. Non mais où va l'Amérique si un ouvrage écrit par un Britannique sur l'employé britannique d'une banque britannique se met à contenir des expressions « britanniques » ? Franchement, quel manque de tact ! Ces gens-là vont bientôt s'attendre à ce qu'on sache le nom de leur Premier ministre !

Je trouve cela affligeant. Ce qui me plaisait quand j'étais

* Expressions familières pour « erreur » et « pas régulier ». *(N.d.T.)*
** Les Américains appellent ce sport *soccer*. *(N.d.T.)*

gamin, c'était de lire des livres ou de voir des films anglais qui justement me dépaysaient avec leurs personnages proférant des phrases obscures comme : « Je dis, on a envoyé le Boche hors limite en lui balançant quelques buzz-bombes dans la patate au moment du high-tea, n'est-il pas ? » Mon plaisir, c'était aussi d'essayer de comprendre ce que pouvait bien être cette « Marmite » (que je n'aurais jamais soupçonnée être ce goudron comestible que j'ai découvert bien plus tard). Mais aujourd'hui, malheureusement, les Américains sont loin d'être dans de telles dispositions d'esprit.

Récemment, j'ai assisté à la projection du *Patient anglais* dans notre cinéma local où la dame derrière moi ponctuait toutes les répliques de Juliette Binoche d'un « Qu'est-ce qu'elle dit ? » agacé, adressé d'une horrible voix nasale à sa voisine. C'est vite devenu tellement insupportable que j'ai dû bâillonner la bonne femme avec mon pull. La même semaine, j'ai lu une critique d'un film de Jackie Chan dans laquelle le journaliste se plaignait avec aigreur que le dialogue de Chan soit difficilement compréhensible. (Je me permets de signaler à l'auteur, en passant, que l'intérêt des films de Jackie Chan ne réside *pas* dans les dialogues.) J'ai entendu des plaintes semblables sur des films comme *Secrets et mensonges*, *My Left Foot*, *The Commitments*, *Shine*, *Petits Meurtres entre amis* — en fait pratiquement sur tous les films qui viennent d'un univers non américanophone.

Je pourrais poursuivre à l'infini mais, hélas ! il ne me reste plus de place et je sens que vous vous impatientez, pressés que vous êtes d'allumer la TSF pour entendre le résultat des élections partielles en Belgique.

En attendant je vous demande une faveur : arrêtez d'utiliser des mots comme « TSF ».

La révolution du porte-gobelet

On m'a garanti que l'histoire était vraie.

Un homme appelle le service assistance d'un fabricant d'informatique pour signaler que le porte-gobelet de son ordinateur est cassé.

— Le porte-gobelet ? demande son correspondant, intrigué. Excusez-moi, monsieur, mais vous avez acheté ce porte-gobelet dans un grand magasin ou on vous l'a offert en promotion dans une foire ?

— Pas du tout, il m'a été livré de série avec l'ordinateur.

— Mais nos ordinateurs ne sont pas livrés avec des porte-gobelets !

— Pardonnez-moi, mon ami, mais ils le sont ! réplique l'homme avec irritation. J'ai le mien précisément sous les yeux en ce moment. On pousse un bouton en bas de l'appareil et il y a un petit tiroir qui s'ouvre.

On aura compris que cet homme s'était servi du tiroir du lecteur CD de son ordinateur pour y poser sa tasse de thé.

Cette histoire me permet d'introduire le sujet de cette chronique, à savoir les porte-gobelets. Je ne sais pas si ces objets existent déjà en Europe, mais sinon faites-moi confiance : ils arrivent ! Préparez-vous à l'invasion des porte-gobelets ! Si vous n'en avez encore jamais vu, je précise qu'il s'agit de petits plateaux, couvercles ou autres réceptacles à trous faisant désormais partie du design intérieur de toute voiture américaine moderne. Ils sont installés au dos des sièges avant, inclus dans les accoudoirs ou, bien souvent, astucieusement dissimulés dans des endroits où vous n'auriez jamais idée de chercher un dispositif conçu pour recevoir des boissons. Mon expérience prouve qu'en général, si vous appuyez sur un bouton quelconque dans une voiture américaine, il se produit deux choses : primo, vous déclenchez un essuie-glace qui balaiera la vitre arrière en couinant, toutes les six secondes, pendant le reste du trajet, sans pouvoir être arrêté malgré tous vos efforts ; secundo, vous faites sortir un porte-gobelet qui coulissera, s'abaissera, se lèvera, bref, fera irruption, comme par magie, dans votre vie.

On n'imagine pas à notre époque l'importance énorme des porte-gobelets dans l'industrie automobile américaine. Le *New York Times* vient de publier un long article consacré à l'étude comparative d'une douzaine de berlines familiales. On les avait notées sur dix points cruciaux, comme la puissance du moteur, le volume du coffre, la tenue de route, la suspension et, vous l'avez deviné, le nombre de porte-gobelets. Un concessionnaire automobile de notre connaissance a confirmé que c'était l'une des premières choses que le client remarquait dans une voiture. Les gens se décident en fonction de leur nombre. Presque tous les documents publicitaires mentionnent ce gadget en lettres grasses.

Certains modèles, comme la Dodge Caravan, en comptent dix-sept. Dix-sept porte-gobelets pour un véhicule pouvant transporter un maximum de sept personnes ! Pas besoin d'être diplômé en physique quantique ni même bien éveillé pour calculer que cela représente 2,43 gobelets par passager. Pour quelle bonne raison, est-on en droit de se demander raisonnablement, chaque passager d'une voiture a-t-il besoin d'avoir 2,43 porte-gobelets à sa disposition ? Bonne question. Les Américains, il est vrai, engloutissent une quantité positivement faramineuse de liquides. Une des stations-service du coin vend un breuvage sucré du nom de Slurpee qui se présente en conditionnement de près d'un litre et demi et vous laisse la langue toute bleue. Mais même si chaque membre de la famille avait sa bouteille de Slurpee, *plus* un verre d'Alka Seltzer pour en traiter les effets secondaires, il resterait encore trois porte-gobelets disponibles.

Il existe dans ce pays une longue tradition de suréquipement des intérieurs domestiques en commodités et gadgets. J'imagine donc que le succès de celui-ci n'en est qu'une nouvelle expression. Car si les Américains exigent tout le confort possible dans leur voiture, c'est parce qu'ils y vivent. Quand un Américain sort de chez lui, dans 94 pour 100 des cas il le fait en voiture. Aux États-Unis les gens utilisent leur véhicule non seulement pour aller faire des courses mais aussi pour se déplacer d'un magasin à un autre. Comme la plupart des commerces ont leur propre parking, celui qui a six courses à faire déplacera sa voiture six fois au cours de la même sortie. Même lorsqu'il s'agit de traverser la rue.

Il y a environ 200 millions de voitures aux USA — 40 pour 100 du parc mondial pour 5 pour 100 de la population du globe — et 2 millions sortent des usines chaque mois. Évidemment, beaucoup prennent leur retraite, n'empêche que le pays compte aujourd'hui deux fois plus de voitures qu'il y a vingt ans et qu'elles couvrent un kilométrage deux fois plus élevé sur deux fois plus de routes. Ainsi donc, les Américains ayant toujours plus de voitures dans lesquelles ils passent toujours plus de temps, ils ont besoin d'y avoir tout le confort. Mais il y a évidemment une limite à ce qu'on peut installer dans une automobile. Alors pourquoi ne pas en garnir l'intérieur d'une guirlande de porte-gobelets sympas — surtout quand on connaît leur succès phénoménal ? Voilà ma théorie. Il est prouvé en tout cas que leur absence est considérée comme une grosse tare. J'ai lu il y a deux ans que Volvo avait dû revoir le design de tous ses modèles destinés au marché américain pour cette raison précise. Ses ingénieurs avaient bêtement imaginé que les acheteurs cherchaient un véhicule au moteur fiable, avec renforcements latéraux de l'habitacle et sièges chauffants, alors que tout ce qu'ils désiraient c'était des porte-gobelets pour leur Slurpee. On a donc mis au travail toute une équipe de gars nommés Nils Nilsson et Lars Larsson, et on leur a demandé d'en intégrer sur les prototypes, sauvant ainsi Volvo de l'accusation d'assoiffeur du peuple — et d'une faillite monumentale.

De tout ce qui précède on peut tirer une conclusion importante : même en délayant beaucoup, il est impossible de remplir une chronique en parlant seulement de porte-gobelets. Aussi permettez-moi de vous raconter comment je sais que les ingénieurs de Volvo s'appellent Nils Nilsson et Lars Larsson. Il y a quelques années, je me trouvais un soir à Stockholm, sans rien de spécial au programme. (Il était plus de sept heures, voyez-vous, et donc tout le monde était au lit depuis belle lurette.) Histoire de passer le temps avant de me coucher, je me suis mis à feuilleter l'annuaire du téléphone et à établir des listes de noms. J'avais entendu dire qu'il n'y avait qu'un nombre très limité de noms de famille en Suède, et c'était vrai. J'ai compté plus de 2 000 Eriksson, Svensson, Nilsson et Larsson. Il y a si peu de noms — ou alors les Suédois manquent tellement d'imagination — que beaucoup de gens se servent du même nom deux fois. On trouve à Stockholm 212 Erik Erikson, 117 Sven Svensson, 126 Nils Nilsson et 259 Lars Larsson. J'ai inscrit toutes ces données sur un morceau de papier et voilà des années que j'essaie de les placer quelque part.

De tout ce qui précède on peut tirer deux conclusions supplémentaires : d'abord, conservez précieusement les petits bouts de papier où sont notées les informations inutiles, car un jour elles vous serviront ; ensuite, si vous allez à Stockholm prévoyez la boisson.

Avis : quiconque s'amusera sera poursuivi !

Un des bars de notre sympathique petite ville bien sage du New Hampshire vient de placer sur chaque table une petite annonce dans un étui plastifié — le genre d'avis qui vous incite généralement à commander une carafe de *piña colada*, promotion du jour, ou à profiter avec vos hôtes Chip et Tiffany d'une agréable *happy hour* à moitié prix. Or, loin de vous inviter à partager ces plaisirs simples, le message de l'annonce était le suivant : « Nous prenons très au sérieux notre rôle au sein de la communauté. C'est pourquoi nous avons établi un règlement limitant à *trois* le nombre de boissons alcoolisées par client. Nous comptons sur votre compréhension et votre collaboration. »

Lorsqu'un bar, dans une ville universitaire qui plus est, vous informe qu'au bout de trois canettes de bière vous feriez mieux de rentrer chez vous, on se dit que ça devient grave. Mais le danger n'est pas, comme on pourrait le croire, que les citoyens de Hanover se comportent mal ; non, c'est qu'ils prennent du bon temps au-delà de ce que les modestes normes du consensus social peuvent tolérer en cette époque difficile où nous vivons. H. L. Mencken a défini un jour le puritanisme comme « la crainte perpétuelle que quelqu'un, quelque part, puisse être heureux ». Cette phrase a soixante-dix ans mais reste encore parfaitement d'actualité. Où qu'on aille en Amérique, on tombera sur cette étrange pruderie latente, comme celle qui a inspiré ces petites notices imbéciles dans notre bar.

Le plus drôle, en fait, c'est que ces annonces sont totalement inutiles. J'ai eu l'occasion de découvrir, à mon grand dam, que lorsqu'un ami américain vous invite à sortir pour prendre une bière, c'est exactement ce qu'il entend : une seule bière. Vous sirotez délicatement votre verre pendant quarante-cinq minutes, et quand votre verre est vide votre copain vous dit : « Hé ! c'était chouette, hein ? Faudra qu'on remette ça l'an prochain ! » Personnellement je ne connais personne, absolument personne, de mœurs assez dépravées pour s'envoyer trois bières en une seule séance. Les gens de ma connaissance ne boivent pratiquement pas, ne touchent jamais au tabac, surveillent leur cholestérol comme si c'était le virus du sida, font l'aller et retour en jogging entre ici et le Canada deux fois par jour et se couchent de bonne heure. Tout cela est très sage et je sais qu'ils vont me survivre pendant des décennies, mais leur existence ne sera pas très marrante.

Aujourd'hui, les Américains s'inventent des sujets d'inquiétude extraordinaires. Les critiques de cinéma, par exemple, se terminent presque toujours par un paragraphe soulignant les aspects du film qui pourraient perturber le public — violence, scènes d'activité sexuelle, écarts de langage, etc. Le principe paraît assez sain, en effet, mais ce qu'on arrive à classer dans ces catégories est ahurissant. Le *New York Times* a conclu un article sur le dernier film de Chevy Chase par cette sinistre mise en garde : « Pour *Bonjour les vacances*, accord parental souhaité. Outre des allusions sexuelles, ce film montre des serpents à sonnette et des scènes de casino. » Le *Los Angeles Times*, lui, prévient que le film *Pour le pire et le meilleur* contient « un langage vigoureux et des éléments thématiques ». J'attends qu'on m'explique. *La Souris* propose

« scènes de saccage, comique sensuel et langage ». Grand Dieu, vous imaginez ? Du langage dans un film ! Pas du langage vigoureux ni du langage suggestif mais du « langage » ! Sans parler du saccage ! Quand je pense que j'ai failli y emmener mes enfants !

Bref, il existe dans ce pays une inquiétude démesurée, particulièrement imbécile, à l'égard de tout ou presque. On trouve dans les librairies et sur la liste des best-sellers une multitude de livres du même acabit que cet ouvrage de Robert Bork, *Slouching to Gomorrah (Sur la pente de Gomorrhe)* : ils tentent de démontrer que les États-Unis sont à la veille d'un effondrement moral apocalyptique. Parmi les centaines de phénomènes qui inquiètent l'auteur, on trouve « l'activisme enragé des féministes, l'homosexualité, l'écologie et la défense des droits des animaux ». Non, pitié !

Des incidents qui ne feraient sourciller personne dans un autre pays sont considérés ici comme une licence dangereuse. Une femme a failli être arrêtée à Hartford dans le Connecticut pour avoir été aperçue, par un agent de sécurité, en train d'allaiter son bébé — discrètement pourtant, en se couvrant d'un châle et en tournant le dos au public — dans sa voiture, sur un parking de restaurant. Elle avait quitté ledit restaurant pour gagner le coin le plus éloigné du parking. Mais pas assez éloigné, sans doute. Quelqu'un, avec des jumelles, aurait pu voir la scène : alors vous imaginez les conséquences pour l'ordre social !

Au même moment, à Boulder dans le Colorado, la ville possédant les lois antitabac les plus draconiennes de l'Amérique (autrement dit, le poteau d'exécution), un acteur d'une troupe de théâtre amateur a été menacé de tôle pour avoir — c'est authentique — « fumé une cigarette sur scène », comme son rôle l'exigeait. De nos jours, fumer est devenu *la* grande activité taboue. Sortez un paquet de cigarettes aux États-Unis et vous serez considéré comme un paria. Allumez une clope dans un endroit public et vous serez vite ceinturé par une escouade d'agents de sécurité.

Certains États, par exemple le Vermont ou la Californie, ont promulgué des lois interdisant pratiquement de fumer à l'intérieur de tout bâtiment, sauf chez vous, et parfois même à l'extérieur. Or, si je suis d'accord pour décourager le tabagisme, je pense qu'on a tendance à aller trop loin, parfois jusqu'à l'obsession névrotique. Une entreprise du New Hampshire vient même d'adopter un règlement prévoyant le licenciement immédiat de tout employé coupable d'avoir fumé dans les quarante-cinq minutes précédant le début du travail, même s'il a fumé dans l'intimité de sa propre maison, pendant son temps libre, et utilisé des substances approuvées par le gouvernement.

Mais ce qui me sidère par-dessus tout c'est que même les jeunes gens semblent bouder volontairement les occasions de s'amuser. À ce propos, j'ai lu une histoire ahurissante dans le *Boston Globe*. On y racontait que deux confréries d'étudiants, des sortes de clubs à l'intérieur de l'université, venaient de prendre la décision d'interdire toute boisson alcoolisée dans leurs locaux. Un étudiant surpris sur les lieux avec une seule canette de bière, même s'il a l'âge légal de détenir ou consommer de l'alcool, serait renvoyé sur-le-champ. Et si un foyer s'avisait d'abriter une réunion autorisant la consommation d'un doigt de xérès, il serait fermé sans autre forme de procès. Lorsque j'étais jeune, l'un des objectifs avoués des clubs d'étudiants était d'assurer la prospérité des brasseurs américains. On jugeait la qualité d'un foyer au nombre de corps étendus sur la pelouse les samedis soirs. Ne croyez pas cependant que je plaide en faveur d'une consommation d'alcool illimitée sur les campus (en fait si, mais soyons hypocrite). En revanche, décider que des étudiants n'ont pas le droit de s'envoyer quelques bières pour fêter la fin des examens, leur diplôme, la victoire de leur équipe de football ou — pourquoi pas, diable ! — simplement quand ils en ont envie me paraît relever du puritanisme le plus imbécile.

Parmi tous les étudiants interrogés dans l'article, un seul s'est élevé contre cette mesure. « Il était temps de prendre cette décision », a même déclaré un élève du MIT, un petit cul-bénit à qui on devrait botter les fesses. Vous m'accuserez peut-être de manquer de cœur, mais j'espère que le prochain film qu'ira voir ce blanc-bec sera truffé d'épisodes comportant serpents à sonnette et parties de poker, éléments thématiques et langage, et qu'il en restera traumatisé à vie. C'est tout ce qu'il mérite.

Les États : explication de texte

Mon père, qui, comme tous les pères, semblait parfois s'entraîner pour le concours de l'homme le plus ennuyeux du monde, avait l'habitude, quand j'étais gamin, d'annoncer à haute voix, avec force commentaires, l'État d'origine de toutes les voitures rencontrées sur la route. En Amérique, comme vous le savez sans doute, chaque État émet ses propres plaques minéralogiques, de sorte qu'on peut savoir d'un coup d'œil d'où vient chaque véhicule. Cela permettait à mon père des observations capitales comme « Tiens ! Encore une du Wyoming : c'est la troisième depuis ce matin » ou bien « Mississippi ! J'me demande bien ce qu'ils fichent par ici ! ». Là-dessus il jetait un regard à la ronde en espérant que quelqu'un engagerait le débat, mais jamais personne ne bronchait. Il pouvait continuer comme ça pendant des heures et des heures.

Jadis, j'ai écrit un livre* où je me moquais gentiment du cher vieil homme, rappelant ses talents au volant, ce don inhabituel et curieux qu'il avait de se perdre en ville et d'emprunter si souvent un sens unique à contresens que les gens finissaient par se mettre sur le pas de leur porte

* *Motel Blues*, Paris, Payot & Rivages, « Petite Bibliothèque Payot/Voyageurs », n° 260, 1995. *(N.d.T.)*

pour le voir passer, enfin sa capacité à rouler des heures en vue d'un parc d'attractions ou de tout autre lieu touristique fréquenté sans jamais parvenir à en trouver l'entrée. Un de mes enfants vient de lire ce bouquin pour la première fois et il s'est précipité dans la cuisine où ma femme préparait le repas en s'écriant, sur le ton de quelqu'un qui vient de faire une découverte : « Mais c'est *papa* ! » Il parlait de moi, bien entendu.

Je dois l'admettre : je suis devenu mon propre père. Il m'arrive même de lire à haute voix le numéro des plaques bien que je m'intéresse en fait davantage à leurs devises. Car certains États, voyez-vous, inscrivent sur leurs plaques des petits messages amicaux, des bribes d'information du genre « Patrie de Lincoln » pour l'Illinois, « Pays des vacances » pour le Maine, « Pays du soleil » pour la Floride. Tout cela provoque de ma part boutades et commentaires. Par exemple, si je lis sur une plaque de Pennsylvanie : « Tu as un ami en Pennsylvanie », je ne manque pas de me tourner vers mes passagers pour lancer d'un ton faussement peiné : « Pourtant il ne donne jamais de ses nouvelles ! », mais je suis le seul à trouver que c'est une façon amusante de passer le temps pendant un long voyage.

Il est intéressant — bon, d'accord, intéressant est peut-être trop fort — de remarquer que certains États ont accouché de slogans qui semblent n'avoir aucun sens. Je n'ai jamais compris ce qui avait bien pu donner à l'Ohio l'envie de s'appeler *Buckeye State**, et je n'ai pas idée de ce que New York a voulu dire en se surnommant *Empire State* : j'ai beau chercher, mais parmi ses multiples titres de gloire cette ville ne compte pas de possessions au-delà des mers, que je sache. L'Indiana, pour sa part, s'est baptisé *Hoosier State* il y a cent cinquante ans. On n'a jamais pu

* *Buckeye* : marronnier à fleurs rouges. *(N.d.T.)*

établir avec certitude (peut-être parce que ça n'intéresse personne) ce que signifiait ce terme. Mais je peux vous garantir, fort de mon expérience, que si vous le mentionnez dans un ouvrage 250 citoyens de l'Indiana vous enverront 250 explications différentes, assorties de l'assurance unanime que vous êtes un âne.

Tout ce qui précède sert d'introduction à la leçon importante de cette chronique, à savoir que les États-Unis ne représentent pas vraiment un seul pays mais un assemblage de cinquante petites nations indépendantes — et si vous l'oubliez, ce sera à vos risques et périls... Tout cela remonte à l'époque de l'établissement d'un gouvernement fédéral, après la guerre d'Indépendance, quand les anciennes colonies se méfiaient les unes des autres. Pour calmer les esprits, on a accordé aux États toute une gamme de pouvoirs. Aujourd'hui encore, ils exercent un droit de regard dans de nombreux domaines touchant votre vie privée : où, quand et à quel âge vous avez le droit de consommer de l'alcool, de porter une arme dissimulée, d'allumer des feux d'artifice ou de vous adonner aux jeux de hasard ; l'âge auquel vous pouvez commencer à conduire ; comment vous faire exécuter (chaise électrique, piqûre ou rien du tout) et comment vous fourrer dans ce genre de pétrin, etc.

En quittant notre ville de Hanover et en traversant la rivière Connecticut pour passer dans le Vermont, je me trouve brutalement soumis à près de cinq cents lois complètement différentes. Il me faut, entre autres, boucler ma ceinture en voiture, obtenir une autorisation si je veux exercer la profession de dentiste et abandonner tout espoir d'ériger un panneau publicitaire puisque le Vermont est l'un des deux États de l'Union interdisant la publicité sur les routes. En revanche, je peux porter une arme en toute impunité et refuser légalement tout prélèvement sanguin si je suis arrêté en état d'ivresse. Cependant, comme je boucle toujours ma ceinture, ne possède pas d'armes et n'ai pas la moindre envie d'enfoncer mes doigts dans la bouche d'autrui — même pour beaucoup d'argent —, ces questions ne me concernent pas.

Il arrive parfois que d'un État à l'autre les différences entre les lois soient importantes, voire alarmantes. Ce sont les États qui décident en effet de ce que l'on doit et de ce que l'on ne doit pas enseigner dans les écoles. Souvent, notamment dans le Sud profond, les programmes scolaires sont soumis à des vues religieuses particulièrement étriquées. Ainsi, en Alabama, il est interdit de mentionner la théorie de l'évolution sans préciser qu'il s'agit d'une « théorie non démontrée ». Les livres de biologie doivent porter cet avertissement : « Ce manuel contient des références à l'évolution, une théorie controversée que certains scientifiques présentent comme l'explication de l'origine des espèces. » La loi oblige les enseignants à raconter que la Terre a peut-être bien été créée en sept jours et que tout ce qui s'y trouve — fossiles, gisements de charbon, os de dinosaures — n'a pas plus de sept mille cinq cents ans. J'ignore ce que l'Alabama a mis sur ses plaques automobiles, mais « Fier d'être demeuré » me paraîtrait pertinent.

Remarquez, je ferais bien de me taire, car le New Hampshire possède quelques lois bigrement rétrogrades. Il est le seul État à refuser de célébrer la journée de Martin Luther King (sous prétexte que ce dernier avait des sympathies communistes) et l'un des deux seuls à ne pas garantir certains droits élémentaires aux homosexuels. Pis, il possède la devise la plus dingue, quelque chose de très étrange et martial : « Vivre libre ou mourir. » Vous direz sans doute que je prends les choses trop à la lettre mais, franchement, je n'aime pas rouler en affirmant noir sur blanc souhaiter trépasser si on ne me laisse pas faire ce que je veux. Je préférerais quelque chose de plus vague et de moins définitif, du style « Vivre libre ou bouder », ou même « Vivre libre si ça ne vous dérange pas, merci beaucoup ».

D'un autre côté, le New Hampshire est le seul État dont la Constitution vous garantisse officiellement le droit de vous révolter et de renverser le gouvernement. Je n'ai aucune intention d'exercer cette prérogative, notez bien. Mais il est sécurisant de la garder en réserve. Surtout si l'on se met à trafiquer nos livres scolaires.

La guerre contre la drogue

Un de mes vieux amis vient de m'apprendre qu'en Iowa, l'État de ma naissance, on s'expose à une condamnation de sept ans de prison sans possibilité de liberté conditionnelle si l'on est pris en possession d'une seule dose de LSD. Peu importe que vous ayez dix-huit ans et un casier vierge, que cela bousille votre vie et coûte à l'État 25 000 dollars par an pour vous garder en prison ; peu importe que vous ignoriez détenir ce LSD — planqué à votre insu par un copain dans votre boîte à gants ou glissé dans votre main par quelqu'un ayant été pris de panique au cours d'une descente de police dans une boîte ; peu importent toutes les circonstances atténuantes que vous pourriez avoir. Telle est l'Amérique d'aujourd'hui : en matière de consommation de drogue, aucun régime de faveur. Désolé mais c'est comme ça. Au suivant !

Il est difficile d'imaginer avec quelle férocité les autorités américaines poursuivent les délits liés à la drogue. Dans quinze États, vous risquez la réclusion à perpétuité pour la seule possession d'un plant de marijuana. Newt Gingrich, président de la Chambre des représentants*, a même proposé d'emprisonner à vie, sans libération

* Cette chronique date de mai 1997. *(N.d.T.)*

conditionnelle, quiconque introduirait ne fût-ce que cinquante grammes de marijuana aux États-Unis. Ceux qui s'aviseraient d'introduire plus de cinquante grammes seraient exécutés...

Selon une enquête récente, 50 pour 100 des personnes inculpées pour la première fois pour des histoires de stupéfiants ont été condamnées par les tribunaux fédéraux à une moyenne de cinq ans de prison. En revanche, les délinquants primaires coupables de crimes violents sont moins souvent emprisonnés et, en moyenne, pour quatre ans seulement. Autrement dit, vous courez moins de risques de vous retrouver derrière les barreaux en agressant une vieille dame qu'en ayant sur vous une seule dose de drogue. Je suis peut-être partial mais je trouve ça un brin disproportionné.

Ne croyez pas cependant que je me fasse l'avocat des stupéfiants. Je sais parfaitement qu'ils peuvent provoquer des dommages irréversibles. Un de mes anciens camarades de classe a fait un mauvais trip au LSD : depuis il se balance sur un rocking-chair dans la véranda de ses parents et passe son temps à se regarder les mains en riant tout seul. Oui, je connais les ravages de la drogue, mais je n'en suis pas encore à trouver normal qu'on mette à mort un individu simplement parce qu'il a fait une bêtise.

Peu de mes compatriotes semblent de mon avis. Visiblement, le vœu le plus cher des citoyens américains est de laisser derrière les barreaux tous les consommateurs de drogue, et ils sont prêts à y mettre le prix. Le Texas a récemment rejeté une proposition de loi visant à consacrer 750 millions de dollars à la construction d'écoles mais il a allégrement consenti un milliard à de nouvelles prisons destinées principalement aux gens enfermés pour des histoires de drogue.

La population carcérale des États-Unis a plus que doublé depuis 1982. On compte 1 630 000 personnes emprisonnées dans tout le pays. 60 pour 100 des prisonniers fédéraux ont été condamnés pour des actes non violents, généralement liés aux stupéfiants. Les prisons américaines sont remplies de petits délinquants non violents dont le seul problème est un faible pour les drogues illicites.

Or, comme la plupart des délits de drogue entraînent des peines carcérales incompressibles, il faut bien que les autres prisonniers libèrent les cellules pour faire de la place à ces nouveaux condamnés. En conséquence, aujourd'hui aux États-Unis un meurtrier passe en moyenne moins de six ans en prison, et le coupable d'un viol seulement cinq. En outre, une fois libérés, ils pourront bénéficier aussitôt d'une couverture sociale, de l'aide alimentaire et de tout type de programme d'assistance prévu par les autorités fédérales. En revanche, un ex-détenu pour usage de drogue en sera privé à vie, si désespérée que soit sa situation.

Cependant la persécution ne s'arrêtera pas là. Mon ami de l'Iowa a passé quatre mois en prison il y a presque vingt ans. Il a purgé sa peine et n'a plus jamais touché à la drogue. Récemment, il a postulé un emploi temporaire au tri postal. On embauche une armée de travailleurs occasionnels dans les services postaux au moment de Noël. Non seulement il n'a pas été accepté, mais une semaine plus tard il a reçu en recommandé une lettre officielle le menaçant d'inculpation pour n'avoir pas révélé, en remplissant sa demande d'emploi, qu'il avait été condamné pour un délit lié à la drogue. Les services postaux en question avaient pris la peine de mener une enquête approfondie pour vérifier le casier judiciaire d'un postulant à un simple emploi temporaire de tri du courrier, ce qu'ils font apparemment de façon systématique. Mais seulement en ce qui concerne la drogue. Si mon ami avait assassiné sa grand-mère et violé vingt-cinq fois sa petite sœur, selon toute vraisemblance il aurait obtenu le job !

Il y a plus ahurissant encore. Le gouvernement peut également confisquer votre propriété si elle est mêlée, de près ou même de très loin, à une histoire de drogue. Dans le Connecticut, un procureur général fédéral du nom de Leslie C. Ohta s'est acquis une solide réputation en saisissant les biens de toute personne vaguement impliquée dans un usage de drogue — y compris la propriété d'un couple d'octogénaires dont le petit-fils vendait de l'herbe dans sa chambre à coucher. Les pauvres vieux ne se doutaient absolument pas que le garçon avait introduit de la marijuana chez eux (je me permets de répéter qu'ils avaient plus de quatre-vingts ans), et bien sûr ils n'avaient jamais été impliqués personnellement dans ce genre d'histoires, mais ils ont tout de même perdu leur maison. Peu après, le fils de l'adorable Leslie Ohta, âgé de dix-huit ans, a été arrêté pour avoir vendu du LSD dans la voiture de sa mère et a été soupçonné de l'avoir fait aussi sous le toit familial. La douce Mrs. Ohta a-t-elle perdu sa voiture et sa maison ? Mon œil ! On s'est contenté de la muter.

Le plus triste, c'est que cet acharnement ne sert à rien. L'Amérique dépense chaque année 50 milliards de dollars pour lutter contre la drogue, et pourtant la consommation de stupéfiants continue d'augmenter. Perplexe et vexé, le gouvernement adopte des lois de plus en plus draconiennes, au point d'en arriver à ce stade ridicule où Newt Gingrich, le fameux président de la Chambre des représentants, menace d'exécuter des gens (qu'on les attache sur la chaise et qu'on les liquide !) coupables de posséder l'équivalent botanique de deux bouteilles de vodka. Et personne ne semble trouver ça bizarre.

Je propose une double solution au problème. Premièrement, être Newt Gingrich deviendrait un délit criminel. Bien sûr, cela ne résoudrait pas le problème de la drogue mais j'en tirerais personnellement une grande satisfaction. Deuxièmement, je consacrerais 50 milliards de dollars à des actions de prévention et de réhabilitation. Une partie de cet argent servirait à conduire en autocar des bandes de jeunes chez mon copain de classe assis dans sa véranda. Je suis certain que cela les dissuaderait à jamais d'utiliser la moindre drogue. Ce serait, en tout cas, moins brutal et beaucoup plus efficace que de les enfermer pour le reste de leur vie.

À pied ? Pas question !

Je vais vous raconter une anecdote que je vous demande de garder pour vous. Peu de temps après notre emménagement, nous avons invité à dîner nos voisins immédiats et — je vous jure que c'est vrai — *ils sont venus en voiture !* Complètement abasourdi, je leur ai demandé en plaisantant s'ils prenaient l'avion pour aller faire leurs courses au supermarché, ce qui m'a valu en retour des regards vides — et aussi d'être rayé définitivement de leurs listes d'invités. J'ai fini par comprendre que se mettre au volant pour parcourir une trentaine de mètres n'a rien d'insolite dans l'Amérique d'aujourd'hui : personne ne se rend plus à pied nulle part.

Un chercheur de l'université de Berkeley a fait une étude sur les Américains et la marche. Elle révèle que 85 pour 100 des gens sont « plutôt » sédentaires, dont 35 pour 100 « totalement » sédentaires. L'Américain moyen parcourt 120 kilomètres à pied par an — soit 2,25 kilomètres par semaine, à peine 300 mètres par jour. Personnellement, je ne suis pas ennemi d'un certain farniente, mais j'enregistre un kilométrage journalier supérieur rien qu'en cherchant la télécommande de la télé.

Lorsque nous sommes venus nous installer aux États-Unis, une de nos priorités a été de trouver un endroit où l'on puisse faire les commissions à pied. Hanover, que nous avons choisie, est une petite ville universitaire typiquement « Nouvelle-Angleterre », pimpante, calme et compacte. Elle possède une vaste pelouse communale, une grand-rue principale démodée, de charmants bâtiments universitaires avec des espaces verts, une zone résidentielle plantée d'arbres. Bref, c'est un coin idéal où il fait bon marcher. Tout le monde ou presque habite à moins de cinq minutes à pied du centre, et à ma connaissance tout le monde ou presque prend sa voiture.

Lorsque je ne suis pas en déplacement, je me rends chaque jour en ville à pied. Je passe à la poste, à la bibliothèque ou à la librairie, et parfois, si je suis d'humeur particulièrement joviale, je me paie un cappuccino au Rosey Jekes Café. Périodiquement, je me rends chez le coiffeur pour laisser un des petits gars tenter une coupe de cheveux audacieuse et marrante. Tout cela représente une part importante de ma vie et pour rien au monde je n'imaginerais le faire autrement qu'à pied. Aujourd'hui, les gens ont fini par s'accoutumer à ce comportement bizarre et excentrique, mais, au début, les voisins qui me dépassaient en voiture s'arrêtaient pour me proposer de monter.

— Je vais bien dans cette direction, insistaient-ils quand je déclinais leur offre. Franchement, ça ne me dérange pas !

— Je vous assure que ça me fait plaisir de marcher.

— Bon, enfin, si vous voulez… disaient-ils en s'éloignant d'un air gêné, se sentant presque coupables de non-assistance à personne en danger.

Les gens sont tellement habitués à utiliser leur voiture en toutes circonstances qu'il ne leur viendrait pas à l'idée de déplier leurs jambes pour voir ce qu'elles savent faire. Parfois, c'en devient absolument ridicule. L'autre jour je me trouvais à Etna, une petite cité voisine, à attendre un de mes enfants qui prenait sa leçon de piano, lorsque j'ai vu une voiture s'arrêter devant le bureau de poste. Un homme de mon âge en est descendu, s'est précipité à l'intérieur en laissant tourner le moteur — encore une chose qui me fait bouillir le sang — pour regagner son véhicule trois ou quatre minutes plus tard, reprendre le volant et parcourir les six mètres (j'en suis sûr, car n'ayant rien de mieux à faire j'ai vérifié) le séparant du magasin suivant, dans lequel il s'est précipité derechef, en laissant toujours tourner le moteur. Et ce qui me tue, c'est qu'il avait l'air vraiment en forme. Je suis sûr qu'il parcourt des distances folles en jogging, qu'il joue au squash et qu'il se livre à toutes ces activités exubérantes qu'on recommande pour la santé. Mais je suis sûr aussi qu'il s'y rend en voiture. C'est dingue !

L'autre jour, une de nos amies s'est plainte de la difficulté qu'elle avait à trouver une place de parking devant notre gymnase local. Elle s'y rend plusieurs fois par semaine pour utiliser leur steppeur. La salle de sports est à six minutes à pied maximum de chez elle. Je lui ai demandé pourquoi elle n'y allait pas à pied, justement, réduisant ainsi de six minutes son exercice sur le steppeur. Elle m'a regardé comme si j'étais un débile mental avant de m'expliquer : « Mais j'ai un programme informatisé. Mon steppeur enregistre la distance et la vitesse : ça me permet de modifier le niveau de difficulté. » Effectivement, je dois admettre que la nature comporte de graves lacunes à cet égard.

Un éditorial du *Boston Globe* cite ces statistiques qu'il juge assez horrifiantes : les États-Unis consacrent moins de 1 pour 100 du budget annuel des routes (sur un total de 25 milliards de dollars) aux aménagements piétonniers. En fait, je suis surpris que ce soit autant. Vous pouvez visiter toutes les banlieues construites depuis trente ans — ça ne manque pas —, eh bien vous n'y trouverez pas un seul mètre de trottoir. Il arrive même que les rues ne prévoient pas un seul passage pour piétons. Je n'exagère pas.

J'ai eu l'occasion de m'en rendre compte, l'été passé, en traversant le Maine en voiture. Nous nous sommes arrêtés pour prendre un café dans une de ces zones interminables — associant centres commerciaux, motels, stations-service et restauration rapide — qui prolifèrent en Amérique. J'avais remarqué une librairie de l'autre côté de la route. J'ai donc décidé de renoncer à mon café et d'aller y faire un saut. Je cherchais un livre précis et je pensais que ma femme serait ravie de passer quelques moments privilégiés avec quatre enfants indociles et surexcités. La librairie n'était pas à plus de vingt ou trente mètres mais j'ai vite compris qu'il valait mieux ne pas tenter d'y aller à pied. On n'avait rien prévu pour la piétaille, donc pas moyen de traverser. Il m'a fallu reprendre le volant pour pouvoir me rendre de l'autre côté. Sur le moment, cela m'a semblé aberrant, et puis je me suis dit que j'étais probablement la seule personne ayant jamais envisagé sérieusement de traverser à pied une route à trois voies.

La vérité, c'est que non seulement les Américains ne marchent pas mais surtout qu'ils ne *veulent* pas marcher. Et malheur à celui qui veut les y obliger, comme l'a appris à ses dépens la ville de Laconia dans le New Hampshire. Voici quelques années, Laconia a dépensé 5 millions de dollars pour créer des zones piétonnes offrant un environnement agréable aux commerces du centre-ville. Sur le plan esthétique ce fut une réussite éclatante. Les urbanistes se sont précipités des quatre coins du pays pour s'extasier et prendre des photos. Mais commercialement ce fut un désastre. Contraints de parcourir une centaine de mètres à pied depuis les parkings, les clients ont déserté le centre-ville au bénéfice des chancres commerciaux de la périphérie.

En 1994, Laconia a arraché tous ses jolis pavés de brique, démoli bancs et jardinières, coupé les massifs d'arbres et remis les rues en leur état initial. Maintenant, on peut se garer juste devant les magasins et la petite cité connaît de nouveau la prospérité.

Si vous ne trouvez pas que c'est bien triste, je me demande ce qu'il vous faut.

Jardiner avec ma femme

Je dois faire vite car aujourd'hui c'est dimanche, il fait un temps magnifique et Mrs. Bryson a prévu un ambitieux programme de jardinage. Pis, elle arbore cette expression qui m'angoisse toujours, ce que j'appelle son look Nike, celui qui dit : *« Just do it ! »*

Maintenant soyons clair : Mrs. B. est une créature rare et charmante qui sait mieux que personne combien ma vie a besoin de structure et d'encadrement, mais quand elle prend un bloc-notes pour y inscrire ces mots tant redoutés (et soulignés plusieurs fois) : « Choses à faire », vous pouvez vous attendre à ce que le week-end vous semble très long jusqu'au lundi.

J'adore jardiner. Il y a quelque chose qui convient parfaitement à ma nature dans cette activité qui vous permet de mettre votre cerveau en roue libre et de déterrer sans cesse de gros vers de terre. Mais, très franchement, jardiner avec ma femme ne m'emballe pas. L'ennui, voyez-vous, c'est qu'elle est anglaise et qu'elle arrive à m'intimider. Elle est capable de me sortir des phrases du genre : « Tu as pensé à pincer les gourmands du *Dianthus chinensis* ? » ou bien : « Tu n'as pas oublié de vérifier le niveau de séquestrène des *Phlox subulata* ? »

Tous les Britanniques peuvent parler comme ça, d'après

mon expérience. C'est affreux, voire terrifiant. Je me rappelle encore mon ahurissement quand j'ai écouté pour la première fois l'émission de la BBC *Questions au jardinier*, il y a bien des années. J'ai découvert avec stupeur que je vivais dans une nation de gens qui connaissaient des choses aussi obscures que le mildiou pulvérulent, la cloque du pêcher, les niveaux optimum de pH, la différence entre *Coreopsis verticillata* et *Coreopsis grandiflora* — des gens qui, en plus, adoraient entamer de longues discussions animées sur ces phénomènes.

Je viens d'un milieu où l'on considère que vous avez la main verte si vous arrivez à maintenir en vie un cactus sur un rebord de fenêtre, ce qui explique que ma conception du jardinage n'ait jamais atteint ces sommets scientifiques. Ma propre méthode — qui ne marche pas mal, en fait — se résume à traiter comme une mauvaise herbe tout ce qui n'aura pas fleuri d'ici le mois d'août et à bombarder tout le reste de solutions fertilisantes, de granulés anti-limaces et de tout ce qui me tombe sous la main dans la remise. Une ou deux fois par saison, je verse dans un pulvérisateur le contenu de toutes les boîtes portant une étiquette rouge à tête de mort et j'arrose généreusement de cette mixture toute matière végétale. Cette approche est certes assez peu orthodoxe et il arrive, je dois l'admettre, que je sois obligé de faire un saut de côté pour éviter la chute d'un arbre qui n'a pas survécu à mes traitements, mais généralement c'est un succès total. J'obtiens parfois certaines mutations étranges et intéressantes. Un jour, j'ai même fait fleurir un poteau de la clôture, pour vous donner un exemple.

Pendant des années, à l'époque où nos enfants étaient petits et capables de toutes les bêtises, ma femme m'a confié le soin du jardin. De temps en temps, elle mettait le nez dehors pour me demander ce que je faisais. Le plus souvent, j'étais en train de saupoudrer des plantes soupçonnées d'être de mauvaises herbes avec une substance blanche dégoté dans le garage et qui, selon moi, ne pouvait être que de l'azote, ou bien du ciment. Habituellement, à ce moment précis, un de nos enfants accourait pour signaler que les cheveux du petit Jimmy avaient pris feu — ou toute autre péripétie éducative et distrayante — et ma femme devait se précipiter à l'intérieur, me laissant poursuivre en paix mes expériences. C'était un excellent arrangement et tout était parfait dans notre ménage.

Et puis les enfants ont grandi — suffisamment pour éteindre tout seuls leurs incendies capillaires —, nous sommes partis vivre en Amérique, et maintenant je me retrouve en compagnie de Mrs. B. dans le jardin. Ou plutôt c'est elle qui tolère ma compagnie, car je me sens relégué désormais à un rang subalterne, chargé principalement d'apporter ou d'enlever la brouette, à la demande. Autrefois j'étais un jardinier confirmé ; à présent je ne suis plus qu'une sorte de coolie.

De toute façon, le jardinage en Amérique n'a rien à voir avec ce que j'ai connu en Angleterre. Ici, les gens n'ont pas de jardins. Ils ont des *yards,* des cours. Et on ne jardine pas dans les cours : on y travaille. Certains appellent même ça des « coins pour bricoler ». C'est vous dire si c'est marrant !

En Grande-Bretagne, la nature est féconde et amicale. Le pays tout entier est une sorte d'immense jardin. Il n'y a qu'à voir les fleurs sauvages qui poussent le long des routes et qui parsèment les prairies. Les fermiers sont obligés d'aller les exterminer (en fait ils ne sont pas obligés mais ils aiment bien ça). En Amérique, la nature est d'instinct portée vers le « sauvage ». Ce qu'elle aime produire par ici, c'est une sorte de liane de science-fiction qui rampe de tous côtés et qu'on doit constamment essayer d'anéantir au sabre ou à la machette. Je suis persuadé que si nous laissions notre jardin quelques mois sans surveillance, nous découvririons à notre retour que les mauvaises herbes se sont emparées de la maison et l'ont entraînée au fond des bois pour la dévorer à leur aise.

Les jardins américains sont généralement constitués d'une pelouse et les pelouses américaines sont généralement très vastes. Ce qui signifie qu'on passe sa vie à ratisser. À l'automne, les feuilles d'arbres tombent d'un seul coup *(whoumpf!)* en une sorte de suicide végétal collectif. Alors on passe deux mois à essayer d'en faire de grands tas tandis que le vent fait de son mieux pour les remettre à l'endroit précis où vous les avez ramassées. On ratisse, on ratisse encore et on transporte les tas de feuilles dans les bois. Puis on raccroche le râteau dans la remise et on reste à la maison les sept mois suivants. Mais dès qu'on a le dos tourné les feuilles reviennent subrepticement sur la pelouse. Je ne sais pas comment elles s'y prennent, mais c'est un fait. Et quand vous ressortez au printemps, elles sont toutes là en épais tapis sur l'herbe, occupées à étouffer les arbustes des plates-bandes ou à boucher les égouts. Alors vous passez d'autres semaines à ratisser et à évacuer vos tas de feuilles dans les bois. Et au moment où, enfin, la pelouse est impeccable, vous entendez un grand *whoumpf!* C'est l'automne qui est de retour. Franchement, il y a de quoi se décourager.

Et voici que par-dessus le marché ma douce moitié a décidé de s'intéresser elle aussi à cette entreprise sérieuse qu'est l'horticulture domestique. Je dois admettre que je suis en partie responsable. L'an passé, j'ai pulvérisé sur la pelouse un cocktail de ma composition, un tiers d'engrais, un tiers d'antimousse, un tiers de granulé pour lapins (une erreur de manœuvre, mais quand je m'en suis aperçu je me suis dit pourquoi pas et j'ai versé le restant de la boîte), avec en plus une pincée de quelque chose de corsé baptisé buprimate et triforine. Deux jours plus tard, notre pelouse était le siège d'une éruption de tâches orange vif d'une nature suffisamment persévérante et sensationnelle pour attirer les spectateurs depuis le nord du Massachusetts. Je me trouve désormais dans la situation d'un détenu libéré sous contrôle judiciaire.

À ce propos, il faut que j'y aille. Je viens d'entendre des bruits menaçants : le claquement chirurgical des gants de caoutchouc qu'on enfile et le tintement métallique des outils de jardin qu'on décroche. Dans une seconde, je sens qu'on va me crier :

— Boy, apporte la brouette, et qu' ça saute !

Mais vous savez ce que je déteste par-dessus tout ? C'est ce chapeau pointu ridicule que je dois porter.

Il y a de quoi se faire du souci

Voici une information qui vous intéressera. En 1995, d'après le *Washington Post*, des pirates de l'informatique sont arrivés à percer les systèmes de sécurité du Pentagone 161 000 fois. Cela représente 18 effractions à l'heure, soit une toutes les 3,2 minutes. Oh ! je sais ce que vous allez dire. Ce genre d'incident peut se produire avec n'importe quel système de défense monolithique qui détient le sort du monde entre ses mains. Après tout, quand on stocke un arsenal nucléaire titanesque, il est normal que les gens essaient d'y fourrer leur nez, juste pour voir ce que signifient ces boutons rigolos ACTIVER et ALERTE ROUGE. C'est dans la nature humaine.

D'ailleurs, le Pentagone a d'autres soucis, merci bien, notamment trouver ce que sont devenus ses dossiers sur la guerre du Golfe. Je ne sais pas si vous l'avez lu, mais il a égaré — ou plutôt irrémédiablement perdu — la quasi-totalité d'un rapport officiel de 200 pages (il leur en reste tout de même 36) sur cette brève mais passionnante aventure dans le désert que fut la guerre du Golfe. La moitié des dossiers disparus ont été, paraît-il, accidentellement effacés lorsqu'un officier du QG — j'aimerais pouvoir dire que j'invente — a fait une erreur de manip en transférant des jeux vidéo sur un ordinateur de l'armée. Les autres dossiers manquants sont tout simplement… manquants. Tout ce que l'on sait, c'est que deux copies en ont été envoyées au haut commandement en Floride, mais personne n'arrive à remettre la main dessus (encore un coup de la femme de ménage !). Quant au troisième exemplaire, stocké dans le coffre-fort d'une base militaire du Maryland, il s'est tout simplement volatilisé — ce qui, en l'occurrence, semble une explication éminemment plausible.

Maintenant, soyons juste : le Pentagone avait sans doute l'esprit ailleurs, préoccupé qu'il était après avoir appris que les rapports récemment fournis par la CIA n'étaient pas extrêmement fiables. On venait en effet de révéler que, malgré les sommes astronomiques consacrées à ses opérations de surveillance de l'Union soviétique, la CIA n'avait pas réussi à prévoir la fin de l'URSS (en fait, elle en est encore à faire vérifier la rumeur par ses agents du McDonald's de Moscou). Il y avait bien là de quoi laisser perplexe le Pentagone. Franchement, vous ne pouvez pas espérer garder trace de vos guerres si les nouvelles du front ne sont pas fiables, non ?

La CIA devait elle aussi avoir l'esprit ailleurs et être toute secouée d'avoir appris (là encore, j'aimerais dire que j'invente) que le FBI avait passé des années à filmer un de ses agents, Aldrich Ames. On l'avait vu pénétrer dans l'ambassade d'Union soviétique avec de gros classeurs sous le bras puis ressortir les mains vides, mais sans jamais établir avec certitude ce qu'il se passait. Le FBI savait qu'Aldrich Ames était un employé de la CIA, savait qu'il rendait de fréquentes visites à l'ambassade soviétique, savait aussi que la CIA recherchait une taupe dans ses rangs, mais jamais les cerveaux du FBI n'avaient réussi à faire l'effort d'imagination suffisant pour établir un lien entre tous ces éléments intrigants. Ames a finalement été coincé et condamné à des milliers d'années de prison pour haute trahison, mais certainement pas grâce au FBI. Là encore, soyons juste : le FBI était bien trop occupé à faire foirer d'autres affaires.

D'abord il y a eu l'arrestation injuste de Richard Jewell, cet agent de sécurité soupçonné d'avoir placé la bombe au jeux Olympiques d'Atlanta. Jewell, selon le FBI, avait posé l'engin, couru au téléphone pour alerter les autorités, piqué un sprint sur quatre kilomètres (en moins d'une minute) de façon à être sur les lieux juste à temps pour jouer les héros. Malgré l'absence de preuves contre lui et l'impossibilité matérielle évidente de téléphoner et de se retrouver sur le site de l'explosion dans un laps de temps aussi court, il a fallu des mois aux gars du FBI pour reconnaître qu'ils s'étaient trompés de suspect.

On a appris ensuite que depuis des années les services de médecine légale du FBI tripatouillaient, égaraient, mélangeaient, renversaient, piétinaient et traînaient jusque sur les parkings les preuves cruciales qu'on leur demandait d'analyser. De temps en temps, ils inventaient tout simplement. Par exemple, un laborantin du FBI a rédigé pour un acte d'accusation un rapport entièrement fondé sur un examen au microscope sans avoir jamais pris la peine de se pencher une seule fois sur un microscope. Grâce à ce laboratoire de branquignols et à leurs initiatives créatives, des milliers de preuves risquent aujourd'hui d'être déclarées irrecevables par la justice.

Vous serez nombreux à en conclure que le Bureau fédéral des investigations est un repère de dangereux crétins. C'est sans doute vrai, mais on doit aussi leur accorder des circonstances atténuantes car ils viennent de découvrir qu'il existait des gens encore plus extraordinairement incompétents qu'eux, à savoir la police des États-Unis.

La place me manque pour vous donner dans cette chronique un large échantillon des hauts faits de nos policiers, aussi n'en citerai-je que deux. Premièrement les services du shérif du comté de Los Angeles viennent de battre un record d'incompétence en relâchant par erreur vingt-trois prisonniers, dont certains très dangereux et complètement fêlés. Après avoir remis en liberté le vingt-troisième, un responsable a expliqué aux journalistes qu'un employé avait reçu un courrier ordonnant le transfert immédiat du prisonnier en Orégon où il devait purger une longue peine pour attaque à main armée et viol. Mais ce fonctionnaire avait compris dans cet ordre qu'il fallait rendre ses affaires personnelles au condamné et l'escorter vers la sortie en lui recommandant la meilleure pizzeria du coin.

Meilleure encore, à mon avis, est l'histoire de ces shérifs adjoints de Milwaukee envoyés à l'aéroport pour entraîner des chiens à la chasse aux explosifs. Les policiers ont caché un paquet de deux kilos et demi de vrais explosifs quelque part dans l'aéroport et puis — j'adore le détail — ils ont oublié où. Inutile de vous dire que les chiens n'ont rien trouvé. Cela s'est passé il y a quatre mois et ils cherchent toujours. C'est la deuxième fois que les services du shérif de Milwaukee réussissent à perdre des explosifs dans un aéroport.

Je pourrais poursuivre encore longtemps, mais je vais en rester là parce que j'ai l'intention d'essayer de pénétrer dans les ordinateurs du Pentagone. Traitez-moi de gamin si vous voulez, mais j'ai toujours rêvé de faire sauter un petit pays. Ce sera *le* crime parfait : la CIA ne s'en apercevra pas ; le Pentagone s'en apercevra mais perdra le dossier ; le FBI mènera une enquête de dix-huit mois et arrêtera finalement le « Fugitif » ; et puis les hommes du shérif de Los Angeles lui rendront sa liberté. Mais surtout, cela distraira les gens des vrais sujets d'inquiétude.

Vive les téléphones portables !

De toutes les choses mises sur terre pour éprouver ma patience — et Dieu sait si elles sont nombreuses — rien n'y réussit aussi bien qu'AT&T, la compagnie américaine de téléphones publics. Si l'on me donnait le choix entre, disons, me renverser sur les jambes un flacon d'acide chlorhydrique et utiliser les services d'AT&T, je choisirais sans hésiter l'acide chlorhydrique, nettement moins douloureux. AT&T possède les téléphones les plus robustes du monde. Je le sais d'expérience car je n'ai jamais pu entrer dans une de ses cabines sans essayer d'en casser l'équipement.

Comme vous l'avez sans doute deviné, je n'aime pas beaucoup AT&T. Mais ce n'est pas grave étant donné qu'AT&T ne m'aime pas non plus. En fait, cette entreprise n'aime pas ses clients. Elle les déteste même tellement qu'elle refuse de leur parler. Maintenant elle utilise des voix de synthèse, ce qui veut dire que, quelle que soit la gravité du problème — et des problèmes, vous pouvez être sûr d'en avoir avec eux —, vous n'entrerez jamais en contact avec une personne en chair et en os. Tout ce que vous entendrez, c'est une voix de robot, métallique et bizarrement snob, qui vous débitera un laïus du genre :

« Le numéro que vous avez composé ne correspond pas à des paramètres identifiables. » C'est agaçant au possible.

J'en ai fait encore l'expérience l'autre jour, lorsque je me suis retrouvé abandonné à l'aéroport Logan de Boston, oublié par le minibus qui devait me conduire chez moi. Je dis bien « oublié » car il ne s'agissait ni d'une panne ni d'un accident. Je me tenais au point de ramassage officiel quand j'ai vu s'approcher le véhicule familier de la Dartmouth Company ; le temps de me baisser pour saisir mes bagages, il est passé sous mon nez à toute allure, il a emprunté la bretelle de sortie de l'aéroport et a disparu au loin en direction du New Hampshire.

Je me suis donc mis à la recherche d'un téléphone public pour appeler la compagnie de minibus — histoire de leur dire bonjour et de leur rappeler que j'étais là, prêt à sauter dans leur engin s'ils voulaient bien avoir l'obligeance de ralentir un peu et d'ouvrir la portière le temps que je grimpe en marche — et pour cela, naturellement, il me fallait recourir aux services d'AT&T. J'ai longuement soupiré. Je revenais d'un long voyage. J'étais fatigué, j'avais faim, je faisais le planton dans un aéroport sans aucun charme et je savais que j'aurais à attendre au moins trois heures la prochaine navette. Et maintenant, en plus, je devais affronter AT&T ! Je me suis approché de la rangée de téléphones situés à l'extérieur du terminal, l'esprit lourd de noirs pressentiments.

Il se trouve que je n'avais pas le numéro de la société de minibus sur moi. J'ai donc lu attentivement les instructions permettant d'obtenir les renseignements et j'ai composé le numéro. Au bout d'une minute, une voix synthétique m'a demandé d'introduire dans la machine la somme de 1,05 dollar en pièces. Cela m'a stupéfié : autrefois, les renseignements étaient gratuits.

J'ai fouillé dans mes poches mais sans pouvoir y découvrir plus de 67 cents. J'ai donc procédé à un petit test de résistance du matériel — oui, toujours indestructible —, j'ai pris mes bagages et je suis parti à grands pas chercher de la monnaie. Mais, bien sûr, un commerçant n'acceptera jamais de vous faire de la monnaie sans achat ! En conséquence il m'a fallu acheter le *New York Times*, le *Boston Globe* et le *Washington Post* — chacun acquis séparément avec un billet différent, ce qui apparemment était la seule procédure autorisée — jusqu'à ce que je sois en possession du nombre requis de piécettes argentées. Puis je suis retourné vers le téléphone pour répéter l'opération. Mais j'avais sans doute choisi un appareil très délicat quant à son régime. Celui-ci semblait avoir une aversion particulière pour les pièces de dix cents à l'effige de Roosevelt. Il n'est pas facile d'introduire des pièces dans une fente quand on doit coincer le récepteur entre l'oreille et l'épaule tout en maintenant sous le bras une liasse de trois journaux, mais surtout quand le téléphone s'obstine à recracher une pièce sur les trois que vous lui faites ingurgiter. Au bout de quinze secondes de cet exercice, un robot s'est manifesté pour me réprimander d'une voix chevrotante et énervante — en fait, une vraie engueulade —, et pour m'avertir en substance que si je ne m'organisais pas mieux illico presto, la ligne serait coupée. Et là-dessus, la ligne a été coupée. Un moment après, l'appareil s'est mis à régurgiter les pièces dont je l'avais nourri. Mais pas toutes : autre petite arnaque. Entre ce qu'il m'avait rendu et ce qu'il ne voulait pas accepter, je ne disposais plus désormais que de 90 cents.

Après avoir effectué un nouveau test de résistance, légèrement plus énergique, j'ai repris d'un pas lourd la direction des boutiques. J'ai acheté un *Providence Journal* et un *Philadelphia Inquirer*, et je suis revenu vers le téléphone. Cette fois, j'ai réussi à obtenir les renseignements, j'ai fait ma demande en me hâtant de sortir stylo et bloc-notes. L'expérience m'a appris que les services de renseignements ne vous donnent le numéro qu'une seule fois et raccrochent aussitôt. Vous avez donc intérêt à être rapide. J'ai écouté attentivement et ai commencé à écrire. Plus d'encre. Et naturellement j'ai instantanément oublié le fameux numéro.

Je suis reparti vers le terminal où j'ai acheté un *Bangor Daily News*, un *Poughkeepsie Journal* et un stylo à bille. Retour au téléphone. J'ai enfin obtenu le numéro recherché, je l'ai soigneusement noté et — victoire ! — je l'ai composé. Un instant plus tard, j'ai entendu à l'autre bout du fil une voix me dire gaiement :

— Allô ? Bonjour, ici Dartmouth College !

— Dartmouth College ? ai-je bégayé, atterré. Je voulais la Dartmouth Company.

J'avais utilisé toute ma monnaie pour obtenir ce numéro et l'idée d'avoir à retourner au terminal faire d'autres achats m'anéantissait. Je me suis soudain demandé si ces gens qui vous accostent au coin de la rue en Amérique pour vous soutirer quelques pièces n'étaient pas en fait des gens comme moi, de respectables citoyens ayant mené jusqu'alors une vie normale et qui se retrouvaient sans ressources, sans domicile fixe et poussés à la mendicité par l'un de ces satanés téléphones publics.

— Je peux vous donner le numéro si vous voulez, m'a proposé la dame.

— Vous pouvez ? Oh, oui, s'il vous plaît !

Elle m'a débité un numéro, visiblement de mémoire. Il n'avait rien à voir, mais absolument rien, de près ou de loin, avec le numéro donné par les services de renseignements. Je l'ai chaleureusement remerciée.

— À votre service ! Ça se produit sans arrêt.

— Vous voulez dire qu'ils donnent toujours *votre* numéro quand on demande les minibus de la Dartmouth Company ?

— Tout le temps. C'est bien AT&T que vous avez utilisé ?

— Oui.

— J'en étais sûre, a-t-elle dit simplement.

Je l'ai remerciée une nouvelle fois.

— Je vous en prie, à votre service ! Et dites, n'oubliez pas de donner un bon coup de poing dans leur appareil avant de partir.

Naturellement, elle n'a pas ajouté ça. C'était superflu.

J'ai dû attendre quatre heures la prochaine navette. Mais la situation aurait pu être pire : au moins, j'avais de la lecture.

Le monde perdu du cinéma

Chaque année, à peu près à cette époque, revient cette même tradition un peu idiote : je rassemble mes enfants et je les emmène voir un des films de l'été. Les sorties estivales représentent une grosse affaire en Amérique. Cette année, entre Memorial Day et Labour Day (soit, à peu près, entre le pont du 1er Mai et la fin août), les Américains vont dépenser environ 2 milliards de dollars en entrées de cinéma et plus de la moitié de cette somme en choses poisseuses qu'ils se fourreront dans la bouche tout en regardant, les yeux écarquillés, des scènes de panique extrêmement coûteuses.

Généralement, les productions de l'été sont nulles, mais je crois que cette année risque de battre des records. Je me dis toujours qu'il ne faut pas placer la barre trop haut, que les films sont alors l'équivalent d'un tour à la foire et que personne ne s'est jamais attendu à ce que les montagnes russes fournissent un stimulus intellectuel quelconque. Mais, de nos jours, les sorties de l'été sont franchement stupides, si colossalement, ouvertement stupides que ça devient difficilement supportable. Malgré les budjets énormes qu'on leur consacre — rappelons que huit productions, cette année, dépassent les 100 millions de dollars — le résultat est toujours une histoire tellement ridicule et invraisemblable que vous ne seriez pas étonné d'apprendre que le scénario a été concocté sur un divan, la veille du tournage.

Cette année, nous sommes allés voir la suite de *Jurassic Park, Le Monde perdu.* Comme il fallait s'y attendre, c'est largement une réédition du premier épisode, avec les mêmes bruits de pas qui font vaciller les arbres et frémir les flaques d'eau chaque fois que le T-rex se pointe dans les parages ; les mêmes personnages terrorisés qui se barricadent derrière une porte déchiquetée par les assauts furieux des velociraptors, avant de s'apercevoir que, dans leur dos, se profile une autre créature aux dents acérées ; les mêmes scènes de véhicules pendouillant d'une falaise tandis que les héros s'accrochent désespérément aux lianes pour sauver leur peau. Mais peu importe ! Les dinosaures sont terribles et une bonne douzaine de personnes se font réduire en bouillie ou dévorer dans la première heure. On est venus pour ça, non ?

Et puis l'histoire s'essouffle. Dans une des grandes scènes du film, un tyrannosaure s'évade de manière loufoque d'un bateau, va ravager le centre de San Diego en écrasant sur son passage bus et stations-service, puis, brusquement, sans transition, voilà qu'il atterrit au cœur d'un quartier résidentiel endormi, tout seul et sans témoins. Alors je vous le demande : trouvez-vous crédible qu'un monstre préhistorique de huit mètres de haut, disparu de la surface de la terre depuis soixante-cinq millions d'années, ayant semé la panique dans le centre-ville, puisse se glisser à l'insu de tous dans une banlieue chic ? Est-ce que vous ne trouvez pas un poil dérangeant et absurde qu'en milieu de soirée le centre de San Diego soit plein de gens vaquant à leurs occupations — faire la queue au cinéma, se balader main dans la main — tandis que les rues de la zone périphérique sont silencieuses et leurs habitants couchés et endormis depuis longtemps ?

Et ça continue. Pendant que les voitures de police se livrent à leurs cascades habituelles et n'arrêtent pas de se tamponner, le héros et l'héroïne réussissent, tout seuls, à retrouver le T-rex et, sans que personne remarque rien dans cette ville étrangement peu observatrice, ils attirent la bête jusqu'au bateau, à des kilomètres de là, pour la reconduire sur son île tropicale, ce qui laisse augurer une suite inévitable et financièrement juteuse sous forme de *Jurassic Park 3*. *Le Monde perdu* est un film mal ficelé, sans surprise, qui, en dépit de son budget de 100 millions de dollars, ne contient pas plus de 2 dollars d'idées originales. Mais naturellement il est en passe de battre tous les records au box-office. Au cours du premier week-end, il a rapporté plus de 92 millions.

Cependant, mon problème n'est pas *Le Monde perdu* ni aucune des sorties de cet été. Il y a longtemps que je ne compte plus sur Hollywood pour m'assurer un peu de stimulation cérébrale les jours de canicule. Mon problème, c'est le cinéma Sony 6 de West Lebanon, New Hampshire, ainsi que les milliers de complexes multisalles qui font subir aux amoureux du cinéma ce que le *Tyrannosaurus rex* de Steven Spielberg a fait subir aux habitants de San Diego.

Tous ceux qui ont grandi en Amérique jusque dans les années soixante se rappellent une époque où aller au cinéma signifiait se rendre dans un établissement avec un seul grand écran, généralement au centre-ville. Dans ma ville natale de Des Moines, le cinéma principal (baptisé avec beaucoup d'imagination « Le Des Moines ») était une extravagance architecturale à l'éclairage parcimonieux dont la décoration rappelait un tombeau égyptien. De mon temps c'était un endroit un peu décrépit où, à en juger par l'odeur, on avait dû abandonner un cadavre de cheval. En tout cas, le dernier nettoyage devait remonter aux jours de gloire de Mary Pickford. Mais quand on se retrouvait devant cet immense écran, au milieu d'un demi kilomètre carré de fauteuils, on avait le sentiment de vivre une aventure formidable.

Sauf dans quelques grandes cités, tous les cinémas des centres-villes ont disparu. Le Des Moines a fermé ses portes en 1965. Aujourd'hui, on a droit à des multiplexes de banlieue avec pléthore d'écrans riquiqui. Bien que *Le Monde perdu* soit l'un des grands succès de la saison, nous l'avons vu dans une salle de proportions ridicules, tout juste assez grande pour contenir neuf rangées de fauteuils tellement serrées que je me suis retrouvé avec les genoux au niveau des oreilles. L'écran, aux dimensions d'une grande serviette de plage, était si mal placé que les spectateurs des trois premiers rangs devaient lever le cou comme dans un planétarium. Le son était abominable et les images sautillaient. Avant le début du film, nous avons dû subir trente minutes de publicité. Pop-corn et confiseries étaient hors de prix, et les ouvreuses avaient pour mission de vous fourguer un tas de choses dont vous ne vouliez pas. Bref, tout dans ce cinéma semblait avoir été soigneusement conçu pour vous gâcher le plaisir d'aller au cinéma.

Je ne vous dresse pas ce tableau pour m'attirer votre pitié, encore qu'un peu de sympathie soit toujours la bienvenue, mais pour mettre en évidence ce qui attend désormais le spectateur. J'arrive à la rigueur à supporter une légère dose d'imbécillité audiovisuelle mais je ne supporte pas qu'on me prive de la magie du cinéma. J'en parlais à une de mes filles l'autre jour. Elle m'a écouté avec attention —je dirais même avec sympathie — et puis elle m'a répondu quelque chose de bien triste : « Papa, dis-toi bien que les gens n'ont pas envie de respirer une odeur de cheval crevé quand ils vont au cinéma. » Elle a raison, évidemment, mais si vous me demandez mon avis, je vous répondrai que les gens ne savent pas ce qu'ils ratent.

Le facteur risque

Il faut que je vous parle d'une chose qui me semble profondément injuste. Parce que je suis américain — et que vous, chers lecteurs, ne l'êtes pas —, il paraît que j'ai deux fois plus de chances d'être victime d'une mort accidentelle prématurée. Je l'ai appris en lisant un ouvrage intitulé *The Book of Risks : Fascinating Facts About the Chances We Take Every Day (Le Livre des risques. Vérités fascinantes sur les dangers que nous courons chaque jour)* écrit par un doux dingue, un accro de la statistique nommé Larry Laudan.

Le livre est bourré de chiffres intéressants et fort utiles qui vous enseignent, globalement, le plus sûr moyen de finir dans une chaise roulante ou de passer l'arme à gauche aux États-Unis. J'ai ainsi appris que si je me lance dans l'agriculture cette année j'ai trois fois plus de chances de perdre un membre et deux fois plus de chances de mourir empoisonné que si je reste assis dans mon fauteuil. Je sais maintenant que je cours une chance sur 11 000 d'être assassiné dans les douze prochains mois, une sur 150 000 de mourir par étouffement, une sur 10 millions d'être tué par la rupture d'un barrage. Quant à mes chances de mourir assommé par un objet tombé du ciel, elles sont d'une sur 250 millions environ. Même si je reste sagement chez moi et loin de toute fenêtre, il semblerait qu'il y ait une chance sur 450 000 pour que quelque chose me tue avant la fin de la journée. Plutôt alarmant, non ?

Mais rien n'est plus irritant que de savoir que le simple fait d'être américain (donc de me mettre au garde-à-vous quand on joue le *Star-Spangled Banner* et d'exhiber une casquette de base-ball comme principal élément de ma tenue vestimentaire) me fait courir deux fois plus de risques qu'un Anglais de terminer en bouillie. Mr. Landan (bien trop bouleversé, sans doute) n'explique pas pourquoi les Américains exposent deux fois plus sérieusement leur petite personne que la moyenne britannique, mais cette statistique ne cesse de me trotter dans la tête et la réponse, évidente quand on prend la peine de réfléchir un peu, c'est que l'Amérique est un pays deux fois plus dangereux que la Grande-Bretagne.

Prenons un exemple. Chaque année, dans le New Hampshire, une bonne douzaine de personnes meurent des suites de l'impact de leur voiture avec un élan. Or, corrigez-moi si je me trompe, ce genre d'accident ne risque vraiment pas d'arriver à un Anglais rentrant de faire ses courses. Il ne court pas non plus le danger d'être dévoré par un grizzly ni par un couguar, d'être piétiné à mort par un bison ou mordu à la cheville par un serpent à sonnette irascible — autant d'incidents qui éliminent quelques douzaines de malheureux Américains chaque année. Et puis il y a toutes les violences naturelles, les tornades, les glissements de terrain, les avalanches, les crues subites, les blizzards paralysants et, à l'occasion, les tremblements de terre, qui tuent annuellement des centaines et des centaines d'Américains.

Enfin, et surtout, il y a les armes à feu. On compte 200 millions d'armes à feu sur le territoire des États-Unis. Nous autres Américains sommes par nature assez portés sur la gâchette : chaque année, 40 000 d'entre nous meurent par balles, la plupart tirées par accident. Pour vous donner un point de comparaison, cela fait 6, 8 morts par balle pour 100 000 habitants aux États-Unis contre un médiocre 0,4 pour 100 000 en Grande-Bretagne.

En résumé, les USA sont bien un pays où l'on risque sa vie. Or, bizarrement, les Américains s'alarment pour toutes sortes de mauvaises raisons. Espionnez discrètement les conversations chez Lou, une cafétéria de Hanover, et vous n'entendrez parler que cholestérol et taux de sodium, mammographie et tension artérielle. Offrez un jaune d'œuf à un Américain et vous le verrez se figer de terreur alors que des dangers bien plus réels le laisseront de marbre.

40 pour 100 des Américains ne bouclent jamais leur ceinture en voiture. Plus extraordinaire encore : depuis une série de reportages dans la presse sur des enfants tués par des airbags lors de petites collisions, les gens se sont précipités chez les garagistes pour faire déconnecter les leurs. Peu importe si, dans la majorité des cas rapportés, les gosses sont morts parce qu'on les avait placés à l'avant, là où ils n'auraient jamais dû se trouver, et parce qu'on avait négligé de les attacher. Les airbags sauvent des milliers de vies, et pourtant, donc, beaucoup de gens les désactivent en pensant curieusement qu'ils constituent un danger.

La même irrationalité statistique s'applique aux armes. 40 pour 100 des Américains détiennent une arme à feu chez eux, la cachette la plus courante étant le tiroir de leur table de nuit. Les chances de s'en servir un jour pour abattre un criminel sont estimées, sans grande marge d'erreur, à moins d'une sur un million. Les chances pour que l'arme tue accidentellement un membre de la famille — généralement un enfant qui veut s'amuser — sont vingt fois plus élevées. Et pourtant, cent millions de personnes s'entêtent résolument à nier cette évidence et vont jusqu'à menacer d'utiliser leur arme quand on ose aborder la question.

Mais rien ne met mieux en évidence l'illogisme de nos concitoyens qu'un des sujets les plus brûlants depuis ces dernières années : le tabagisme passif. Il y a quatre ans, l'Environmental Protection Agency a publié un rapport établissant que les personnes de plus de trente-cinq ans qui ne fumaient pas mais qui étaient exposées à la fumée des autres couraient un risque annuel de 1 sur 30 000 de développer un cancer du poumon. Dans tout le pays la réponse a été immédiate et fulgurante : on a interdit de fumer sur les lieux de travail, au restaurant, dans les centres commerciaux et autres lieux publics. Mais on n'a pas réalisé que le tabagisme passif ne représentait qu'un danger infime. Un taux de 1 sur 30 000 paraît à juste titre assez élevé, mais globalement cela ne correspond pas à grand-chose. Dévorer une côtelette de porc par semaine est statistiquement plus cancérigène que partager régulièrement un espace fréquenté par des fumeurs. De même, manger une carotte tous les huit jours, boire un jus d'orange tous les quinze jours, ingurgiter une laitue entière tous les deux ans. Vous courez cinq fois plus de risque de cancer du poumon à cause de votre perruche qu'à cause des fumeurs qui vous entourent.

Notez bien que je suis tout à fait partisan qu'on interdise de fumer au motif que c'est une habitude sale et désagréable, dangereuse pour le fumeur et pour les tapis. Ce que je veux dire, c'est qu'il me semble un peu curieux d'interdire de fumer en évoquant des raisons de santé publique alors qu'on laisse allégrement n'importe quel imbécile détenir une arme ou se balader en voiture sans ceinture de sécurité. Mais la logique joue rarement un rôle dans ces histoires.

Un jour, il y a quelques années de cela, mon frère s'est arrêté pour acheter un billet de loterie (chance de gagner :

1 sur 12 millions) et a repris le volant sans attacher sa ceinture (chance d'avoir un accident grave dans l'année : 1 sur 40). Quand je lui ai fait remarquer l'absurdité de son comportement, il m'a regardé un moment avant de me lancer :

— Et quelles sont les chances, à ton avis, pour que je te dépose à huit kilomètres de chez toi ?

Depuis, je garde mes commentaires pour moi. C'est moins risqué.

Vive l'été !

La Nouvelle-Angleterre, comme me l'expliquait récemment un ami, connaît trois saisons : on sort de l'hiver, on va vers l'hiver, on est en hiver. Je comprends ce qu'il veut dire. Ici les étés sont courts — ils commencent le 1er juin et se terminent le 31 août, après quoi vous feriez mieux de retrouver vos moufles — mais durant ces trois mois le temps est agréable et ensoleillé. Mieux, on reste toujours dans des moyennes de température plaisantes, à l'inverse de l'Iowa où j'ai grandi, une région où le thermomètre et le taux d'humidité grimpent allégrement depuis le début de l'été pour atteindre, mi-août, une chaleur si étouffante que même les mouches, à bout de souffle, font la sieste.

C'est surtout cette humidité poisseuse qui est pénible. En Iowa, dès que vous mettez le pied dehors au mois d'août vous vous retrouvez victime vingt secondes plus tard d'un phénomène qu'on pourrait appeler l'« incontinence transpiratoire ». Il fait si chaud que même les mannequins dans les vitrines ont des auréoles sous les bras. Ces étés de l'Iowa m'ont laissé des souvenirs particulièrement vivaces parce que mon père a été la dernière personne du Middle West à installer un climatiseur. « C'est contre nature », disait-il. De toute façon, tout ce qui coûtait plus de trente dollars lui semblait toujours « contre nature ».

Le seul endroit où l'on pouvait espérer un soulagement quelconque était le *porch*, cette véranda protégée par des moustiquaires. Jusque dans les années cinquante, pratiquement toutes les maisons américaines en possédaient un. Le *porch* est comme un salon d'été situé sur un des côtés de la maison et fermé par un petit grillage à mailles serrées empêchant tout insecte d'y pénétrer. Cela vous donne tous les avantages du dehors et du dedans. Cet endroit merveilleux est indissociablement lié dans mon esprit à l'été — tout comme les épis de maïs grillés, les pastèques, la mélopée nocturne des grillons, le boucan que faisait le voisin de mes parents, Mr. Piper, quand il rentrait tard d'une réunion maçonnique (il se garait dans les poubelles et ne manquait jamais de donner la sérénade à Mrs. Piper avant d'aller finir la nuit sur la pelouse).

Donc, quand nous sommes venus nous installer aux États-Unis, une de mes priorités a été de dénicher une maison avec un *porch*. Et nous en avons trouvé une. J'émigre sur cette terrasse pendant les mois d'été. C'est là que j'écris ces lignes aujourd'hui tout en admirant le jardin ensoleillé, en écoutant le gazouillis des oiseaux et le ronronnement d'une tondeuse à gazon, rafraîchi par une brise légère et baignant dans une douce euphorie. Ce soir, nous y mangerons en famille (si Mrs. B. ne se prend pas une nouvelle fois les pieds dans le tapis, la chère femme !), ensuite je lézarderai un peu en bouquinant jusqu'à l'heure du coucher, distrait par le chant des grillons et la danse lumineuse des lucioles. L'été ne serait pas l'été sans tout cela.

Peu après notre installation dans cette maison, j'ai remarqué qu'un des coins de la moustiquaire était troué, près du plancher. Notre chat utilisait cette sorte de chatière improvisée pour venir dormir sur un vieux divan, si bien que je n'ai rien fait. Un soir — il y avait déjà plus d'un mois qu'on était là —, j'étais plongé dans un bouquin à une heure inhabituellement tardive quand, du coin de l'œil, j'ai vu arriver notre chat. Sauf que notre chat dormait déjà sur le divan. J'ai donc mieux regardé… et j'ai vu un sconse se diriger vers la table. Il devait venir chaque nuit à la même heure pour se régaler de tous les restes de repas tombés par terre (et il y en a souvent, eu égard au petit jeu auquel je joue avec mes enfants, le lancer de légumes olympique, chaque fois que Mrs. B. s'en va répondre au téléphone ou chercher un supplément de sauce de viande).

Se faire asperger par un sconse est sans conteste la pire des choses qui puisse vous arriver dans la catégorie des accidents n'entraînant ni effusion de sang ni séjour à l'hôpital. Une odeur de sconse perçue à une certaine distance n'a rien de bien alarmant. C'est plutôt doucereux et inattendu — rien de suave, certes, mais rien non plus de repoussant. Les gens qui ont l'occasion de sentir un sconse de loin, et pour la première fois, se disent tous : « Ce n'est pas si terrible ! Franchement, je me demande pourquoi on en fait tout un plat ! » Mais si vous vous rapprochez ou, bien pis, si le sconse vous asperge, il se passera de longs mois avant qu'on vous invite à danser un slow serré, croyez-moi. L'odeur n'est pas seulement épouvantablement forte et désagréable, elle est pratiquement indestructible. Un seul moyen de s'en débarrasser, à ce qu'on dit : se laver au jus de tomate. Mais même avec des litres de jus, tout ce que vous pourrez espérer c'est d'en atténuer très légèrement la pestilence.

Une nuit, chez une copine de mon fils, un sconse s'est faufilé dans la cave, qu'il a aspergée. La famille a pratiquement été sinistrée. Les rideaux, la literie, les vêtements, les coussins, les divans, bref, tout ce qui peut absorber une odeur a dû être jeté et brûlé. Et il a fallu récurer la maison de fond en comble. La copine de mon fils, qui ne s'est pourtant pas approchée du sconse et a immédiatement quitté les lieux, a passé tout un week-end à se frotter au jus de tomate, et malgré ce traitement personne n'a accepté de marcher sur le même trottoir qu'elle pendant des semaines. Alors, lorsque je vous dis que personne n'a intérêt à se faire asperger par un sconse, je ne plaisante pas.

Toutes ces histoires me revenaient à l'esprit tandis que, bouche bée, j'observais ce spécimen vaquer à ses petites affaires à deux pas de moi. Durant quelques secondes, il a farfouillé sous la table, puis, aussi calmement qu'il était arrivé, il est reparti par le trou de la moustiquaire. Juste au moment de sortir, il s'est tourné vers moi comme pour me dire : « Ne t'en fais pas, je t'avais vu », mais il ne m'a pas aspergé, ce dont je lui serai éternellement reconnaissant.

Le lendemain j'ai réparé la moustiquaire, mais en témoignage de gratitude j'ai déposé une poignée de croquettes pour chat sur les marches, à l'extérieur. Vers minuit, le sconse est venu et a tout mangé. Pendant deux étés, tel a été notre petit rituel : je déposais mes croquettes et le sconse venait les manger. Cette année, il n'est pas revenu. On m'a signalé qu'une épidémie de rage avait considérablement réduit la population des sconses, des ratons laveurs et même des écureuils. On dit que cela se produit tous les quinze ans, par une sorte de cycle naturel.

Il semblerait donc que j'aie perdu mon sconse. Dans un an environ, l'épidémie sera finie et j'aurai peut-être l'occasion d'en adopter un autre. Je l'espère car il faut avouer que les sconses ont rarement l'occasion de se faire des amis. En attendant, à la fois par respect pour la cuisine de Mrs. Bryson et aussi parce qu'elle a été malencontreusement touchée à l'œil, nous avons décidé de renoncer à nos olympiades légumières. Dommage. J'étais bien parti pour la médaille d'or.

Salut, Bill, c'est Bob !

L'autre jour, il m'est arrivé un truc tellement incroyable et inattendu que j'en ai renversé mon orangeade sur ma chemise (en principe, je n'ai pas besoin d'un événement inattendu : tout ce qu'il me faut c'est une boisson). Pourquoi cette inondation effervescente ? Eh bien j'avais appelé un service officiel, en l'occurrence les services de la US Social Security Administration, et quelqu'un avait répondu au téléphone.

J'étais là, au bout du fil, prêt à entendre une voix préenregistrée me dire : « Toutes nos lignes sont occupées. Veuillez patienter en écoutant quelques minutes de musique énervante interrompue toutes les quinze secondes par une voix préenregistrée qui vous dira que toutes nos lignes sont occupées et que vous devez patienter en... », etc., jusqu'à l'heure du thé. Donc vous imaginez ma surprise lorsque, après deux cent soixante-dix sonneries seulement, un vrai être humain m'a pris en ligne. Après m'avoir posé quelques questions personnelles, il m'a dit : « Excusez-moi, Bill, mais je dois vous demander de patienter un peu. » Vous avez suivi ? Il m'a appelé « Bill ». Pas « Monsieur Bryson », pas « Monsieur » tout court, pas « Ô vénéré contribuable ». Simplement « Bill ». Il y a deux ans, j'aurais jugé le procédé impertinent, mais avec le temps j'ai fini par le trouver plutôt sympathique.

Évidemment, il arrive parfois que la décontraction et la familiarité américaines mettent ma patience à l'épreuve. Notamment quand le serveur m'informe que son nom est Bob et qu'il sera à ma disposition pour me servir toute la soirée, je dois me retenir à quatre pour ne pas lui lancer : « C'est un cheeseburger que je veux, Bob, pas une liaison ! » Mais je dois reconnaître que la plupart du temps ça ne me déplaît pas, sans doute parce que cette attitude est symbolique de quelque chose de plus fondamental. Ici on ne s'aplatit devant personne, voyez-vous. On évolue au contraire dans un monde qui a adopté pour postulat universel qu'aucun individu n'est supérieur à l'autre. Un principe génial. Mon éboueur m'appelle Bill, mon médecin m'appelle Bill, le directeur de l'école de mes enfants m'appelle Bill. Ils ne s'aplatissent pas devant moi. Je ne m'aplatis pas devant eux. Je trouve que tout devrait fonctionner sur de telles bases.

En Angleterre, j'ai eu la même comptable pendant plus de dix ans mais nos relations, bien que cordiales, sont toujours restées très protocolaires. Elle ne m'a jamais appelé autrement que « Monsieur Bryson » et je n'aurais jamais imaginé l'appeler autrement que « Madame Creswick ». Une fois installé en Amérique, j'ai pris un nouveau comptable. Lorsque je suis arrivé dans son bureau, ses premiers mots ont été : « Ah ! Bill, très heureux de vous connaître ! » On était déjà copains. Maintenant, quand je le vois, je lui demande des nouvelles de ses enfants.

Cette décontraction prend bien d'autres aspects. Hanover est une ville universitaire. Dartmouth College est un établissement privé très sélect, mais jamais vous ne pourriez le deviner. Aucun des terrains du complexe universitaire n'est fermé au public. Au contraire, la communauté locale y a pratiquement libre accès. Nous pouvons utiliser la bibliothèque, assister aux concerts ou aux remises de diplômes si ça nous tente. Une de mes filles utilise la patinoire de l'université et l'équipe d'athlétisme de mon fils s'exerce en hiver sur son stade couvert. Le ciné-club universitaire organise des projections auxquelles j'assiste souvent. Pas plus tard qu'hier soir j'y ai vu *La Mort aux trousses* sur grand écran avec un de mes enfants, après quoi nous sommes allés nous taper un cheesecake à la cafétéria des étudiants. Et jamais on ne vous demandera de montrer une pièce d'identité ou une autorisation spéciale. Jamais on ne vous fera sentir que vous n'êtes pas chez vous ou que vous dérangez.

Tout cela donne aux contacts quotidiens un vernis de franchise et d'égalitarisme qui peut parfois sembler superficiel, artificiel voire incongru, mais qui enlève aussi beaucoup de raideur aux rapports humains.

S'il y a une chose, cependant, que cette familiarité ne vous procurera pas, c'est le numéro de sécurité sociale de votre femme. Laissez-moi vous expliquer. Aux États-Unis, le numéro de sécurité sociale confère en quelque sorte à l'être humain son existence légale. Ayant négligé d'en saisir l'importance, ma femme avait égaré sa carte. Or nous avions un besoin urgent de ce numéro pour une histoire d'impôts. J'ai donc expliqué la situation à l'employé de la sécurité sociale revenu en ligne. Il venait de m'appeler Bill, après tout : j'avais toutes les raisons d'être optimiste.

— Ce genre d'informations ne peut être révélé qu'à la personne autorisée, m'a-t-il répondu.

— La personne dont le nom est sur la carte, vous voulez dire ?

— Exact.

— Mais… c'est ma femme ! ai-je bredouillé.

— Nous ne pouvons révéler cette information qu'à la personne autorisée.

— Attendez, dites-moi si je me trompe : si j'étais ma

femme, vous accepteriez de me communiquer ce numéro comme ça, au téléphone ?

— Exact.

— Et si c'était quelqu'un se faisant passer pour elle ?

Moment d'hésitation.

— Nous supposerions que l'individu au téléphone est bien l'individu autorisé à recevoir l'information.

— Patientez un instant, s'il vous plaît.

J'ai réfléchi une minute. Ma femme était sortie, donc je ne pouvais pas lui dire de venir au téléphone. D'un autre côté, je n'avais pas envie de recommencer cette épreuve un autre jour. J'ai donc repris le téléphone et dit de ma voix normale :

— Allô ? Cynthia Bryson à l'appareil. Pourriez-vous, s'il vous plaît, me donner le numéro de ma carte ?

Petit rire nerveux.

— Je sais que c'est vous, Bill, a dit la voix.

— Non, je vous jure ! C'est Cynthia Bryson. S'il vous plaît, donnez-moi mon numéro !

— Impossible.

— Est-ce que ça faciliterait les choses si je prenais une voix de femme ?

— Non, désolé.

— Je voudrais vous poser une question par curiosité. Est-ce que le numéro de ma femme est affiché sur l'écran de votre ordinateur en ce moment ?

— Oui.

— Pourtant vous ne pouvez pas me le donner ?

— Désolé mais je n'ai pas le droit, Bill. (Et il en avait vraiment l'air persuadé.)

Des années d'expériences douloureuses m'ont appris qu'il n'existe pas la moindre chance, pas la plus infinitésimale, de voir un fonctionnaire du gouvernement américain faire une entorse au règlement en votre faveur. Aussi ai-je capitulé. À la place, je lui ai demandé s'il connaissait un bon truc pour faire partir les taches d'orangeade sur une chemise.

— Le bicarbonate de soude, m'a-t-il répondu sans hésitation. Laissez tremper une nuit et la tache partira.

Je l'ai remercié et nous avons raccroché.

J'aurais aimé, naturellement, obtenir l'information dont j'avais besoin, mais en attendant je m'étais fait un ami. Et il avait raison à propos du bicarbonate de soude : ma chemise est comme neuve.

Voyager c'est s'instruire

Je voyageais il y a peu sur une ligne aérienne américaine lorsque, en feuilletant le magazine publicitaire de la compagnie, je suis tombé sur un questionnaire : « Testez votre QI culturel. » Curieux de savoir si j'en possédais un, je me suis appliqué à répondre aux questions. La première consistait à citer le pays où il est très mal élevé de demander : « Où habitez-vous ? » La réponse, que j'ignorais mais que j'ai découverte en me reportant à la dernière page, est : « L'Angleterre. » « Le domicile est une affaire strictement privée pour un Anglais », expliquait sentencieusement l'auteur du test. Quand je pense à toutes ces années où j'ai osé demander à un Anglais : « Et où habitez-vous, Clive ? » (ou un autre prénom, car évidemment ils ne s'appelaient pas tous Clive) sans me douter un seul instant que je commettais un énorme impair et que Clive (ou qui vous voudrez) devait se dire : « De quoi il se mêle, cet Amerloque ? », j'en suis mortifié ! Donc, aujourd'hui, je présente à tous ces gens mes excuses les plus plates, à Clive en particulier.

Deux jours plus tard, j'ai lu un article du *Washington Post* sur la politique britannique qui livrait cette information en passant : « L'Écosse est située au nord de l'Angleterre », particularité géographique qui m'avait toujours semblé évidente. Une pensée m'a traversé l'esprit : peut-être, après tout, n'était-ce pas moi qui souffrais d'une faiblesse de QI culturel mais — était-ce possible ? — tout mon pays. Je me suis dit qu'il serait intéressant de tester ce que mes compatriotes américains savaient, ou ignoraient, de l'Angleterre. Pas si facile que ça ! Vous n'allez pas aborder les gens, même des intimes, pour leur demander tout à trac : « Quelles sont les fonctions du chancelier de l'Échiquier ? » ou bien : « L'Écosse est au nord de l'Angleterre, vrai ou faux ? », pas plus qu'on ne peut demander à un Anglais : « Où habitez-vous ? » Ce serait mal élevé, impertinent, et sans aucun doute gênant pour la personne interrogée.

Alors une idée plus subtile m'est venue : je pouvais me faire une opinion en allant discrètement consulter à la bibliothèque tous les guides américains sur la Grande-Bretagne. J'y découvrirais ainsi quelles informations on jugeait utile de donner à mes compatriotes sur le point de s'embarquer pour les îles Britanniques. Là-bas, sur les étagères « Voyages », j'ai dégoté quatre livres exclusivement consacrés à la Grande-Bretagne et huit autres sur l'Europe comportant de longs passages sur le Royaume-Uni. J'ai eu le coup de foudre pour l'un d'eux, intitulé *Rick Steves' Europe*. Je n'avais jamais entendu parlé de Rick, évidemment, mais la quatrième de couverture le présentait comme « un homme passant chaque année de longs mois à sonder les fjords et à respirer la poussière séculaire des châteaux » — exercices très méritoires à mon avis, bien qu'un peu excessifs. Je suis parti m'installer à une des tables de la bibliothèque avec mes bouquins et je n'ai pas vu passer l'après-midi, absorbé par cette enquête fascinante.

Eh bien, j'ai obtenu ma réponse. Globalement, ce que savent les Américains sur la Grande-Bretagne se résume à… pas grand-chose, du moins si l'on se réfère à ces ouvrages. Selon les différents auteurs, il est nécessaire d'apprendre à l'aspirant voyageur américain prêt à se rendre en ce pays que les livres sterling sont « acceptées » en Écosse et au pays de Galles, exactement comme en Angleterre, que l'on trouve dans ce coin du monde « des médecins qualifiés et tous les remèdes modernes », et que, oui, l'Écosse est bien au nord de l'Angleterre (tellement au nord, en fait, qu'il vaut mieux prévoir une journée entière pour la visite).

Les voyageurs américains, apparemment, ne sont pas très doués. Les guides ne se contentent pas de leur indiquer ce qui les attend en Angleterre — principalement de la pluie et des cottages aux toits de chaume — mais aussi ce qu'il faut mettre dans leur valise, comment trouver la route de l'aéroport et comment passer la douane. « Soyez aimable et coopératif, mais évitez de vous lancer dans de trop longues conversations », conseille Joseph Raff, auteur de *Fielding's Britain* en parlant des guichets d'immigration. « Tenez votre passeport à la main avec décontraction. N'en faites pas fièrement étalage ! » Je me mêle sans doute de ce qui ne me regarde pas mais quelqu'un qui a besoin qu'on lui explique comment tenir son passeport n'est peut-être pas tout à fait prêt à traverser les océans.

Le livre que j'ai préféré était signé d'un certain John Whitman. *The Best European Travel Tips (Petits Tuyaux pour visiter l'Europe)* ne traitait pas spécifiquement de la Grande-Bretagne mais il était si passionnant que je l'ai dévoré. Il contenait de solennelles mises en garde contre les pickpockets ou les serveurs âpres au gain, et même des conseils sur la façon d'attaquer en justice une compagnie aérienne au cas où votre avion aurait de sérieux problèmes. Visiblement, Mr. Whitman est homme à prévoir le pire. Son premier tuyau pour essayer de parer aux excentricités de l'hôtellerie européenne est de « demander son nom à l'employé quand vous vous inscrivez à la réception ». En ce qui concerne les compagnies aériennes, il conseille de « lire attentivement tout ce qui est écrit en petites lettres sur le billet afin de bien connaître vos droits ». Entre autres recommandations essentielles il suggère d'« emporter un ou deux stylos à bille » et de vous servir du panneau NE PAS DÉRANGER si vous désirez ne pas être dérangé. Je n'invente rien : il précise même où l'accrocher (à la poignée de la porte de votre chambre). Il remarque avec pertinence (car rien n'échappe à l'œil sagace de Mr. Whitman) que « l'Europe offre de larges possibilités d'hébergement ». Plus loin, il lance un avertissement : « On trouve parfois des bidets dans les salles de bains européennes » et vous encourage prudemment : « Il est possible d'utiliser ces commodités aux allures de WC pour votre hygiène personnelle. » Merci de votre autorisation, Mr. Whitman, mais j'ai déjà fort à faire avec cette pancarte à accrocher…

La morale de tout cela, c'est que les Américains ont grand besoin de nouveaux guides touristiques. Je pense en pondre un moi-même, un manuel plein de conseils précieux comme : « Pour s'adresser à un policier, dire "Monsieur le Flic" » ou encore : « Pour attirer l'attention du garçon, faire le signe V avec l'index et le majeur et agiter plusieurs fois la main, paume vers le haut. » Sans oublier cette recommandation essentielle : « Ne jamais demander aux personnes nommées Clive où elles habitent. »

Prime d'incompétence

Un article paru l'autre jour dans notre journal local a attiré mon attention. On nous apprenait que la tour de contrôle de notre aéroport, avec toutes les installations afférentes, venait d'être privatisée. Cet aéroport perd de l'argent ; aussi, pour réduire les coûts, la Federal Aviation Administration (FAA) a décidé de sous-traiter le contrôle aérien à des gens capables de l'assurer au plus bas prix. J'ai été particulièrement intrigué par la phrase suivante, perdue au milieu de l'article : « Arlene Sarlac, porte-parole du bureau régional de la FAA à New York, n'a pu fournir le nom de la société qui doit gérer la tour de contrôle. »

Eh bien, voilà qui ne me rassure pas ! Vous direz que je suis peut-être un peu parano, mais comme il m'arrive de fréquenter cet aéroport je tiens tout particulièrement à ce qu'il garantisse aux avions un atterrissage plus ou moins normal. En conséquence, j'aimerais bien être certain qu'on n'a pas cédé ce service crucial à, disons, Crash Services (Panama) et que mon prochain atterrissage ne sera pas guidé par un type agitant un balai au sommet d'une échelle. J'ose espérer que la FAA a bien noté, quelque part dans ses dossiers, le nom de l'acheteur. Vous allez dire que je suis exigeant mais ce genre de renseignement me paraît essentiel.

Il faut dire que la FAA n'est pas la plus performante des entreprises. Un rapport gouvernemental du mois d'août dernier a révélé que cette administration souffrait constamment, depuis des années, de graves dysfonctionnements : coupures de courant, équipements vétustes et désuets, personnel insuffisant et surmené, programmes de formation mal adaptés, mauvaise gestion liée à une hiérarchie trop fragmentée. En ce qui concerne les normes d'équipement, le rapport révélait : « 21 bureaux différents ont publié 71 règlements, 7 normes et 29 spécifications ». Conclusion : la FAA n'a aucune idée de l'équipement qu'elle possède, ne sait pas qui est chargé de la maintenance ni même à qui c'est le tour de faire le café. Selon le *Los Angeles Times* : « Au moins trois accidents auraient pu être évités sans le retard accusé par la FAA dans la modernisation des équipements de contrôle aérien. »

J'évoque cette affaire parce que le sujet de ma chronique est l'incompétence à grande échelle. Malgré tous mes efforts, il subsiste encore un mythe auquel j'aimerais bien qu'on fasse un sort une fois pour toutes, ici même : le mythe de l'efficacité américaine. L'Amérique est tout sauf efficace. La faute en revient surtout à ses dimensions : les grands pays produisent de grandes bureaucraties. Qui dit bureaucratie dit administration, et chaque administration engendre des bureaux qui produisent des tas de règles et de règlements.

Dans ce système, non seulement la main gauche ignore ce que fait la main droite mais elle ignore aussi qu'il existe une main droite. C'est ce que j'appelle le syndrome de la pizza surgelée. Aux États-Unis, si la pizza surgelée est au fromage elle tombe sous la réglementation de la Food and Drug Administration. En revanche, si la pizza surgelée est garnie de poivrons, elle relève du département de l'Agriculture. Chacune de ces administrations établit ses propres normes de fabrication, d'étiquetage, etc. Chacune possède ses propres inspecteurs et sa propre réglementation en matière de brevets, certificats de conformité et autre coûteuse paperasserie. Et il s'agit uniquement de pizzas surgelées. Ce serait dingue et impossible dans un petit pays comme la Grande-Bretagne. Enfin, il est vrai que maintenant, avec l'Union européenne...

Au total, on a calculé que la mise aux normes de toute cette masse de réglementations fédérales coûte annuellement à la nation la coquette somme de 668 milliards de dollars, soit une moyenne de 7 000 dollars par foyer.

Mais ce qui donne à l'inefficacité américaine une saveur particulière c'est l'esprit de radinerie stupide qui prévaut dans les administrations, où règne une volonté de politique à court terme tout simplement confondante. Prenez par exemple cette expérience de l'IRS, l'Internal Revenue Service, l'équivalent de votre fisc. Chaque année aux États-Unis, 100 milliards de dollars d'impôts — une somme positivement colossale, et suffisante pour régler le problème de la dette fédérale — ne sont ni déclarés ni prélevés. En 1995, à titre expérimental, le gouvernement a accordé à l'IRS une enveloppe supplémentaire de 100 millions de dollars pour essayer de ramener ces fonds dans les caisses publiques. À la fin de l'année, l'État avait récupéré 800 millions de ces impôts — une petite fraction du manque à gagner, mais assez pour déclarer l'opération rentable. Fort de ce bon résultat, l'IRS a donc prédit avec confiance que la poursuite de cette expérience rapporterait à l'État au moins 12 milliards de plus l'année suivante, et encore davantage les années d'après. Au lieu de prolonger l'expérience, le Congrès y a mis fin dans le cadre de — tenez-vous bien — son programme de réduction du déficit fédéral. Vous commencez à comprendre ?

Prenons encore l'exemple de l'inspection alimentaire. Il existe toute une panoplie de gadgets high-tech pour détecter si la viande est contaminée par les salmonelles ou le colibacille. Mais comme le gouvernement est trop radin pour acquérir ce matériel, les inspecteurs fédéraux chargés du contrôle alimentaire continuent à inspecter la viande à l'œil nu, pendant qu'elle passe sur le tapis roulant des chaînes de conditionnement. Vous imaginez facilement avec quelle attention un employé fédéral mal payé va examiner les 18 000 poulets fraîchement plumés qui lui défilent sous le nez chaque jour de sa vie de travail. Je suis peut-être cynique mais je doute fort qu'au bout de douze années de cette activité passionnante un inspecteur ait encore assez de tonus pour s'exclamer : « Tiens, des poulets ! Voyons ce qu'ils ont d'intéressant ! » De toute façon, et c'est un détail qu'on aurait dû prendre en compte depuis longtemps, les micro-organismes sont par définition invisibles à l'œil nu.

Résultat : du propre aveu du gouvernement, 20 pour 100 des poulets et 49 pour 100 des dindes sont contaminés. Ce que cela peut coûter en soins médicaux, Dieu seul le sait, mais on peut raisonnablement estimer que 80 millions d'individus tombent malades chaque année pour avoir consommé une nourriture douteuse, ce qui coûte à l'économie du pays entre 5 et 10 milliards de dollars en soins médicaux, absentéisme et baisse de productivité. Et chaque année, 9 000 personnes meurent aux États-Unis d'empoisonnement alimentaire.

Tout cela nous ramène à cette bonne vieille Federal Aviation Administration (enfin pas tout à fait, mais il fallait bien que j'y arrive). J'ignore si la FAA est la bureaucratie la plus inefficace des États-Unis, mais je sais qu'elle est indubitablement la seule à tenir ma vie entre ses mains quand je me trouve à dix mille mètres au-dessus du sol. Alors vous imaginez mon anxiété lorsque j'ai appris qu'elle s'apprêtait à confier la tour de contrôle à une société dont elle avait oublié le nom.

Selon notre journal, le transfert prendra effet à la fin du

mois. Trois jours plus tard, je dois m'envoler pour Washington depuis notre aéroport. Je vous le signale pour que vous ne vous étonniez pas si ces chroniques s'arrêtent dans quelques semaines.

Mais il ne sera sans doute pas nécessaire d'attendre jusque-là. Je viens de demander à ma femme ce qu'elle avait prévu au menu du soir, et elle a répondu : « Des escalopes de dinde. »

Une journée à la mer

Chaque année, vers cette époque, ma femme me réveille un beau matin avec une petite bourrade amicale pour me dire :

— J'ai une idée : on va rouler pendant trois heures jusqu'à l'océan, se mettre presque tout nus et rester assis sur le sable toute la journée.

— Pour quoi faire ? lui dis-je, méfiant.

— Ce sera marrant, insiste-t-elle.

— Je ne crois pas. Ça dérange les gens que j'enlève ma chemise en public. Moi ça me dérange.

— Mais non, ce sera vraiment sympa. On aura du sable dans les cheveux. On aura du sable dans les chaussures. On aura du sable dans nos sandwichs et puis dans la bouche. On se fera brûler par le soleil et par le vent. Et quand on sera fatigués de rester assis, on pourra aller patauger dans une eau froide à vous couper le souffle. Le soir, on repartira en même temps que les trente-sept mille pékins qui auront eu la même idée que nous et on restera coincés dans les embouteillages jusqu'à minuit. Cela me permettra quelques commentaires acides sur tes talents de conducteur et les enfants pourront passer le temps en se faisant mal avec des objets pointus. Qu'est-ce qu'on va s'amuser !

Le drame, c'est que ma femme est anglaise, donc

imperméable à tout raisonnement sensé dès qu'il s'agit d'eau salée, et sincèrement convaincue que ça peut être amusant. Entre nous je n'ai jamais compris l'affection des Britanniques pour le bord de mer.

L'Iowa, mon pays natal, est à des milliers de kilomètres de l'océan le plus proche. Donc, pour moi (et pour les autres natifs de l'État bien que je n'aie pas encore eu l'occasion de tous les questionner individuellement), le mot « océan » est synonyme de choses terribles comme marée et courants. On m'a dit que certains New-Yorkais souffraient de terreurs similaires à la seule mention des mots « champ de maïs » et « foire agricole ». Le lac Ahquabi, où j'ai fait mon apprentissage de la natation et des coups de soleil, n'offre sans doute pas le romantisme de Cape Cod ni la beauté grandiose des côtes déchiquetées du Maine, mais au moins, dans ce lac, rien ne vous saisit par les pieds pour vous entraîner malgré vous jusqu'à Terre-Neuve. Autrement dit, vous pouvez garder vos océans, jusqu'à la moindre goutte, merci bien.

J'ai donc été très ferme lorsque le week-end dernier ma femme a lancé ce projet d'expédition à la mer. « Non, ai-je dit. Pas question. » Ce qui explique que trois heures plus tard nous nous soyons retrouvés sur le sable de Kennebunk Beach, dans le Maine.

C'est peut-être difficile à croire quand on sait quel tourbillon d'aventures a été ma vie, mais au total, dans mon existence, je ne me suis rendu que deux fois sur une plage américaine : la première fois en Californie, à l'âge de douze ans, quand j'ai réussi à m'arracher la peau du nez à la suite d'une erreur de timing entre mon plongeon et le retrait de la vague (histoire vraie, qui ne peut arriver qu'à un natif de l'Iowa) ; la seconde fois en Floride, quand j'étais encore étudiant et bien trop éméché pour remarquer un détail du paysage aussi anodin qu'un océan. Je ne peux prétendre, dans ces conditions, être une autorité en matière de plage.

Tout ce que je peux vous dire, avec Kennebunk Beach comme référence, c'est que les plages américaines n'ont rien à voir avec les plages anglaises. Pour commencer, on n'y trouve ni promenades de front de mer, ni jetées, ni parcs d'attractions. Pas de magasins où tout coûte, miraculeusement, une livre sterling. Pas d'échoppes vendant des cartes postales cochonnes et des chapeaux rigolos. Pas de salons de thé ni de *fish and chips*. Pas de diseuses de bonne aventure. Pas de voix désincarnées dans les salles de bingo criant d'étranges messages codés comme : « Numéro 11 — Les jambes de la belle-mère. » Non, on ne trouve rien de commercial à Kennebunk, simplement un alignement de grandes résidences de vacances, une immense plage ensoleillée et, au-delà, l'océan, infini, hostile.

Cela ne signifie pas pour autant que sur cette plage les gens — et il y en avait des centaines — étaient démunis. Non, ils avaient tout prévu question nourriture, boissons, parasols de plage, pare-vent, chaises pliantes et objets gonflables. Amundsen a dû partir au pôle Sud avec moins d'équipements et de provisions que ces gens-là. Notre famille faisait plutôt piètre figure en comparaison. Outre que nous étions tous blancs comme des endives, nous n'avions pour seul matériel que trois serviettes et un vieux sac en raphia contenant, à la mode anglaise, une bouteille de lotion antisolaire, une provision de Kleenex, des culottes de rechange pour toute la famille (en prévision d'un accident de voiture nécessitant une visite aux urgences) et un très modeste assortiment de sandwichs.

Le plus jeune de nos enfants — celui que j'ai pris l'habitude d'appeler Jimmy au cas où, plus tard, il deviendrait avocat et me poursuivrait en diffamation — a étudié la situation et déclaré :

— OK, papa. Voilà ce qu'il me faut : une glace, un matelas pneumatique, un seau et une pelle (modèle de luxe), un hot dog, une barbe à papa, un bateau gonflable, un équipement de plongée, un toboggan, une pizza au fromage avec un supplément de fromage, plus des toilettes.

— Mais ils n'en vendent pas ici, ai-je dit en gloussant.

— Je ne plaisante pas : il faut que j'aille aux toilettes.

J'en ai informé mon épouse, cachée sous un chapeau ridicule.

— Eh bien tu n'as qu'à le conduire à Kennebunkport, a-t-elle répondu sereinement.

Kennebunkport est l'ancienne ville, construite à un carrefour bien avant l'ère des automobiles, à des kilomètres de la plage. La circulation était si dense que nous avons dû nous garer à une distance faramineuse du centre avant de nous mettre à la recherche de toilettes publiques. Quand nous les avons trouvées (enfin pas exactement, c'était le mur de la pharmacie mais n'en dites rien à ma femme), le petit Jimmy n'en avait plus besoin. Lorsque nous sommes revenus sur la plage, quelques heures plus tard, toute la famille était partie se baigner. Il ne restait plus qu'un demi-sandwich que je me suis mis à grignoter, confortablement installé sur ma serviette.

— Oh ! maman, regarde ! s'est joyeusement exclamée notre fille numéro deux quand les miens ont fini par émerger des flots, un moment après. Papa mange le sandwich que le chien a commencé !

— Dites-moi que je rêve ! ai-je gémi.

— Ne t'inquiète pas, chéri, a dit ma femme pour me réconforter. C'était un setter irlandais et ces chiens sont très propres.

Je ne me rappelle pas clairement ce qui s'est passé ensuite. J'ai fait un petit somme, et en me réveillant j'ai constaté que Jimmy s'était amusé à m'enterrer dans le sable jusqu'à la taille, ce qui n'aurait pas été grave s'il n'avait commencé par la tête. J'ai attrapé un coup de soleil si carabiné qu'un dermato a voulu m'emmener avec lui à Cleveland comme cobaye pour un congrès.

Nous avons cherché les clés de la voiture pendant deux heures. Le setter irlandais est revenu et nous a volé une des serviettes. Puis il m'a mordu la main pour me punir d'avoir mangé son sandwich. Numéro deux s'est mis du goudron dans les cheveux.

Bref, ce ne fut qu'une journée typique à la mer. Nous sommes arrivés à la maison à minuit après un détour imprévu par la frontière canadienne, ce qui nous a fourni un bon sujet de discussion pendant toute cette interminable traversée de la Pennsylvanie.

— C'était super ! a dit ma femme. Il faudra qu'on remette ça un de ces jours.

Et ce qui me navre, c'est qu'elle parlait sérieusement.

Complètement hors sujet

Et voici maintenant une histoire rapportée par le *New York Times* et que j'ai beaucoup aimée. Peu avant Noël l'an passé, Maxis Inc., une société américaine de jeux vidéo, a lancé sur le marché SimCopter : les joueurs devaient effectuer des missions de sauvetage en hélicoptère. S'ils parvenaient victorieusement au dixième et dernier niveau, on leur promettait un spectacle audiovisuel grandiose incluant « les acclamations de la foule, un feu d'artifice et une fanfare ». À la place, et probablement à leur grand étonnement, les vainqueurs ont vu apparaître sur l'écran des messieurs en maillot de bain en train de se faire des câlins. On a découvert que ces images pirates étaient l'œuvre d'un informaticien de trente-cinq ans, un certain Jacques Servin. Interrogé par le *Times*, il a déclaré avoir introduit ces jeunes gens affectueux pour « attirer l'attention du public sur l'absence de personnages gay dans les jeux vidéo ». Maxis Inc. s'est hâté de retirer du marché ses 78 000 SimCopter et a invité Mr. Servin à aller exercer ses talents ailleurs.

Voici une autre histoire qui me plaît bien. Cette année au mois de juin, seule au volant de sa voiture pour traverser le pays, Mrs. Rita Rupp, de Tulsa, Oklahoma, s'est mis en tête qu'elle courait le risque d'être kidnappée par des gens malintentionnés. Pour parer à cette éventualité, elle a rédigé la note suivante dans une calligraphie paniquée de circonstance : « Au secours ! On m'a kidnappée ! Prévenez la police de l'autoroute ! » Suivaient son nom et son adresse ainsi que le numéro de téléphone des forces armées concernées. Or si vous écrivez ce genre de billet, vous avez intérêt à vous assurer de deux choses : primo, que vous vous ferez bien kidnapper ; deuzio, que vous ne laisserez pas tomber accidentellement le papier de votre sac. Eh bien, devinez ce qui s'est passé ? La pauvre Mrs. Rupp a perdu le petit mot, qui a été ramassé et transmis à qui de droit par un citoyen consciencieux. Les polices de quatre États ont aussitôt établi des barrages routiers et lancé l'alerte tous azimuts. Bref, le grand branle-bas de combat. Pendant ce temps Mrs. Rupp a poursuivi sa route et est arrivée à destination, ignorant le chaos qu'elle laissait dans son sillage.

L'ennui de ces deux histoires, pour charmantes qu'elles soient, c'est que je n'ai pas encore trouvé le moyen de les utiliser dans une de mes chroniques. C'est bien ça le hic dans le métier de chroniqueur. Je tombe sans cesse sur des anecdotes ou des informations instructives et distrayantes que je découpe ou photocopie soigneusement pour les ranger dans des chemises étiquetées « Jeux vidéo / Messieurs s'embrassant » ou bien « À éviter sur les autoroutes », ainsi de suite… Et puis, longtemps après — cet après-midi, en l'occurrence —, je les retrouve et je me demande alors ce que je pouvais bien avoir en tête en les mettant de côté. J'ai baptisé cette collecte d'informations, potentiellement intéressantes mais finalement inutiles, « syndrome d'Ignác Semmelweis », du nom de ce médecin austro-hongrois qui, en 1850, fut la première personne à comprendre qu'on pouvait réduire les infections dans les hôpitaux en se lavant soigneusement les mains. Peu après cette remarquable découverte le docteur Semmelweis est mort — d'une blessure infectée à la main.

Vous voyez ce que je veux dire : c'est là encore une histoire splendide mais je ne sais pas où la caser. J'aurais pu aussi bien appeler ce phénomène « syndrome de Versalle », en hommage au ténor Richard Versalle qui, en 1996, lors d'une représentation de *L'Affaire Makropoulos* à New York, a entonné l'air fatidique *Dommage que la vie soit si brève* avant de tomber raide mort, victime d'une crise cardiaque.

J'aurais pu aussi honorer mon syndrome du nom de John Sedgewick, ce grand général de la guerre de Sécession dont les dernières paroles à la bataille de Fredericksburg furent : « Messieurs, faites-moi confiance : les gars d'en face rateraient même un éléphant à cette dist... »

Tous ces personnages ont une chose en commun : ils n'ont pas le moindre rapport avec ce que j'ai déjà écrit ou risque d'écrire un jour. En fait, je ne sais jamais vraiment à l'avance quel va être le sujet de ma chronique (à la vérité, je suis impatient de voir où je vais en venir avec celle d'aujourd'hui), alors je range et conserve soigneusement toutes ces petites histoires pour les avoir sous la main en cas de besoin. J'en ai entassé de pleins classeurs, bourrés à craquer de coupures comme celle-ci, découpée dans un journal de Portland, Maine : « Un homme trouvé enchaîné de nouveau à un arbre. » C'est l'expression « de nouveau » qui m'avait intrigué. Si le titre avait été « Un homme trouvé enchaîné à un arbre » j'aurais sans doute tourné la page. Après tout, n'importe qui peut se retrouver un jour ou l'autre enchaîné à un arbre. Mais *deux fois*, franchement, voilà qui commence à ressembler à de la négligence. La personne en question, un certain Larry Doyen de Mexico, Maine, avait apparemment comme hobby original de s'attacher aux arbres avec une chaîne et un cadenas dont il lançait la clé le plus loin possible. Dans ce cas particulier, il était resté ligoté dans les bois pendant une quinzaine de jours et avait bien failli y laisser sa peau. Voilà un fait-divers amusant — et aussi une leçon salutaire pour ceux d'entre nous qui envisageaient d'adopter le bondage en tenue d'Adam comme nouveau passe-temps —, mais je n'arrive toujours pas à comprendre comment j'ai pu imaginer pouvoir l'introduire dans des chroniques aussi respectables que les miennes.

J'ai la même difficulté à me rappeler ce que j'espérais faire de cet écho paru dans le *Seattle Times.* Des parachutistes de l'armée avaient un jour accepté, à titre d'opération de relations publiques, de sauter sur un stade durant un grand match de football organisé par l'école secondaire de Kennewick, Washington. Avec une précision et une synchronisation remarquables, ils s'étaient donc lancés de leur aéroplane, laissant derrière eux un sillage de fumée colorée en exécutant des tas de cabrioles acrobatiques époustouflantes, avant d'atterrir du mauvais côté de la ville, dans un stade désert.

Je ne peux pas davantage expliquer pourquoi j'ai conservé cette histoire publiée dans le *New York Times* : des parents avaient transcrit sous forme de poème les babillages de leur bambin — quelque chose du genre *agueu areu agueu areu* — pour l'envoyer au concours de poésie d'Amérique du Nord où ils avaient obtenu le deuxième prix.

Parfois, hélas ! je ne garde pas la totalité de l'article et je me retrouve avec des informations fragmentaires qui me laissent perplexe. Voici une citation tirée de l'*Atlantic Monthly* : « Il est parfaitement légal pour un dermatologue de pratiquer une trépanation dans son garage s'il a l'accord du patient. » En voici une autre, dénichée dans le *Washington Post* : « Les chercheurs de l'université de l'Utah ont découvert que la plupart des hommes respiraient principalement par une narine pendant trois heures puis par l'autre pendant les trois heures suivantes. » Dieu seul sait ce qu'ils font pendant les dix-huit heures qui restent parce que j'ai perdu la suite de l'article.

Un fils nous a quittés

Cette chronique va peut-être frôler le sentimental : je m'en excuse à l'avance. Hier en fin de journée, j'étais dans mon bureau lorsque notre plus jeune fils est arrivé, une batte de base-ball sur l'épaule, une casquette sur la tête, et m'a demandé si je voulais bien taper quelques balles avec lui. J'étais au milieu d'un travail important que je tenais à terminer avant de m'absenter pour un long voyage. Ma première réaction a donc été de refuser, à regret. Et puis j'ai réfléchi que plus jamais mon fils n'aurait sept ans, un mois et six jours, et qu'il fallait profiter de certains moments de la vie quand ils se présentaient. Alors nous sommes allés sur la pelouse, et c'est là que ça devient sentimental. Ce moment était empreint d'une beauté si simple et si merveilleuse que je renonce à le décrire — la lumière dorée du soleil couchant sur la pelouse, l'attitude de ce gamin plein de sérieux et d'enthousiasme, ce rapport père-fils que nous illustrions de façon exemplaire, ce bonheur suprême, si simple, d'être ensemble, tous les deux. Comment avais-je pu penser une seconde que terminer un article ou un livre puisse être plus important ou plus enrichissant que ce moment-là ?

Cette vague de sentimentalisme a une explication. Il y a une semaine environ, nous avons conduit notre fils aîné dans une petite université de l'Ohio. C'est le premier de nos quatre oisillons à quitter le nid, et maintenant qu'il est parti, adulte, indépendant, loin de sa famille, je me rends soudain compte que le temps a passé bien vite. « Une fois étudiants, ils ne vous reviennent jamais tout à fait », a commenté tristement une voisine qui a perdu deux de ces enfants de cette manière. Ce n'est pas la phrase réconfortante que j'espérais. J'aurais aimé qu'elle m'assure qu'il reviendrait souvent à la maison, qu'enfin il serait ordonné, qu'il admirerait son père pour son intelligence et sa sagesse, et surtout qu'il aurait définitivement abandonné cette habitude saugrenue consistant à s'enfoncer des bouts de diamant dans différentes parties du corps. Mais notre voisine avait raison : il est parti, et il y a un grand vide dans la maison.

J'en suis le premier étonné car, depuis deux ans environ, même quand il était là il n'était pas vraiment là — vous me comprenez ? Comme la plupart des grands adolescents, il n'habitait pas réellement chez nous. Il se contentait de passer à la maison en coup de vent deux ou trois fois par jour pour inspecter le contenu du frigo ou se balader d'une pièce à l'autre une serviette autour des reins, en criant : « Maman, où est ma chemise jaune ? » ou bien : « Maman, où est mon déodorant ? » Parfois je voyais le sommet de son crâne dépasser d'un fauteuil, devant un écran de télévision où des gentlemen d'Extrême-Orient s'envoyaient mutuellement des coups de pied dans la tête, mais la plupart du temps il appartenait à la catégorie vague et imprécise des gens « sortis ».

Mon rôle, en l'expédiant à l'université, consiste à signer des chèques, beaucoup de chèques, tout en arborant une pâleur et un désarroi proportionnels aux sommes versées. Vous ne pouvez pas vous imaginer le coût des études universitaires aux États-Unis. Dans notre ville, presque tous les jeunes en âge d'être étudiants partent visiter une demi-douzaine d'établissements, ce qui occasionne des frais considérables. Ensuite ils doivent acquitter des droits pour passer les examens d'entrée, plus un droit différent pour chaque université où ils tentent d'entrer.

Mais tout cela n'est rien comparé au coût des études elles-mêmes. Pour mon fils les frais s'élèvent à 19 000 dollars par an, ce qui est, m'a-t-on dit, plutôt raisonnable de nos jours (certaines universités en demandent jusqu'à 28 000). Ensuite, il faut débourser 3 000 dollars pour la chambre, 2 400 pour la nourriture, 700 pour les livres, 650 pour l'assurance et les frais médicaux, 710 pour les « activités » (ne me demandez pas de quoi il s'agit, moi je me contente de signer les chèques). À tout cela s'ajoute le prix des vols aller et retour pour Thanksgiving, Noël et Pâques — toutes ces périodes de l'année où les étudiants rentrent en masse chez eux et où les tarifs atteignent des sommets stupéfiants —, plus toutes les autres dépenses accessoires comme l'argent de poche et les factures de téléphone. Ma femme appelle notre fils tous les deux jours pour lui demander s'il a assez d'argent alors que ça devrait être l'inverse. Ah ! j'oubliais : ici les études durent quatre ans, et l'an prochain c'est au tour de notre fille aînée d'entrer à l'université.

J'espère que vous me comprendrez si je vous avoue que pendant longtemps les aspects financiers ont nettement éclipsé le côté sentimental de l'événement. Mais lorsque nous avons déposé notre fils sur son nouveau campus et abandonné ce gamin touchant et paumé au milieu d'un capharnaüm de cartons et de valises dans une chambre spartiate aux allures de prison, alors nous avons vraiment compris qu'il sortait de notre vie pour entamer la sienne. De retour à la maison, ce fut pire. Il n'y avait plus de karaté sur les écrans de télé, plus cette collection de chaussures de sport traînant dans l'entrée, plus ces « Maman, où est... ? » criés du sommet de l'escalier, plus personne pour m'appeler Dingo ou me lancer : « Chouette chemise, p'pa ! Tu l'as volée à un SDF ? »

À vrai dire, je me rends compte à présent que je me trompais totalement. Avant, même quand il n'était pas là, il était encore là — vous me suivez toujours ? Mais aujourd'hui il n'est plus là du tout. Il suffit d'un rien — un sweat-shirt roulé en boule découvert sur la banquette arrière de la voiture, un bout de chewing-gum laissé dans un endroit de toute évidence mal choisi — pour que j'y aille de ma petite larme. Quant à Mrs. Bryson, pas besoin d'accessoires : elle sanglote en permanence, au-dessus de l'évier, en passant l'aspirateur, dans son bain. « Mon bébé ! » pleurniche-t-elle désespérément avant de se moucher bruyamment dans tout tissu à sa portée puis de se mettre à sangloter derechef.

Toute la semaine dernière, je me suis surpris à faire des choses étranges, comme errer dans la maison à la recherche d'objets des plus incongrus — un ballon de basket, ses trophées de course à pied, une vieille photo de vacances — tout en évoquant ces jours d'autrefois négligemment oubliés. Le plus dur et le plus inattendu c'est de se rendre compte que non seulement notre fils nous a quittés mais que le petit garçon qu'il était a disparu pour toujours. Je donnerais n'importe quoi pour les récupérer tous les deux. Je sais que c'est impossible. La vie continue. Les enfants grandissent et vous quittent. Et si vous ne l'avez pas encore compris, je vous conseille de vous préparer parce que cela arrive plus vite qu'on ne pense.

Voilà pourquoi je vais m'arrêter là et sortir jouer au base-ball sur la pelouse pendant qu'il en est encore temps.

Distractions d'autoroute

Si vous suivez attentivement ces chroniques — comment en serait-il autrement ? —, vous vous souvenez que les pages précédentes évoquaient un voyage entre le New Hampshire et l'Ohio, lorsque nous sommes allés conduire notre fils aîné dans cette université qui se chargerait de l'héberger, de le nourrir et de l'instruire pendant quatre ans pour un budget digne d'un lancement spatial.

Ce que je ne vous ai pas dit, c'est l'aventure cauchemardesque qu'a été ce voyage. Comprenez-moi bien : comme tout bon père de famille, je chéris tendrement ma femme et mes enfants, même s'ils me coûtent chaque année une fortune en chaussures et jeux Nintendo. Mais de là à supporter un autre trajet enfermés avec eux dans une boîte métallique sur les autoroutes américaines, non, plus jamais ça !

Le problème, je me hâte de le préciser, ne vient pas de ma famille mais des autoroutes américaines. Ah ! que les autoroutes américaines sont ennuyeuses ! Le problème tient certes aux distances (du New Hampshire jusqu'au centre de l'Ohio il y a 1 400 kilomètres et, je peux personnellement vous le garantir, exactement autant dans l'autre sens), mais surtout à l'absence de divertissements tout au long du trajet.

Autrefois, les choses étaient différentes. Quand j'étais gamin, les autoroutes des États-Unis abondaient en distractions. Il est vrai que ces distractions étaient assez nulles dans l'ensemble. Mais quelle importance ? À tout moment, on pouvait s'attendre à voir un panneau avec un message enthousiaste du genre : « Visitez le Rocher atomique, célèbre dans le monde entier ! Il brille vraiment ! » Dix kilomètres plus loin, un nouveau panneau annonçait : « Le Rocher atomique : une merveille de la nature qui intrigue la science ! À 250 kilomètres seulement ! » Celui-là s'enjolivait du portrait d'un savant à l'air grave vous confiant dans une bulle : « C'est *vraiment* une merveille de la nature ! » ou : « Franchement, je suis intrigué ! » Encore quelques kilomètres et l'on pouvait lire : « Faites *vous-même* l'expérience d'un champ de force atomique… *Si vous l'osez !*… Le Rocher atomique, à 240 kilomètres ! » Cette fois, le panneau montrait un homme ressemblant beaucoup à votre propre père projeté violemment en arrière par quelque radiation mystérieuse, avec cette légende en lettres plus petites : « Attention ! Ne convient peut-être pas aux jeunes enfants. » Alors là c'était gagné. Mon grand frère et ma grande sœur, coincés avec moi sur la banquette arrière et ayant épuisé tout le plaisir qu'ils éprouvaient à me couvrir d'intéressants bariolages géométriques au stylo à bille, se mettaient à clamer sur l'air des lampions leur désir de voir cette attraction sensationnelle, chœur auquel je me joignais d'une voix un peu étouffée.

Les gens qui concevaient ces panneaux étaient des génies, probablement les plus grands cerveaux du marketing de l'époque. Ils savaient calculer avec précision (au kilomètre près, dirais-je) le temps qu'il fallait à un groupe d'enfants en voiture pour vaincre chez leur père toute opposition à la visite d'une attraction débile qui allait coûter du temps et de l'argent. Résultat : mon père cédait toujours.

Finalement, il s'avérait que le rocher-atomique-célèbre-dans-le-monde-entier n'avait rien à voir avec la merveille promise. Ses dimensions étaient comiquement plus réduites que celles des panneaux et le rocher n'émettait pas la moindre lueur. Il était ostensiblement entouré de robustes barrières, visiblement destinées à protéger le public et placardées d'avertissements disant : « Attention ! Champ magnétique dangereux ! Ne pas approcher ! » Mais il y avait toujours un gamin pour se glisser sous la clôture et aller le toucher, voire l'escalader, sans être projeté en l'air ni subir quelque autre effet que ce soit. En général, mes extravagants tatouages au stylo-bille attiraient davantage l'attention des visiteurs.

Alors mon père, dégoûté, nous entassait de nouveau dans la voiture en jurant qu'il ne se laisserait jamais plus avoir. On reprenait la route et quelques heures plus tard on voyait un panneau annonçant : « Visitez les Sables chantants ! Grande attraction de renommée mondiale ! » Et l'histoire recommençait.

Dans l'Ouest, dans ces États mortellement ennuyeux comme le Nebraska et le Kansas, les gens en étaient réduits à mettre des panneaux vantant un peu n'importe quoi : « Une vache crevée ! Des heures de distraction pour petits et grands ! » ou bien : « Gros tas de bois ! À seulement 200 kilomètres ! » Au fil des ans, je me rappelle avoir vu une empreinte de dinosaure, une grenouille pétrifiée, un désert peint, un grand trou dans la terre (réputé être le plus profond du monde) et une maison entièrement construite en canettes de bière. En fait, ces souvenirs sont souvent les seuls que j'aie gardés de mes vacances.

De telles attractions étaient invariablement décevantes mais l'essentiel n'était pas là. On payait 75 cents pour le spectacle, en fait 75 cents en hommage à l'imagination de ceux qui vous avaient permis de supporter dans une joyeuse excitation la monotonie de 200 kilomètres d'autoroute et, en ce qui me concerne, sans être tatoué. Pourtant mon père ne voyait jamais les choses sous cet angle-là.

Aujourd'hui, à mon grand regret, mes enfants non plus. Au cours de ce dernier voyage, alors que nous traversions la Pennsylvanie, cet État si ridiculement vaste qu'il faut une journée entière pour le traverser, nous sommes tombés sur un panneau annonçant : « Roadside America ! Visitez cette attraction mondialement connue ! À seulement 150 kilomètres ! » Je n'avais aucune idée de ce que pouvait bien être ce Roadside America, qui n'était pas exactement sur notre route, mais j'ai insisté pour qu'on fasse le détour. On n'allait pas rater ça ! Aujourd'hui l'attraction la plus excitante que les autoroutes américaines aient à vous offrir, c'est un McDonald's. Alors quand se présente un Roadside America, quel qu'il soit, ne le manquez sous aucun prétexte ! Pourtant, curieusement, j'étais le seul membre de la famille à avoir cette opinion.

Roadside America n'était, finalement, qu'une grande maquette de chemin de fer avec de petites villes et des tunnels, des vaches miniatures et des moutons, plus des tas de petits trains tournant en rond. Elle était un peu poussiéreuse et mal éclairée, mais pleine de charme dans son style « années cinquante ». Nous étions les seuls visiteurs ce jour-là, et sans aucun doute les seuls de la semaine. J'ai adoré Roadside America.

— C'est génial, non ? ai-je dit à la plus jeune de mes filles.

— Franchement, papa, t'es vraiment ringard ! m'a-t-elle jeté tristement avant de sortir.

Je me suis tourné plein d'espoir vers son petit frère, qui s'est contenté de secouer la tête et de la suivre.

Cela m'a déçu, naturellement. Alors je sais ce que je

ferai la prochaine fois : je les coincerai sur la banquette arrière et les couvrirai de tatouages au stylo-bille. Vous verrez qu'ensuite ils apprécieront n'importe quelle distraction sur les autoroutes. Faites-moi confiance !

On vous surveille

Et voici quelque chose dont vous avez bien intérêt à vous souvenir la prochaine fois que vous utiliserez une cabine d'essayage dans un magasin américain. Il est parfaitement légal — voire courant — qu'on vous espionne pendant que vous essayez des vêtements. Je l'ai appris en lisant *The Right to Privacy (Le Droit à l'intimité)*, un livre d'Ellen Alderman et Caroline Kennedy rempli d'histoires inquiétantes sur ce que les entreprises et les employeurs ont le droit de faire, et font souvent avec enthousiasme, pour s'immiscer dans ce que l'on considère normalement comme relevant de la vie privée.

L'affaire des cabines d'essayage a été dévoilée en 1983 lorsqu'un client en train d'enfiler des vêtements dans un magasin du Michigan a découvert qu'un employé monté sur un escabeau l'observait par une bouche d'aération. Pas très élégant, non ? En tout cas le client en question n'a pas supporté cet outrage et a attaqué la boutique pour atteinte à la vie privée. Il a perdu le procès : le tribunal a jugé raisonnable et acceptable qu'un détaillant cherche à se défendre contre le vol à l'étalage en utilisant ce genre de surveillance. Ce monsieur aurait dû s'y attendre : presque tout le monde est espionné dans l'Amérique d'aujourd'hui, sous une forme ou une autre. La combinaison des progrès technologiques, de la paranoïa des patrons et de la rapacité des commerçants fait que désormais la vie de plusieurs millions d'Américains est l'objet d'intrusions impossibles et inimaginables il y a encore une dizaine d'années.

Branchez-vous sur Internet : pratiquement chaque site visité enregistrera le but de votre recherche et sa durée. Ces renseignements peuvent être vendus — d'ailleurs ils le sont — à des sociétés de vente par correspondance ou à des boîtes de marketing qui les utiliseront ensuite pour vous bombarder d'incitations à la dépense. Pis, il existe maintenant un tas de courtiers en informations, des sortes de détectives privés de l'électronique qui passent leur temps à fouiller Internet pour y glaner des informations personnelles sur les gens, renseignements qu'ils cèdent ensuite moyennant finance. Si vous êtes citoyen américain et inscrit sur les listes électorales, ils obtiendront votre adresse et votre date de naissance, détails légalement disponibles sur la plupart des registres électoraux de tous les États. Munis de ces deux éléments, ils peuvent (pour une somme allant de 8 à 10 dollars ils s'en feront même un plaisir !) vous fournir n'importe quel renseignement sur n'importe quel individu : casier judiciaire, dossier médical, infractions au code de la route, passe-temps favoris, emprunts bancaires, achats habituels, revenus annuels, numéros de téléphone (y compris ceux sur liste rouge), bref, tout ce que vous voulez. Vous auriez sans doute pu obtenir tous ces renseignements autrefois, mais il vous aurait fallu des jours d'enquête et maintes visites aux différents services administratifs. Maintenant vous les obtenez en une minute, de façon parfaitement anonyme, grâce à Internet.

De nombreuses sociétés mettent ces possibilités technologiques au profit d'une productivité impitoyable. Dans le Maryland, selon le magazine *Time*, une banque a fouillé les dossiers médicaux de ses clients, apparemment le plus légalement du monde, pour identifier ceux souffrant d'une maladie grave puis résilier leurs prêts. D'autres entreprises visent non pas leurs clients mais leurs salariés et cherchent par exemple à découvrir quels médicaments ils utilisent. L'une d'elles, une grosse boîte bien connue, s'est acoquinée avec un laboratoire pharmaceutique pour éplucher les dossiers de ses employés et déterminer si certains prenaient des antidépresseurs. Selon l'American Management Association, les deux tiers des sociétés américaines espionnent leur personnel d'une façon ou d'une autre. 35 pour 100 surveillent les appels téléphoniques et 10 pour 100 les enregistrent — puis les écoutent. Environ un quart des entreprises reconnaissent fouiller dans les ordinateurs de leurs employés et lire leurs e-mails.

D'autres boîtes admettent surveiller secrètement leur personnel. La secrétaire d'une université du Massachusetts a découvert qu'une caméra cachée filmait son bureau vingt-quatre heures sur vingt-quatre. Dieu seul sait ce qu'ils espéraient y découvrir ! Tout ce qu'ils ont obtenu, en tout cas, ce sont des images de cette dame en train d'ôter chaque soir ses vêtements pour passer un survêtement de façon à rentrer à la maison en faisant un peu de jogging. Elle les a poursuivis et peut espérer recevoir une grosse somme d'argent. Mais en général les tribunaux soutiennent les droits des entreprises à espionner leur personnel.

Ainsi, une femme travaillant pour une grosse société d'informatique appartenant à des Japonais s'est aperçue que cette compagnie lisait systématiquement les e-mails de ses salariés après avoir juré ne pas le faire. Elle l'a révélé et a été aussitôt renvoyée. Elle a porté plainte pour licenciement abusif et a perdu son procès. La cour a jugé qu'il était parfaitement légal pour un employeur de lire le courrier de ses employés et de mentir à ce sujet. Bravo !

Dans un genre différent, pour en revenir à une question qui me tient à cœur, il y a toute la paranoïa autour de la drogue. Un de mes amis a été recruté par une grosse boîte de l'Iowa il y a un an. En face des bureaux se trouve une taverne où les gens de l'entreprise se rendent après le travail. Un soir où mon ami prenait un pot avec ses collègues, il a été accosté par une consœur lui demandant s'il connaissait un endroit où elle pourrait se procurer de la marijuana. Il lui a répondu qu'il n'en consommait pas lui-même mais, comme elle insistait vraiment et qu'il voulait s'en débarrasser, il lui a donné le numéro de téléphone d'une personne qui en vendait parfois. Le jour suivant, il était viré. Le seul boulot de cette femme consistait à espionner les employés pour dénoncer ceux qui avaient touché à la drogue. Pourtant mon copain ne lui en avait pas vendu. Il ne l'avait pas poussée à en consommer. Il avait bien insisté sur le fait que personnellement il ne fumait pas. Il n'en a pas moins été licencié pour avoir « encouragé et facilité l'obtention d'une substance illégale ».

91 pour 100 des grandes entreprises — je trouve ce chiffre incroyable — font subir des examens à leurs employés pour dépister tout usage de drogue. Beaucoup d'entre elles ont introduit la réglementation TAD (abréviation de tabac, alcool, drogue), qui interdit à leur personnel de consommer ces substances en tout lieu et à tout moment. Il existe donc des sociétés qui interdisent à leurs salariés de boire ou de fumer, même le samedi soir, même dans leur foyer ! Pour s'assurer que ces règles sont bien respectées elles leur demandent des échantillons d'urine. C'est révoltant mais c'est comme ça !

Les choses peuvent devenir parfois carrément alarmantes : on a mis au point un badge permettant de suivre les mouvements d'un employé. Ce badge émet toutes les quinze secondes un signal infrarouge perçu par un ordinateur qui enregistrera les moindres faits et gestes de l'individu pendant sa journée de travail. Si vous ne trouvez pas ça scandaleux, je ne sais pas ce qu'il vous faut !

Cependant il y a d'autres découvertes, je suis heureux de vous l'apprendre, qui me donnent de l'espoir. Une boîte du New Jersey a breveté un gadget permettant de déterminer si une personne travaillant dans la restauration se lave bien les mains après être allée aux toilettes. Là, franchement, je suis pour !

Comment louer une voiture

Je ne sais pas si vous allez me croire (et si vous ne me croyez pas, tant pis) mais, bien que je vive aux États-Unis depuis plus de deux ans et demi, il y a encore des moments où je me sens largué. La vie moderne américaine arrive à me plonger dans des abîmes de perplexité. Les choses sont parfois vraiment compliquées, voyez-vous.

J'ai encore eu l'occasion de le constater la semaine dernière lorsque j'ai voulu louer une voiture à l'aéroport de Boston. L'employé, après avoir relevé tous les numéros identifiant mon humble personne et pris l'empreinte de toutes mes cartes de crédit, m'a posé cette question :

— Désirez-vous une couverture totale excluant recours et responsabilité en cas de tierce collision ? ou autre charabia de ce style.

— Je ne sais pas, ai-je répondu prudemment. Qu'est-ce que c'est ?

— Elle vous couvre en cas de plainte du deuxième tiers, ou dans le cas d'une plainte contre vous ou contre tout autre tiers, et dans le cas d'une indemnisation réclamée par le premier, ou le deuxième tiers, au cas où un quatrième tiers, en partant de la gauche, agirait en votre lieu et place.

— Sauf, évidemment, si vous avez opté pour l'exemption résiduelle du tiers compensatoire, a ajouté un monsieur dans la queue derrière moi, m'obligeant à tourner la tête.

— Non, cette exemption est valable seulement à New York, a rétorqué l'homme de l'agence. Dans le Massachusetts vous ne pouvez prétendre à l'exemption que si vous êtes unijambiste et considéré comme non-résident en Amérique du Nord du point de vue fiscal.

— Vous avez confondu avec la clause de renonciation à la couverture invalidité du deuxième tiers, a déclaré un autre monsieur de la queue au premier intervenant. Vous êtes sans doute de Rhode Island ?

— Eh bien oui, a admis celui-ci.

— Ah ! ça explique tout ! Vous avez l'indemnisation à double négatif variable chez vous.

— Mais je ne comprends rien à ce que vous dites ! ai-je soupiré misérablement.

— Écoutez, m'a dit le préposé à la location avec un brin d'impatience dans la voix. Imaginons que vous ayez un accident avec un individu qui a une couverture au second tiers avec exclusion de prime d'invalidité mais sans être couvert par une tierce collision multidimensionnelle. Si vous possédez vous-même une assurance garantissant une couverture totale excluant recours et responsablité en cas de tierce collision, vous ne pourrez pas faire jouer votre police d'après la clause prévoyant la renonciation aux garanties rétroactives. Combien de points totalisez-vous en cumul de non-pertes personnelles ?

— Je ne sais pas, ai-je murmuré.

Il m'a regardé, incrédule.

— Vous ne savez pas ? a-t-il repris d'un ton glacial.

Du coin de l'œil, je voyais les autres gens de la queue échanger des regard amusés.

— C'est généralement ma femme qui s'occupe de ce genre de choses, ai-je reconnu.

— Bon, alors, quel est votre niveau de double désengagement en valeur hypothécaire ?

J'ai adopté une attitude humble, du genre ne-me-frappez-pas-s'il-vous-plaît.

— Je ne sais pas !

Il a poussé un long soupir qui sous-entendait clairement que je ferais mieux d'envisager la marche à pied.

— D'après moi, il semble que vous ayez tout intérêt à souscrire le plan de couverture universelle avec double garantie compréhensive à effet rétroactif.

— Avec indemnité compensatoire en cas de décès, a surenchéri le deuxième monsieur de la queue.

— De quoi s'agit-il ? ai-je demandé, inquiet.

— Tout est expliqué dans la brochure, m'a lancé l'employé en me tendant un imprimé. En résumé, on vous garantit une couverture de 100 millions de dollars en cas de vol, incendie, accident, tremblement de terre, guerre nucléaire, chute d'aéronef, impact météorique, mort volontaire et déraillement de train entraînant une calvitie complète, à condition que ces événements se produisent simultanément et que vous donniez par écrit un préavis de vingt-quatre heures sur notre formulaire « Déclaration d'intention d'incident ».

— Et l'assurance coûte combien ?

— 172 dollars par jour. Mais vous recevez en prime un jeu de couteaux à steak.

Je me suis retourné vers les gens de la queue : ils ont opiné.

— OK, je la prends, ai-je dit d'un ton las et résigné.

— Parfait. Maintenant, est-ce que vous désirez prendre l'option « carburant sans souci » ou l'option « plein self-service pour radin » ?

— De quoi s'agit-il ? ai-je demandé, consterné de réaliser que je n'étais pas au bout de cet enfer.

— Eh bien, avec l'option « carburant sans souci », vous

nous rendez la voiture le réservoir vide et nous nous chargeons du plein pour 32,95 dollars, tandis qu'avec l'autre option c'est vous qui le faites et nous ajoutons 32,95 dollars à la facture sous la rubrique « Frais divers et inexpliqués ».

Après avoir consulté mes amis de la queue, j'ai choisi l'option « sans souci » et l'employé a coché la case appropriée.

— Et vous désirez peut-être notre système optionnel de localisation du véhicule ?

— C'est quoi ?

— On vous indique où se trouve votre voiture.

— Prenez-le, m'a vivement conseillé l'homme derrière moi. Un jour, j'ai négligé de le prendre à Chicago et j'ai passé deux jours et demi dans l'aéroport à chercher cette foutue bagnole. Finalement elle était sous une bâche dans un champ de maïs à Peoria.

Et ainsi de suite. Après qu'on eut enfin terminé de passer en revue les quelque deux cents pages d'options et de clauses additionnelles complexes, l'employé m'a tendu le contrat.

— Vous n'avez plus qu'à signer là, là et là. Puis paraphez ici, là et encore ici, et aussi par là.

— Qu'est-ce que je paraphe ?

— Eh bien, ceci nous donne le droit de venir chez vous saisir l'un de vos enfants ou votre chaîne hi-fi si vous ne rapportez pas le véhicule dans les délais prévus. Ici, vous nous donnez l'autorisation de vous administrer un sérum de vérité en cas de litige. Avec ceci, vous renoncez à votre droit de nous attaquer en justice. Là, vous engagez votre responsabilité pour tout dommage infligé au véhicule, maintenant ou à tout moment dans l'avenir. Et ceci est un don de 25 dollars pour le pot de départ de Bernice Kowalski.

Avant que j'aie eu le temps de réagir, il avait fait

disparaître le contrat du comptoir pour le remplacer par un plan de l'aéroport.

— Alors, pour trouver votre voiture, a-t-il commencé en traçant sur la carte un itinéraire digne des jeux de labyrinthe des magazines pour enfants, vous suivrez les lignes rouges du terminal A en direction du terminal D2. Là, vous suivrez les flèches jaunes, et aussi les vertes, du parking jusqu'à l'escalator section R. Descendez par l'escalator au point de rassemblement Q et prenez le minibus « Navette parking satellite — Vallée du Mississippi » jusqu'au parking A-427/ouest. Descendez et empruntez le tunnel qui passe sous le port : il vous conduira dans la zone de quarantaine interdite après avoir longé la station d'épuration. Traversez la piste d'atterrissage 22, escaladez le grillage tout au bout, descendez le talus : votre voiture est juste là, emplacement nº 12604. Vous ne pouvez pas vous tromper : elle ne ressemble à aucune autre…

Il m'a tendu les clés avec une grosse boîte en carton remplie de documents, polices d'assurance et autres paperasses annexes.

— Et bonne chance ! m'a t-il lancé comme je m'éloignais.

Je n'ai jamais trouvé la voiture, naturellement, et je suis arrivé avec des heures de retard à mon rendez-vous. Mais je dois reconnaître que ces couteaux à steak nous ont fait bien de l'usage.

L'automne en Nouvelle-Angleterre

Ah, l'automne ! Chaque année, à peu près à cette époque et pour un temps désespérément court, il se passe ici un phénomène étonnant. Toute la Nouvelle-Angleterre explose de couleurs. Tous ces arbres qui, pendant des mois, n'ont formé qu'une toile de fond vert sombre se parent soudain d'un million de teintes éclatantes et toute la campagne, comme l'a écrit un jour Frances Trollope, « n'est que gloire ».

Hier, sous prétexte d'effectuer quelques recherches d'une importance vitale, j'ai pris la voiture pour aller dans le Vermont où j'ai offert à mes pieds la surprise de l'escalade du Killington Peak, 1 300 mètres de massive splendeur au cœur des Green Mountains. C'était une de ces journées somptueuses où la nature est pleine de cette perfection automnale aux senteurs âcres et musquées, dans une atmosphère d'une telle limpidité qu'on croirait presque pouvoir la faire tinter d'une chiquenaude, comme un verre de cristal. Même les couleurs s'animent d'une vivacité particulière : ciel bleu intense, prairies vert foncé, feuillage diapré d'un millier de nuances lumineuses. Le paysage offre alors un spectacle étonnant où chaque arbre s'individualise, où chaque lacet de chemin, chaque mamelon de colline se trouve soudain éclaboussé à l'infini de toutes les teintes que la nature peut prodiguer : écarlate flamboyant, mordoré étincelant, vermillon intense, orangé agressif.

Pardonnez-moi cette envolée, mais il est impossible de décrire un spectacle d'une telle grandeur sans se laisser aller à un peu de lyrisme. Même le grand naturaliste Donald Culross Peattie, un homme dont la prose est si sèche qu'on pourrait s'en servir comme serpillière, a perdu toute retenue au moment de traduire les merveilles d'un automne en Nouvelle-Angleterre. Dans son ouvrage de référence, *Natural History of Trees of Eastern and Central North America (Histoire naturelle des arbres dans l'est et le centre de l'Amérique du Nord)*, il ronronne sur 434 pages dans une prose qu'on peut qualifier, si l'on est indulgent, de « typiquement professionnelle ». (Exemple pris au hasard : « Les chênes sont des arbres généralement massifs et robustes avec une écorce en écaille ou profondément marquée de sillons, des branchioles par rangées de cinq donnant, par conséquent, cinq rangées de feuilles… ») Mais quand il lui faut décrire l'érable de Nouvelle-Angleterre dans sa parure d'automne, c'est comme si quelqu'un avait soudain considérablement amélioré le bol de tisane de ce cher Donald. Dans un chapelet de métaphores ébouriffantes, il compare alors les couleurs de l'érable au « cri d'une grande armée », il parle de « langues de feu », de « mélodie puissante et entraînante dominant les crêtes d'une mer symphonique bouillonnante », de « mélopée dont le chant plaintif donne un sens aux dissonances calculées de l'orchestre ». « Mais oui, mon chéri, peut-on presque entendre lui dire sa femme, et maintenant tu vas prendre tes cachets. »

Pendant deux paragraphes, il continue dans cette veine fébrile avant de revenir aux pétioles, feuilles palmilobées et bourgeons écailleux. Je le comprends parfaitement : lorsque j'ai enfin atteint le sommet du Killington Peak, grisé par la limpidité surnaturelle de l'air et cet horizon grandiose, j'ai failli ouvrir les bras et entonner un pot-pourri des airs de John Denver. (Pour cette raison, il est conseillé d'entreprendre cette balade accompagné d'un équipier expérimenté et muni d'une bonne trousse de premier secours.)

De temps en temps, la presse nous apprend qu'un obscur savant, muni de l'équivalent scientifique d'un nuancier, a découvert que les érables du Michigan ou les chênes des Ozarks arborent en fait des teintes encore plus vives. Mais cet ignorant néglige complètement certaines particularités qui font de l'automne en Nouvelle-Angleterre un phénomène indiscutablement unique. Pour commencer, le paysage de notre contrée bénéficie d'un décor qui ne connaît pas de rival en Amérique du Nord. Ses églises blanches nimbées de soleil, ses petites fermes pimpantes et ses villages ordonnés en font le complément idéal des riches couleurs qu'offre la nature. De plus, il existe ici une diversité d'arbres qu'on trouve rarement ailleurs. Chênes, hêtres, trembles, sumacs, quatre espèces d'érable et des centaines d'autres essences fournissent un contraste de couleurs qui éblouit les sens. Enfin et surtout, la région jouit de conditions particulières favorables à un équilibre climatique bref mais parfaitement harmonieux entre des nuits d'automne fraîches et vivifiantes et des journées chaudes et ensoleillées. Donc que ce soit clair : pendant quelques journées d'octobre, la Nouvelle-Angleterre est le plus bel endroit au monde. Qu'on se le dise !

Le plus étonnant dans tout ça, c'est que personne ne sait expliquer pourquoi les choses se passent ainsi. En automne, comme vous vous en souvenez encore grâce à vos leçons de sciences nat (ou à un récent documentaire à la télé), les arbres se préparent à leur long sommeil hivernal en cessant de fabriquer de la chlorophylle, cet élément chimique qui colore leurs feuilles en vert. L'absence de chlorophylle permet à d'autres éléments, les caroténoïdes, de se manifester. Les caroténoïdes sont les substances qui colorent en jaune et or les bouleaux, les hickorys, les hêtres et certains chênes, pour ne citer que quelques exemples. Or, pour permettre à ces jolies couleurs mordorées de s'exprimer, les arbres continuent à nourrir leurs feuilles même si ces feuilles ne servent plus à rien sauf à pendre de leur branche pour faire joli. À l'heure où un arbre devrait stocker toute son énergie en prévision du prochain printemps, il met tous ses efforts au service d'une pigmentation spectaculaire qui réjouit le cœur des braves gens mais qui ne lui apporte rien personnellement.

Il y a plus étrange : certaines espèces d'arbres vont encore plus loin et se mettent à fabriquer — à leur détriment — d'autres substances chimiques, des anthocyanines, produisant ces magnifiques rouges et orangés qui font la gloire de la Nouvelle-Angleterre. En réalité, les arbres de cette partie des États-Unis n'en produisent pas plus que les autres, mais il se trouve simplement que le climat et le sol de cette région fournissent des conditions idéales pour l'éclosion de telles couleurs. Sous des climats plus chauds ou plus humides les arbres se donnent autant de mal, mais sans aucun résultat. Personne ne peut expliquer pourquoi les arbres font autant d'efforts alors qu'ils ne gagnent manifestement rien à l'affaire.

Et maintenant, voici le plus grand mystère de toute cette histoire. Chaque année, des millions de touristes — je n'exagère pas — gentiment surnommés par les gens du coin les *leaf peepers* (mateurs de feuilles) prennent leur voiture et parcourent d'énormes distances pour venir en Nouvelle-Angleterre où ils passent leur week-end à se traîner dans des magasins d'artisanat ou des boutiques du genre « Chez Norma, antiquités et bibelots de collection ». D'après moi, 0,05 pour 100 seulement de ces touristes s'éloigneront de plus de cinquante mètres de leur voiture.

Quel dommage ! Comment expliquer le comportement absurde de tous ces gens qui se précipitent pour voir des splendeurs et leur tournent le dos une fois sur place ?

Ils ne ratent pas seulement les grandes joies de la nature : l'air frais, les riches parfums d'humus, le plaisir ineffable de traîner les pieds dans les feuilles mortes. Ils se privent aussi du plaisir d'entendre les collines résonner des couplets de *Take Me Home, Country Road*, braillés à tue-tête par une voix où se mêlent plaisamment les accents du Yorkshire et de l'Iowa. Et rien que cela, je le dis sans fausse modestie, vaudrait vraiment la peine de descendre de voiture.

Un léger inconvénient

Nous traiterons aujourd'hui des commodités de la vie en Amérique et nous verrons comment, plus il y a d'agréments, plus il y a de désagréments.

J'y réfléchissais pas plus tard que l'autre jour — c'est fou ce que je réfléchis, quand on y réfléchit —, lorsque j'ai emmené les plus jeunes de nos enfants déjeuner dans un Burger King. Une douzaine de voitures environ faisaient la queue au drive-in. Il ne s'agit pas, évidemment, de traverser le restaurant en roulant mais d'emprunter une allée conduisant à un guichet où on vous livrera ce que vous aurez commandé en chemin par un système d'interphone. Le but est de fournir un repas très rapide à des gens très pressés.

On a garé la voiture, on est entrés, on a commandé et déjeuné, puis on est ressortis. Le tout en l'espace de dix minutes. En partant, j'ai remarqué qu'une camionnette blanche que j'avais repérée en arrivant se trouvait toujours dans la queue, à quatre ou cinq voitures du guichet. Il aurait été beaucoup plus rapide pour son conducteur de garer le véhicule, d'entrer et de commander son repas comme nous, dans la salle. Mais il n'a pas raisonné de cette façon car le drive-in est censé être un moyen plus expéditif et plus pratique. Vous voyez où je veux en venir. Les

Américains sont tellement attachés à ce qui est « pratique » qu'ils supporteront n'importe quel inconvénient au nom de ce principe. C'est idiot, je sais, mais c'est ainsi. Tout ce qui devrait normalement vous simplifier la vie ou raccourcir vos corvées provoque souvent l'effet inverse. Alors je me suis mis à réfléchir (quand je vous dis que je n'arrête pas) à ce phénomène.

Les Américains ont toujours été passionnément attachés au concept de confort assisté. Vous remarquerez que presque toutes les inventions chargées de faciliter la vie quotidienne — escalators, portes automatiques, ascenseurs, réfrigérateurs, machines à laver, aliments surgelés et restauration rapide — viennent d'Amérique ou, en tout cas, s'y sont développées d'abord. Mes concitoyens se sont si bien accoutumés aux progrès constants de la technologie que dans les années soixante ils en sont arrivés à imaginer que les machines devraient tout faire à leur place.

Je me rappelle avec précision le jour où j'ai compris que ce n'était pas forcément une très bonne idée. En 1961 ou 1962, mon père avait reçu pour Noël un couteau électrique, un des premiers modèles, donc un engin assez impressionnant. Peut-être ma mémoire me joue-t-elle des tours, mais il me semble bien le revoir en train d'enfiler des gants de chantier et de mettre des lunettes de protection avant de brancher la prise. Une chose est sûre : au moment où il a voulu découper la dinde, celle-ci s'est désintégrée dans un nuage de charpie blanche et la lame a attaqué le plat dans une gerbe d'étincelles bleues. Puis l'appareil a sauté des mains de mon père, traversé la table et disparu de la pièce tel un Gremlin. Je crois qu'on ne l'a jamais revu, mais certains prétendent l'avoir entendu parfois, tard dans la nuit, se cogner contre un pied de table.

En bon patriote américain, mon père achetait constamment des gadgets qui se révélaient désastreux : des fers à vapeur qui ne repassaient pas mais faisaient tomber des pans entiers de papier peint ; un taille-crayons électrique qui avalait en moins d'une seconde un crayon tout entier, y compris le bout métallique et votre doigt si vous n'étiez pas suffisamment rapide ; un *water pick* (c'est-à-dire une sorte de cure-dents à eau « nettoyant vos dents sous pression ») d'une puissance telle qu'il fallait s'y mettre à deux pour le tenir et que la salle de bains ressemblait à un portique de lavage automatique à la fin de l'opération, et bien d'autres objets encore.

Mais tout cela n'est rien comparé à ce qui se passe aujourd'hui : les Américains sont entourés d'appareils qui font tant de choses à leur place que ça en devient ridicule. Distributeurs automatiques de croquettes pour chats, réfrigérateurs vous crachant des glaçons, brosses à dents jetables déjà garnies de pâte dentifrice : les gens sont devenus des accros du confort au point de s'être laissé entraîner dans un cercle vicieux. Plus ils accumulent ces gadgets destinés à économiser leur temps, plus ils ont besoin de travailler ; plus ils travaillent, plus ils ont besoin d'acquérir de nouveaux gadgets pour gagner du temps. N'importe quel dispositif, si ridicule soit-il, sera accueilli favorablement par mes concitoyens pourvu qu'il leur promette une vague économie d'efforts. Récemment, j'ai vu une publicité offrant, pour 39,95 dollars, un « tourniquet automatique à cravates avec éclairage ». On pousse un bouton et les cravates paradent sous votre nez, ce qui vous évite la tâche exténuante d'avoir à faire votre choix manuellement.

Lorsque nous avons acheté notre maison dans le New Hampshire, nous l'avons trouvée tout équipée pour rendre la vie quotidienne un peu plus facile. Et si, jusqu'à un certain point, certains de ces équipements y réussissent (mon préféré étant, comme vous le savez, le broyeur d'ordures ménagères), la plupart s'avèrent absolument inutiles. L'une de nos pièces, par exemple, possède des doubles rideaux automatiques. Vous appuyez sur un bouton fiché dans le mur et quatre paires de rideaux s'ouvrent ou se ferment tout seuls. En principe. Car en pratique il en va tout autrement : un rideau s'ouvre tandis que l'autre se ferme, un autre s'ouvre et se referme sans arrêt, un troisième ne fait rien pendant cinq minutes puis commence à émettre de la fumée. Conclusion : nous ne les avons plus touchés au bout de la première semaine.

Nous avons hérité aussi d'une porte de garage automatique. En théorie, c'est merveilleux et même très chic. Vous arrivez dans l'allée de votre propriété, pressez le bouton de la télécommande et, selon votre sens du timing, vous entrez comme une fleur dans le garage ou vous arrachez un bout de la porte. Vous pressez le bouton une seconde fois, elle se referme derrière vous et tous les passants se disent : « Quelle classe, ce mec ! » En réalité, j'ai découvert que la porte de notre garage n'accepte de se fermer que si elle est certaine d'écraser un tricycle ou de broyer un râteau. Et une fois fermée, elle ne s'ouvrira plus. À moins que je ne monte sur une chaise pour faire subir un traitement énergique au boîtier de commande au moyen d'un tournevis et d'un marteau, tentative qui m'amène généralement à appeler le réparateur, un gars du nom de Fred qui prend ses vacances aux Maldives depuis que nous sommes devenus ses clients. J'ai versé à Fred plus d'argent que je n'en ai gagné durant toute ma vie d'étudiant, mais je n'ai toujours pas une porte de garage digne de confiance.

Vous voyez une fois encore où je veux en venir. Les rideaux et les portes de garage automatiques, les distributeurs de croquettes pour chats, les tourniquets à cravates, tous ces gadgets semblent destinés à vous faciliter la vie. En réalité ils ne font qu'ajouter dépenses et complications à votre existence.

Et maintenant, voici les deux leçons importantes à tirer de cette réflexion philosophique : premièrement, n'oubliez pas que dans le mot « confort » il y a le mot « con » ; deuxièmement, faites suivre à vos enfants des cours de mécanique, option portes de garage.

Et maintenant faites-moi un procès !

J'ai un ami en Grande-Bretagne, un universitaire, que des avocats américains ont récemment contacté. Ils voulaient le citer comme expert dans un procès. Ils lui ont dit qu'ils se proposaient d'envoyer par avion, à Londres, l'associé principal et deux assistants pour le rencontrer.

— Ne serait-ce pas plus simple et moins coûteux si c'était moi qui allais à New York ? a suggéré mon ami.

— Absolument, lui a-t-on répondu sans hésitation, mais en procédant de cette façon nous allons pouvoir facturer trois billets à notre client.

Vous avez là un exemple typique de l'esprit juridique américain. Remarquez, je ne doute pas une minute qu'il y ait des tas d'avocats américains — enfin, au moins deux — qui accomplissent des exploits extraordinaires justifiant pleinement leurs 150 dollars de l'heure, ce qui est apparemment le tarif en vigueur. Mais le problème est qu'il y en a trop. En fait, et voici une statistique qui mérite qu'on s'y arrête, les États-Unis comptent plus d'avocats que le reste du monde dans son ensemble. Leur nombre ne cesse d'augmenter : de 260 000 en 1960, un total déjà confortable, ils sont passés à 800 000, soit 300 avocats pour 100 000 citoyens, contre 82 en Grande-Bretagne et 11 au Japon.

Naturellement, tous ces avocats ont besoin de travailler. La plupart des États les autorisent à faire de la publicité et beaucoup en font avec enthousiasme. Vous ne pouvez pas regarder la télé une demi-heure sans tomber sur une pub où un mec vous dira, en vous regardant dans le blanc des yeux : « Bonjour. Je m'appelle Vinny Larnaque du cabinet d'avocats Basoche & Entubeur. Si vous avez été victime d'un accident de travail ou d'un accident de la route, ou si vous avez simplement envie de vous faire un peu de blé, venez me trouver et on s'arrangera bien pour poursuivre quelqu'un en justice. »

Les Américains, c'est un fait bien connu, font des procès pour un oui ou pour un non. En fait, je suis persuadé qu'il y a des gens qui ont dû faire un procès pour un oui (et d'autres pour un non) et qui ont empoché 20 millions de dollars à titre de dommages et intérêts pour le chagrin que cette réponse leur avait causé. Les Américains vivent dans la conviction que si quelque chose se met à marcher de travers, pour quelque motif que ce soit, et qu'ils se trouvent être dans les parages, alors automatiquement ils ont droit à une petite fortune.

On a pu voir une parfaite illustration de ce phénomène il y a deux ans lorsque, à la suite d'une explosion, une usine chimique de Richmond en Californie a envoyé des nuages de fumée sur la ville. En l'espace de quelques heures, 200 avocats ou leurs représentants se sont abattus sur la communauté en effervescence, distribuant des poignées de cartes de visite et conseillant à chacun de se présenter à l'hôpital. 20 000 habitants leur ont obéi avec ardeur. Les informations télévisées du lendemain donnaient l'impression d'une grande fête en plein air. Sur les 20 000 citadins qui avaient fait la queue devant le service des urgences — des gens souriants, heureux et apparemment en excellente santé — seuls 20 furent admis à l'hôpital. Bien qu'on n'ait recensé que de très rares dommages corporels, généralement bénins, 70 000 habitants de Richmond, soit près de la totalité de la population, ont réclamé des indemnités. La compagnie propriétaire de l'usine a finalement accepté de verser une indemnité de 180 millions de dollars dont 40 sont allés dans la poche des avocats.

Chaque année, plus de 90 millions de procès sont intentés par ce peuple éminemment porté sur la chicane procédurière, soit 1 procès pour 2,5 habitants. Et ces procès portent le plus souvent sur des cas dont la gravité nous échappe à première vue. En ce moment même, au Texas, un couple poursuit l'entraîneur de l'équipe de baseball du collège de leur fils pour avoir mis le gamin sur la touche pendant un match. Ils demandent réparation pour « l'humiliation et les tortures mentales » imposées à leur rejeton. Dans l'État de Washington, un homme souffrant de problèmes cardiaques vient d'attaquer la laiterie locale pour lui avoir livré du lait dans des emballages « ne l'avertissant pas des dangers du cholestérol ».

Je suis sûr que vous connaissez l'histoire de cette Californienne qui a poursuivi la compagnie Walt Disney après avoir été agressée avec sa famille sur un parking de Disneyland. Sa plainte portait principalement sur le traumatisme infligé à ses petits-enfants lorsque, conduits en coulisse pour être réconfortés, ils avaient pu voir les comédiens quitter leur costume de personnages de Walt Disney. Découvrir que Mickey ou Dingo étaient simplement des grandes personnes déguisées a été un choc insupportable pour ces pauvres mômes. Cette plainte a été déclarée irrecevable, mais en général les gens se voient octroyer des fortunes qui sont sans commune mesure avec les dommages ou blessures réellement subis.

Une histoire a fait récemment la une des journaux : un cadre employé chez un brasseur de Milwaukee a raconté à une de ses collègues un épisode un peu croustillant d'une série télé. Celle-ci s'en est offensée et a porté plainte pour harcèlement sexuel. La brasserie a licencié le cadre, qui a contre-attaqué en poursuivant ladite brasserie en justice. J'ignore qui méritait quoi dans ce cas — ils méritaient tous une bonne fessée si vous voulez vraiment mon avis —, mais le résultat a été que le type licencié a reçu l'équivalent de 400 000 fois son salaire annuel en indemnités compensatoires allouées par un jury compatissant (et légèrement dérangé).

Toujours dans l'idée que les procès représentent un moyen de gagner grassement sa vie, nous trouvons cette autre attitude typiquement américaine selon laquelle, quoi qu'il arrive, la responsabilité en incombe à autrui. Admettons par exemple que vous fumiez quatre-vingts cigarettes par jour pendant cinquante ans et que vous finissiez par avoir un cancer, eh bien ce sera la faute de quelqu'un d'autre mais en aucun cas la vôtre. Et vous poursuivrez en justice non seulement le fabricant de cigarettes mais aussi le grossiste, le détaillant et l'entreprise de transports qui a livré les cigarettes. Une des caractéristiques les plus extraordinaires du système judiciaire américain, c'est qu'il autorise les plaignants à poursuivre les individus ou les fabricants qui n'ont qu'un rapport très indirect avec l'accusation.

Vu la façon dont ce système fonctionne — ou plutôt ne fonctionne pas —, il est souvent moins coûteux pour une entreprise ou une institution de trouver un arrangement à l'amiable que d'aller devant un tribunal. Je connais une dame qui a glissé et qui est tombée devant un grand magasin un jour de pluie. À son grand étonnement — et aussi à sa grande statisfaction — elle s'est vu proposer une indemnité immédiate et forfaitaire de 2 500 dollars à condition qu'elle signe immédiatement un document dans lequel elle s'engageait à ne pas poursuivre le magasin en justice. Elle a signé.

Toutes ces procédures coûtent horriblement cher à la

nation : plusieurs milliards de dollars par an, au bas mot. La ville de New York dépense 200 millions de dollars chaque année pour les seuls procès liés à des chutes — des gens qui trébuchent contre un rebord de trottoir, par exemple. Selon un documentaire diffusé il y a peu sur ABC, l'accroissement démentiel des sommes versées par les fabricants en cas de litige entraîne un énorme surcoût des produits pour les consommateurs. On paie ainsi 500 dollars de plus pour une voiture, 100 dollars de plus pour un casque de football américain, 3 000 dollars de plus pour un pacemaker. Les Américains paieraient même légèrement plus pour leur coupe de cheveux depuis qu'un ou deux clients insatisfaits ont pourvuivi avec succès un coiffeur leur ayant fait le genre de coupe embarrassante que le mien m'inflige régulièrement.

Tout cela m'a donné une idée. Je vais fumer quatre-vingts cigarettes par jour, tomber sur le trottoir tout en buvant un litre de lait à haute teneur en cholestérol, raconter un épisode de série télé à une dame dans un parking de Disneyland. Ensuite j'appellerai Vinny Larnaque pour voir ce qu'on peut faire. Mais je n'accepterai aucun arrangement en dessous de 2,5 milliards de dollars — et cela, sans même parler de ma dernière coupe de cheveux.

Les joies du plein air conditionné

Je me promenais l'autre jour lorsque j'ai remarqué une chose curieuse. La journée était superbe — plus superbe que ça on n'en verra pas souvent, certainement pas pendant les longs mois d'hiver qui s'annoncent. Pourtant, toutes les voitures roulaient vitres fermées. Dans leur habitacle hermétiquement clos, tous les automobilistes avaient réglé la température pour reproduire un microclimat identique à celui du monde extérieur, et je me suis dit qu'en ce qui concerne le concept d'air frais les Américains ont dû perdre la tête ou le sens de la mesure — en tout cas quelque chose.

Notez bien qu'il leur arrive périodiquement de sortir pour vivre cette expérience originale : prendre un bol d'air frais ! Ils partent alors en pique-nique, s'n vont sur une plage ou dans un parc d'attractions. Mais ce sont là des événements exceptionnels. D'une façon générale, mes concitoyens ont pris l'habitude de passer la plus grande partie de leur existence dans des environnements climatisés. L'idée de faire autrement ne leur vient même plus à l'esprit.

C'est ainsi qu'ils font leurs courses dans des centres commerciaux climatisés où ils se rendent en voiture, vitres fermées et clim à fond, même lorsque la journée est idéale comme aujourd'hui. Ils travaillent dans des bureaux où il est impossible d'ouvrir les fenêtres — que personne, d'ailleurs, ne songerait à ouvrir. Lorsqu'ils partent en vacances, c'est souvent dans d'énormes camping-cars qui leur permettent de profiter de la nature sans mettre le nez dehors. Ils assistent à des rencontres sportives qui se déroulent, de plus en plus souvent, dans des stades couverts. Promenez-vous dans n'importe quelle banlieue américaine en été, et vous aurez peu de chances d'y voir des enfants jouer au ballon ou faire du vélo : ils sont tous à l'intérieur. Et le seul bruit qu'on entend, c'est le bourdonnement des climatiseurs tournant à l'unisson.

Dans tout le pays, les grandes villes se sont mises à construire des *skywalks*, c'est-à-dire des sortes de passerelles pour piétons, fermées et évidemment climatisées, reliant tous les bâtiments du centre. À Des Moines, ma ville natale, une première passerelle a été bâtie entre un hôtel et un grand magasin il y a quelque vingt-cinq ans. Elle a connu un tel succès que d'autres promoteurs s'y sont mis avec ardeur. Désormais, dans le centre-ville, on peut parcourir un kilomètre dans toutes les directions sans jamais mettre le pied sur la terre ferme. Tous les magasins qui se trouvaient au niveau de la rue ont émigré au premier étage, là où se fait la circulation des piétons. Maintenant, les seules personnes qu'on voit sur les trottoirs sont les poivrots ou les employés de bureau descendus griller une clope. Le plein air est devenu une sorte de purgatoire vers lequel on refoule les exclus.

Il existe même des clubs dont les membres peuvent revêtir un survêtement et consacrer leur heure de déjeuner à un petit cross énergique et salutaire sur ces *skywalks*. Il ne leur viendrait pas à l'idée de faire leur jogging au grand air. D'autres clubs, ceux-là composés de retraités, organisent des marches dans des centres commerciaux. Ces gens se retrouvent dans des galeries marchandes pour faire non pas du shopping mais de l'exercice. Lors de mon dernier passage à Des Moines, je suis tombé par hasard sur un vieil ami de la famille. Il portait un survêtement et m'a expliqué qu'il revenait d'une séance avec son club de randonneurs dans le complexe commercial de Valley West. C'était par une superbe journée d'avril, aussi lui ai-demandé pourquoi il ne profitait pas plutôt des nombreux parcs magnifiques qu'offre la ville.

— À Valley West c'est plat et on est protégés contre la pluie, le froid et les agressions, m'a-t-il répondu sans hésiter.

— Mais il n'y a pas d'agressions à Des Moines, lui ai-je fait remarquer.

— Très juste. Et tu sais pourquoi ? C'est parce que dehors il n'y a personne à agresser !

Il a appuyé ses paroles d'un hochement de tête, comme pour souligner une évidence qui aurait pu m'échapper, ce qui était effectivement le cas.

Le fleuron de cette tendance pourrait bien être, selon moi, l'Opryland Hotel de Nashville, Tennessee, où j'ai eu l'occasion de me rendre il y a un an, envoyé par un magazine. L'Opryland est une institution, quelque chose d'immense, de superbement laid, un mélange d'*Autant en emporte le vent* et de complexe commercial. Surtout, il tire son originalité de son Environnement-totalement-contrôlé. Au centre, on trouve trois énormes dômes de verre de la hauteur d'un immeuble de six étages, qui, sur cinq hectares, offrent tous les avantages du plein air sans aucun des inconvénients. Ces *interiorscapes*, comme on a baptisé ces paysages intérieurs, débordent de végétation tropicale avec arbres grandeur nature, cascades, rivières, restaurants et cafés « de plein air », promenades piétonnières à tous les niveaux. Le résultat rappelle de manière saisissante les illustrations des magazines de science-fiction des années cinquante montrant ce que serait la vie dans une colonie de l'espace sur Vénus (ou, en tout cas, dans une colonie spatiale où tous les colons seraient des Américains obèses d'âge moyen, chaussés de Reebok et coiffés de casquettes de base-ball, qui passeraient leur vie à déambuler en s'empiffrant de ce genre de bouffe qu'on dévore avec les mains). On trouve là, en réduction, un univers aseptisé, sans défauts, jouissant d'un climat exceptionnel et invariable, un monde qui ne connaît ni les souillures des oiseaux ni les désagréments des insectes, de la pluie, du vent ou de toute autre réalité.

Le premier soir, désireux d'échapper un moment à la horde des humanoïdes sous bulle, et désireux aussi de voir quel temps il faisait sur la planète Terre, j'ai mis le pied dehors avec l'intention de me promener dans les alentours. Et alors ? Vous devinez ? Il n'y avait rien d'autre que des hectares et des hectares de parkings s'étendant à perte de vue dans toutes les directions. À deux cents mètres environ, on apercevait l'Opryland Amusement Park. Mais impossible de s'y rendre à pied. La seule façon d'y accéder, m'a-t-on informé, c'était par bus climatisé, en déboursant 3 dollars pour un trajet de 45 secondes. À Opryland, à moins de zigzaguer entre les voitures en stationnement, il est impossible de se dégourdir les jambes en plein air. Ici, on a mis le dehors dedans et — j'en frémis d'horreur — c'est exactement ce que des millions d'Américains souhaiteraient trouver partout dans le pays.

Tandis que je me trouvais là à ruminer ces profondes pensées, un oiseau a fait tomber sur le bout de ma chaussure gauche ce genre d'offrande qui a la réputation de porter bonheur. J'ai regardé alternativement le ciel et ma chaussure puis j'ai murmuré : « Merci ! » Et franchement, j'étais sincère.

Une séance chez le coiffeur

Je dois vous préciser que je possède des cheveux assez exubérants. Si sereine et calme que soit ma personne, si grave et guindée que soit la situation, ma chevelure, elle, fait toujours la folle. On me repère très facilement sur les photos de groupe : c'est moi le type dont les cheveux semblent être branchés en permanence sur Radio Techno.

Périodiquement, le cœur rempli d'appréhension, j'emmène ces cheveux en ville, chez le coiffeur, pour permettre à quelque apprenti Figaro de s'amuser un peu. J'ignore pourquoi, mais toute séance chez le coiffeur a le don de faire ressortir le côté poltron de ma personnalité. Le fait d'être engoncé dans une sorte de peignoir, privé de mes lunettes, ma tête à la merci d'instruments pointus et tranchants, tout cela suscite en moi un profond sentiment d'insécurité. Vous comprenez, on est là, immobile, sans bras et quasiment aveugle, tandis qu'un gars qu'on ne connaît pas s'emploie à faire subir des choses graves — et généralement regrettables — au faîte de votre individu. Au cours de ma vie, j'ai bien dû subir deux cent cinquante coupes de cheveux, et la leçon que j'en ai tirée c'est qu'un coiffeur vous fera toujours la coupe qu'il a décidé de vous faire et que vous avez intérêt à en prendre votre parti.

Pour moi, donc, une visite chez le coiffeur entraîne

toujours de profonds traumatismes. D'abord parce que j'hérite le plus souvent de celui que j'espérais éviter, c'est-à-dire le nouvel apprenti. Je redoute particulièrement le moment où il m'installe sur le fauteuil et commence à expertiser l'état catastrophique de ma chevelure avant de déclarer d'un ton faussement enjoué :

— Et alors, qu'est-ce qu'on va bien pouvoir faire avec tout ça ?

— Simplement rafraîchir la coupe, non ? dis-je d'une voix empreinte d'un optimisme attendrissant, tout en sachant que l'autre n'a en tête que dégradés sculptés, volumes extravagants fixés au gel avec (pourquoi pas ?) une frange de petites boucles espiègles au niveau du front.

Je hasarde un timide :

— Vous savez, un truc anonyme et respectable, le style banquier ou comptable.

— Vous avez vu quelque chose qui vous plairait ? demande-t-il alors en désignant une rangée de photos en noir et blanc de messieurs qui semblent sortir du *Muppet Show*.

— En fait, je préférerais une coupe beaucoup moins sophistiquée.

— Plus naturelle, quoi ?

— Exactement.

— Comme la mienne ?

Je le regarde. Sa coiffure évoque un porte-avions fendant une mer déchaînée ou une touffe de buis taillée par un jardinier éthylique.

— Peut-être même légèrement plus sobre, dis-je un peu tendu.

Il incline la tête d'un air pensif, ce qui me fait comprendre que nous n'appartenons pas au même univers, question goûts capillaires. Puis il reprend d'un ton péremptoire :

— Je sais ce qu'il vous faut. Le style Wayne Newton.

Je tente faiblement de protester.

— Ce n'est pas exactement ce que j'avais imaginé.

Mais déjà il m'a appuyé le menton sur la poitrine et commence à faire cliqueter ses ciseaux.

— C'est une coupe très populaire, ajoute-t-il. Tous les gars de l'équipe de bowling la demandent.

Et dans un ronronnement de moteur sa tondeuse attaque ma chevelure comme s'il s'agissait de décoller du papier peint. J'essaie de l'implorer : « Je ne veux surtout pas le look Wayne Newton ! », mais j'ai le menton enfoncé dans la poitrine et mon murmure est couvert par le bruit de la tondeuse. Il ne me reste plus qu'à supporter ce supplice pendant une éternité, les yeux fixés sur les genoux, ayant reçu l'ordre de ne pas bouger, écoutant le bruit terrifiant de la machine qui sillonne mon crâne, surveillant du coin de l'œil les mèches de cheveux qui s'abattent sur mes épaules.

— Pas trop court ! dis-je de temps à autre d'une voix bêlante.

Mais l'apprenti coiffeur est engagé dans une conversation passionnante avec le patron et le client du fauteuil voisin sur l'avenir de l'équipe de basket des Chicago Bulls ; aussi ne tourne-t-il que rarement la tête dans ma direction, généralement pour murmurer quelque chose comme : « Oh, mince ! » ou bien : « Oh, zut ! »

Au bout d'un moment, il me fait brusquement basculer la tête en arrière et me demande :

— Pour la longueur, ça va ?

Je louche vers le miroir mais, privé de mes lunettes, tout ce que j'arrive à distinguer c'est une sorte de gros ballon rose.

— Je ne sais pas. Il me semble que c'est bien court.

Je remarque qu'il examine d'un air préoccupé la zone située au-dessus de mes sourcils.

— On s'était décidés pour une coupe Paul Anka ou Wayne Newton ? me demande-t-il.

— Eh bien, ni l'une ni l'autre, en fait, dis-je, ravi d'avoir enfin l'occasion de mettre les choses au point. Je voulais simplement quelques petites retouches.

— Je voulais vous demander, poursuit-il, vos cheveux, ils repoussent vite ?

— Pas vraiment, fais-je en plissant les yeux de plus belle pour essayer en vain de me voir dans le miroir. Pourquoi, il y a un problème ?

— Oh, non ! se hâte-t-il de répondre d'une voix qui signifie « Oh, oui ! ». Je vous assure que tout va bien. Simplement, j'ai fait le côté gauche style Paul Anka et le côté droit style Wayne Newton. À part ça, je voulais aussi vous demander : vous avez un grand chapeau ?

— Qu'est-ce que vous avez bricolé ? dis-je d'une voix angoissée.

Mais il est parti consulter ses collègues. Ils me regardent tous comme on regarde la victime d'un accident de la route et parlent à voix basse. J'entends mon coiffeur murmurer tristement :

— Je crois que c'est la faute des antihistaminiques que je prends.

Un des collègues s'approche pour inspecter les choses de plus près et décide que la situation est peut-être grave mais pas désespérée.

— Tu prends la mèche de derrière, tu la ramènes par-dessus l'oreille gauche vers l'avant, explique-t-il. Tu accroches cette touffe-là à l'autre oreille et peut-être aussi une autre par là, et tu peux nous rattraper ça en coupe Hiroshima.

Il se penche vers moi :

— Vous devez sortir, la semaine prochaine ?

Je gémis, désespéré :

— Une coupe Hiroshima ?

— Sauf si vous préférez la coupe Hercule Poirot ! suggère l'autre garçon coiffeur.

— Hercule Poirot ? fais-je dans un nouveau gémissement.

L'équipe des coiffeurs s'éloigne, laissant le mien se débrouiller. Dix minutes plus tard, il me rend mes lunettes et me laisse relever la tête. Je découvre dans la glace quelque chose évoquant une meringue munie d'oreilles. Par-dessus mon épaule, l'autre arbore un sourire satisfait.

— Finalement, c'est pas si mal que ça, hein ?

Je suis incapable de lui répondre. Je lui tends une énorme somme d'argent et je sors de la boutique, groggy. Je rentre chez moi, le col du veston remonté et la tête rentrée dans les épaules.

Une fois à la maison, je tombe sur ma femme qui m'examine brièvement.

— Tu lui as dit quelque chose qui l'a mis en colère ? me demande-t-elle, l'air sincèrement perplexe.

Je hausse les épaules, penaud.

— Je lui ai dit que je voulais ressembler à un banquier.

Elle pousse ce profond soupir qui vient si naturellement aux épouses.

— Il doit être interdit bancaire, conclut-elle avec cette perspicacité bien féminine.

Et là-dessus elle part me chercher un grand chapeau.

Promotion littéraire

Il y a tout juste dix ans, j'ai reçu un appel téléphonique d'un éditeur américain m'informant qu'ayant acheté les droits d'un de mes livres il avait organisé à mon intention une tournée publicitaire de trois semaines dans seize villes.

— On va faire de vous la star des médias ! m'a-t-il dit avec brio.

— Mais je ne suis jamais passé à la télé de ma vie, ai-je protesté, quelque peu pris de panique.

— Oh ! c'est facile. Vous allez adorer ça, a-t-il répliqué sur le ton assuré de celui qui ne doit pas y passer lui-même.

— Mais non ! Je vais être épouvantable. Je n'ai aucun charisme.

— Ne vous en faites pas : on va vous en donner ! Nous allons vous faire venir à New York pour suivre une formation.

Ce qui n'a fait qu'ajouter à ma déprime.

Je n'augurais rien de bon de toute cette histoire. Pour la première fois depuis 1961, quand j'avais mis le feu accidentellement au garage d'un voisin, je me reprenais à envisager sérieusement une opération de chirurgie esthétique et un exil en Amérique centrale. Mais finalement je me suis envolé pour New York où le cours d'entraînement aux techniques médiatiques n'a pas été la torture que je redoutais. On m'a confié à un homme doux et patient nommé Bill Parkhurst. Il est resté enfermé avec moi pendant deux jours dans un studio sans fenêtre quelque part dans Manhattan et m'a fait subir un nombre infini de fausses interviews. Il me disait par exemple :

— OK. Maintenant on va supposer que tu as une interview de trois minutes avec un mec qui a vu la couverture de ton livre pour la première fois il y a exactement dix secondes et qui ne sait pas s'il s'agit d'un livre de cuisine ou d'un pamphlet sur la surpopulation carcérale. En plus le type est un peu lourd et il t'interrompt sans arrêt. OK ? On y va !

Et il déclenchait le chronomètre : c'était parti pour trois minutes d'interview. Et puis on recommençait. Encore et encore. Et comme ça pendant deux jours. À la fin de la deuxième journée, j'avais des courbatures à la langue.

— Eh bien ! a fait joyeusement remarquer Parkhurst, maintenant tu sais ce que tu vas ressentir le deuxième jour de ta tournée.

— Je me demande ce que ça va être le vingt et unième jour !

— Tu ne pourras plus t'en passer ! a-t-il lancé en souriant.

À mon grand étonnement, il avait presque raison. Une tournée de promotion littéraire a des côtés assez amusants. On vous réserve de bons hôtels. On vous conduit partout dans de grandes limousines gris métallisé. On vous traite avec plus d'égards que vous ne le méritez. Vous mangez des steaks trois fois par jour si ça vous chante, sans rien débourser. Et pendant des semaines vous pouvez parler à longueur de journée de votre propre personne. Si ce n'est pas le rêve…

En tout cas, pour moi, c'était un univers tout nouveau. Vous vous rappelez sans doute, si vous avez suivi ces chroniques, que lorsque j'étais enfant mon père nous conduisait invariablement dans des motels bon marché et minables — le genre de motels auprès desquels le Bates Motel de *Psychose* mériterait trois étoiles —, aussi vous imaginez quelle aventure étourdissante a été cette tournée. Jamais auparavant je n'étais descendu dans un hôtel vraiment chic, jamais je n'avais utilisé le room service, jamais je n'avais fait appel à un concierge ou à un garçon d'étage, jamais je n'avais donné un pourboire au portier (toujours pas, d'ailleurs, quand j'y pense).

La grande révélation a été pour moi la découverte du room service. On m'a élevé dans l'idée que le service à l'étage était le *nec plus ultra* du raffinement, quelque chose qu'on voyait dans les films de Cary Grant mais pas dans le monde où je vivais. Aussi, lorsqu'un agent publicitaire a suggéré que je ne me prive pas de l'utiliser, j'ai sauté sur l'occasion, et cela m'a permis de découvrir quelque chose que vous saviez certainement déjà : le service à l'étage, c'est *nul* !

Je me suis fait livrer des repas une bonne douzaine de fois dans des hôtels situés aux quatre coins du pays et, chaque fois, c'était infect. Le plateau mettait des heures à arriver et la nourriture était invariablement froide et caoutchouteuse. Le plus fascinant, c'est le soin apporté à la présentation : nappe immaculée, rose dans un vase, cloche argentée que l'on soulève cérémonieusement pour dévoiler l'assiette. Mais personne ne songe à produire le moindre effort pour améliorer la température ou le goût de ces mets si superbement présentés.

J'ai un souvenir particulièrement précis de l'hôtel Huntington, à San Francisco, où le garçon a prestement ôté un couvercle d'argent pour découvrir une assiettée de colle blanchâtre.

— Qu'est-ce que c'est ? ai-je demandé.

— Glace à la vanille, Monsieur, a-t-il répondu.

— Mais elle a fondu !

— Oui, c'est vrai ! a-t-il convenu. Et bon appétit, Monsieur, a-t-il ajouté en prenant congé avec une courbette et en empochant mon pourboire.

Bien sûr, une tournée de promotion littéraire ne consiste pas uniquement à se prélasser dans les hôtels de luxe en regardant la télé et en mangeant des glaces liquéfiées. Il faut aussi que vous donniez des interviews. Beaucoup, beaucoup d'interviews. Plus que vous ne pouvez imaginer, en commençant parfois avant l'aube pour finir tard dans la nuit et en parcourant des distances considérables dans l'intervalle. Vu le nombre élevé d'auteurs occupés à essayer de fourguer leurs livres et vu le nombre limité d'émissions spécialisées à la radio ou à la télé, on a tendance à vous expédier là où il y a un créneau.

En cinq jours, j'ai fait le trajet San Francisco-Atlanta, puis Atlanta-Chicago, puis encore Chicago-Boston, avant de revenir à San Francisco. Un jour, j'ai dû aller de Denver à Colorado Spring pour subir une interview de trente secondes qui, je vous le jure, s'est déroulée comme suit.

Le journaliste. — Notre invité aujourd'hui est Bill Bryson. Alors vous venez de sortir un nouveau livre, n'est-ce pas, Bill ?

Moi. — C'est vrai.

Le journaliste. — Eh bien bravo ! Merci beaucoup d'être venu. Demain, notre invité sera le docteur Milton Greenberg pour *Dodo sans larmes*, son livre sur l'énurésie.

En trois semaines, j'ai donné plus de 250 interviews dans des genres différents sans jamais rencontrer quelqu'un qui ait lu mon livre ou eu une vague idée de qui j'étais. Dans une émission de radio, le journaliste a couvert le micro de sa main avant de commencer, pour me demander : « Dites, rappelez-moi, vous êtes le type qui s'est fait enlever par les extraterrestres ou celui qui écrit des bouquins de voyage ? » L'important, comme me l'a enseigné Bill Parkhurst, c'est de se vendre d'une façon éhontée et, croyez-moi, c'est un truc qu'on acquiert très vite !

Je suppose que tout cela me revient à l'esprit parce qu'au moment où vous lirez ces lignes je serai parti en tournée en Grande-Bretagne pour trois semaines de promotion littéraire. Je ne voudrais pas passer pour un lèche-cul, mais faire une tournée en Grande-Bretagne, c'est un rêve comparé aux États-Unis. Les distances sont plus courtes et dans l'ensemble vous tombez sur des journalistes qui ont lu votre livre — ou, en tout cas, *un* livre. Les libraires sont tous charmants et les lecteurs sont tous intelligents, perspicaces, extraordinairement beaux et généreux dans leurs achats. J'ai même rencontré des gens qui avaient posé le journal où paraissent ces chroniques en s'exclamant : « Il faut que je sorte *à l'instant* acheter ce bouquin du vieux Bill. Je crois que j'en achèterai même *plusieurs exemplaires* pour faire des cadeaux de Noël. »

C'est dingue ce qu'il faut faire pour gagner sa vie ! Enfin, il faut bien s'y résoudre. Mais, Dieu merci, cela n'a pas affecté ma sincérité.

La mort nous guette

La dernière fois qu'il m'a été sérieusement démontré que la mort nous guettait, qu'elle était vraiment toute proche, qu'elle rôdait dans les coulisses et que mon nom était inscrit sur sa liste, ce fut pendant un vol très court entre Boston et Lebanon, New Hampshire.

Le trajet, qui ne dure pas plus de cinquante minutes, vous fait survoler les villes industrielles du Massachusetts et le sud du New Hampshire puis suit la vallée du Connecticut jusqu'à l'endroit où les collines trapues des Green Mountains viennent paresseusement rejoindre les White Mountains. C'était par un bel après-midi d'octobre, juste après le passage à l'heure d'hiver, et j'avais espéré pouvoir admirer les dernières teintes rouille et pourprer de l'automne avant le coucher du soleil. Mais, cinq minutes après le décollage, notre petit avion, un De Havilland de seize places, a été pris dans des nuages chahuteurs et j'ai immédiatment compris qu'il ne fallait pas compter sur des vues spectaculaires ce jour-là. Je me suis alors plongé dans la lecture, m'appliquant à ne pas remarquer ces turbulences et à empêcher mes pensées de s'égarer dans des visions malheureuses d'ailes brisées et de carlingue plongeant vers la terre avec un long sifflement.

Je déteste les petits avions. Je n'aime pas beaucoup les

avions en règle générale, mais les petits avions je les redoute vraiment. D'abord parce qu'on y gêle, qu'on y est secoué et qu'ils sont bruyants. Et puis ils transportent trop peu de passagers pour intéresser le public lorsqu'ils tombent, ce qu'ils semblent faire assez souvent. Presque quotidiennement vous lirez dans la presse américaine un entrefilet de ce genre : « Ploucville, Indiana — Les neufs passagers et membres d'équipage ont péri dans l'accident d'un petit avion de seize places de la compagnie Air Crash. L'appareil s'est écrasé dans une boule de flammes peu apès son décollage de l'aéroport régional de Ploucville. D'après les témoins, il a fait une chute "vachement longue" avant de s'écraser au sol à 3 000 kilomètres à l'heure. C'est le onzième accident aérien sans aucun intérêt depuis dimanche dernier. »

Ces engins n'arrêtent pas de tomber du ciel, je vous assure. Au début de l'année, un petit appareil effectuant la liaison Cincinnati-Detroit s'est écrasé. Un des passagers qui ont trouvé la mort dans cet accident se rendait aux funérailles de son frère, victime d'une catastrophe aérienne en Virginie deux semaines auparavant.

Donc, j'étais dans cet avion à essayer de me concentrer sur mon livre mais sans pouvoir m'empêcher de scruter cette soupe impénétrable de l'autre côté du hublot. Une heure après le décollage — nous aurions déjà dû être arrivés —, nous avons amorcé une descente et émergé des turbulences dans un ciel dégagé avec, à cent mètres au-dessous de nous, un paysage champêtre baignant dans une pénombre crépusculaire. Il y avait bien une ou deux fermes visibles dans les dernières lueurs du jour, mais pas la moindre ville. Des montagnes sévères et musclées nous entouraient de toutes parts. L'avion est remonté dans les nuages, a poursuivi sa route à l'aveuglette un moment avant de redescendre. Mais toujours aucun signe de Lebanon ou de la moindre agglomération, ce qui était plutôt bizarre, car la vallée du Connecticut est pleine de petites villes. Là rien, sauf une immense forêt sombre qui s'étendait à l'infini.

L'appareil a repris son ascension et l'exercice s'est répété plusieurs fois. Après quelques minutes de ce manège, le pilote s'est adressé à nous d'une voix calme et décontractée : « Je ne sais pas si vous l'avez remarqué, les gars, mais on a un petit problème pour repérer l'aéroport à l'œil nu, suite à des conditions climatiques, euh... peu favorables. L'aéroport de Lebanon ne possède pas de radar, ce qui nous oblige à naviguer à vue, et aujourd'hui c'est un peu, euh... délicat. Comme toute la côte Est est noyée dans le brouillard, on ne peut pas espérer atterrir sur un autre aéroport. De toute façon, nous allons continuer à essayer parce qu'il faudra bien que ce sacré zinc atterrisse quelque part un jour ou l'autre. » Bien sûr, je viens d'inventer la dernière phrase mais, en gros, c'était l'essentiel du message. On tournait en rond dans les nuages à la tombée du jour, à la recherche d'un aéroport niché entre deux montagnes. Cela faisait bien une heure et demie qu'on était en l'air. Je ne sais pas quelle est l'autonomie de vol de ces appareils mais, tôt ou tard, fatalement, on allait manquer de carburant. Dans l'intervalle, on risquait à tout moment de s'écraser sur le flanc d'une montagne.

C'était trop injuste. Je m'apprêtais à regagner mes foyers après un long voyage. Mes enfants fraîchement récurés m'attendaient, fleurant bon le savon et le linge propre. Il y aurait des steaks au dîner, peut-être même avec des oignons frits. On déboucherait une bonne bouteille. J'avais des cadeaux à distribuer. Franchement, le moment était mal choisi pour aller percuter une montagne. Alors j'ai fermé les yeux et murmuré doucement : « S'il vous plaît, s'il vous plaît, oh ! s'il vous plaît, faites que cet appareil atterrisse sans dommages et je vous promets de bien me conduire pour le restant de mes jours. Et je parle sérieusement. Merci. »

Miracle ! À la sixième reprise, nous avons émergé des nuages et découvert les toits plats, les enseignes lumineuses et les silhouettes plantureuses des clients du complexe commercial de Lebanon. Juste de l'autre côté de la route, c'était l'aéroport ! L'avion n'était pas vraiment dans l'axe de la piste et le pilote a dû amorcer un virage sur l'aile assez serré qui, en toute autre circonstance, m'aurait arraché des cris d'effroi. Mais, dans un magnifique crissement de pneus, l'avion s'est enfin posé. Je n'avais jamais été aussi heureux de ma vie.

Mon épouse m'attendait dans la voiture sur le parking de l'aéroport, et sur le chemin de la maison je lui ai narré toutes les péripéties de ce voyage angoissant. Mais l'ennui, entre « croire qu'on va mourir dans un accident » et « mourir pour de bon dans un accident », c'est que le premier cas de figure fait une histoire beaucoup moins intéressante à raconter.

— Oh ! mon pauvre chou, m'a dit ma femme d'un ton qui m'a semblé un peu distrait.

Puis elle a continué en me tapotant le genou :

— Allons, tu seras à la maison dans une minute et il y a un délicieux gratin de chou-fleur qui t'attend dans le four.

Je l'ai regardée :

— Un gratin de chou-fleur ? Nom de…

Je me suis éclairci la gorge et j'ai repris d'une autre voix :

— Qu'est-ce que c'est que cette histoire de gratin de chou-fleur ? Je croyais qu'on aurait des steaks.

— Effectivement, mais le chou-fleur est bien meilleur pour ce que tu as. Maggie Higgins m'a donné la recette.

J'ai poussé un long soupir. Maggie Higgins est une de ces femmes qui se mêlent de tout et dont les vues bien arrêtées sur les régimes se traduisent invariablement par du chou-fleur à mon intention. C'est drôle, la vie, non ? Une minute plus tôt vous priez le ciel qu'il vous épargne, jurant de supporter sans vous plaindre toutes les épreuves, et la minute suivante vous êtes prêt à vous cogner la tête contre le tableau de bord en criant : « Du steak ! Du steak ! Du steak ! »

— Au fait, est-ce que je t'ai raconté, a poursuivi Mrs. Bryson, que Maggie s'est endormie avec son shampooing colorant sur la tête et que maintenant ses cheveux sont tout verts ?

— Ah, oui ? ai-je dit, un peu ragaillardi par cette bonne nouvelle. Verts verts ?

— Les gens lui disent que c'est jaune citron mais en réalité c'est franchement un vert vif. On dirait une pelouse artificielle.

— Incroyable !

Et ça l'était vraiment. Vous vous rendez compte : deux prières exaucées le même soir !

La plus belle des fêtes américaines

Si je parais un peu lourd et ballonné actuellement, c'est parce qu'on vient de célébrer Thanksgiving, jeudi dernier, et que je ne m'en suis toujours pas remis. J'ai une tendresse toute particulière pour cette fête, car dans ma jeunesse c'était le seul moment de l'année où, chez nous, on mangeait. Le reste de l'année on se contentait d'enfourner de la nourriture. Ma mère n'était pas très bonne cuisinière.

Maintenant, je ne voudrais pas que vous vous mépreniez. Ma mère est une femme adorable, une sainte femme qui, l'heure venue, ira tout droit au paradis. Mais je vous garantis que personne ne l'accueillera en disant : « Ah ! vous voilà enfin, Mrs. Bryson ! Vous nous préparerez bien quelque chose à manger ? » Pour être tout à fait équitable, je dois avouer qu'elle avait plusieurs handicaps dans ce domaine. D'abord, elle ne savait pas cuisiner — ce qui est toujours une grosse lacune sur le plan culinaire. Remarquez, elle ne souhaitait pas spécialement apprendre à cuisiner et, de toute manière, elle n'aurait pas eu le temps d'apprendre même si elle l'avait voulu. Car, voyez-vous, elle menait une carrière professionnelle. Ce qui veut dire qu'elle poussait généralement la porte d'entrée deux minutes avant l'heure de passer à table. De plus, elle était légèrement tête en l'air. Elle avait tendance à confondre des ingrédients de couleur identique, le sucre et le sel, le poivre et la cannelle, le vinaigre et le sirop d'érable, la farine et le plâtre de Paris, ce qui donnait souvent une dimension inattendue à ses plats. Une de ses spécialités consistait à cuire les aliments encore dans leur emballage, et il m'a fallu atteindre l'âge adulte pour découvrir que le film plastique fondu ne faisait pas partie des recettes. Sa hâte et sa distraction, mêlées à une charmante incompétence dans le maniement des appareils ménagers, faisaient que la plupart des expériences culinaires de ma mère étaient ponctuées de nuages de fumée, voire de petites explosions. À la maison, en règle générale, on passait à table après le départ des pompiers.

Chose curieuse, cela ne dérangeait pas mon père. Il avait ce qu'on pourrait appeler des goûts très rudimentaires en matière de gastronomie. Son palais ne détectait que le salé, le ketchup et le brûlé. Pour lui, le repas idéal devait comporter quelque chose de brun et d'indéfinissable, quelque chose de vert et d'indéfinissable plus quelque chose de brûlé. Je suis persuadé que si l'on avait fait cuire au four une éponge de ménage recouverte d'une quantité suffisante de ketchup, mon père se serait extasié : « Délicieux ! » Bref, pour lui, la bonne cuisine était une perte de temps et ma mère s'est laborieusement appliquée au cours de leur vie conjugale à ne jamais le décevoir.

Mais pour Thanksgiving, ô miracle, elle mettait le paquet. Lorsqu'elle nous appelait pour passer à table, nous découvrions, pour le plus grand plaisir de nos papilles étonnées, des plats copieux et somptueux — une énorme dinde dorée, des corbeilles de petits pains au maïs, des miches sortant du four, des légumes identifiables, une jatte de compote d'airelles, un saladier plein d'une exquise purée de pommes de terre, un grand plateau de saucisses dodues, et j'en passe… Nous mangions alors comme si nous n'avions pas mangé depuis un an — ce qui était le cas, en effet. Puis ma mère arrivait en présentant la *pièce de résistance** : une tarte au potiron merveilleusement croustillante et dorée, surmontée d'une montagne de crème fouettée. C'était parfait. C'était le paradis. J'ai donc gardé de ces moments de bonheur une profonde reconnaissance envers ce que je considère comme la plus belle, la plus merveilleuse des fêtes américaines : Thanksgiving.

La plupart des Américains s'imaginent à tort que Thanksgiving a toujours été fêté le dernier jeudi de novembre et que c'est une tradition très ancienne — enfin, ancienne à l'échelle de l'Amérique. En fait, même si les Pères Pèlerins ont effectivement organisé ce fameux banquet de 1621 pour remercier les Indiens de les avoir aidés à passer le cap d'une première année difficile et de leur avoir donné la recette du pop-corn (ce dont je ne les remercierai jamais assez), on n'a jamais su quelle était la date exacte de ces agapes. Étant donné le climat de la Nouvelle-Angleterre, il est peu probable qu'elles se soient déroulées fin novembre. Quoi qu'il en soit, pendant les deux cent quarante-deux années suivantes, Thanksgiving n'a pas été particulièrement considéré comme un grand événement. La première célébration officielle n'a eu lieu qu'en 1863, et au mois d'août. L'année suivante, le président Lincoln a décidé de la fixer arbitrairement au dernier jeudi de novembre, sans que personne puisse expliquer pourquoi un jeudi, ni pourquoi si tard dans l'année. Et c'est resté comme ça depuis lors.

Thanksgiving est une fête géniale, pour de multiples raisons. D'abord, cela a pour conséquence louable de retarder Noël. Alors qu'en Europe on commence à chanter des cantiques et à penser aux cadeaux dès la fin du mois d'août, en Amérique la folie de Noël se trouve repoussée après le dernier week-end de novembre. En

* En français dans le texte. *(N.d.T.)*

plus, Thanksgiving est resté une fête « pure » ayant largement échappé à toute récupération commerciale. Pas de cartes de vœux, pas de sapins à décorer, pas de courses au trésor frustrantes pour essayer de dénicher, dans les placards et les fonds de tiroirs, décorations et guirlandes de l'année précédente. Pour Thanksgiving, on se contente de bâfrer jusqu'à faire prendre à son estomac les dimensions d'un ballon de volley, avant d'aller s'affaler devant la télé pour suivre un match de football américain. Cela correspond parfaitement à mon idée d'une vraie fête.

Mais, sans aucun doute, l'aspect le plus sympathique et le plus noble de Thanksgiving, c'est l'occasion officielle et solennelle qui nous est donnée de dire merci pour toutes ces choses qui méritent notre reconnaissance. Pour ma part, elles sont nombreuses. J'ai une femme et des enfants que j'adore. Je suis en bonne santé et je jouis encore de la plupart de mes facultés (pas toujours simultanément). Je vis dans une ère de paix et de prospérité. Je n'aurai plus jamais Ronald Reagan comme président des États-Unis. De tout cela je suis extrêmement reconnaissant et je suis heureux d'avoir l'occasion de le manifester publiquement.

Le seul point noir, c'est que Thanksgiving annonce l'inévitable retour de Noël. D'un jour à l'autre — d'un instant à l'autre — ma chère épouse va apparaître pour me dire que le temps est venu de bouger mon ventre dilaté et de sortir les décorations festives. C'est un moment que je redoute car il signifie efforts physiques soutenus, échelles branlantes, chocs électriques, contorsions pour passer la trappe d'accès au grenier, directives énergiques de ma douce moitié, autant de choses qui menacent sérieusement mon intégrité physique. Et j'ai le pressentiment affreux qu'aujourd'hui pourrait bien être le jour J !

Mais enfin ce n'est pas encore arrivé. Et pour cela, bien sûr, je dis sincèrement merci !

C'est Noël !

En terminant la chronique précédente, j'exprimais mes craintes de voir à tout moment ma femme surgir dans la pièce pour annoncer que le temps était venu de sortir les décorations de Noël. Eh bien, nous voici une chronique plus loin, à quelque dix-huit jours des fêtes, et toujours pas le moindre signe de sa part. Je ne sais pas combien de temps je vais pouvoir supporter ce suspense.

Je déteste les décorations de Noël parce que cela signifie que je dois monter au grenier. Or les greniers sont des endroits sales, sombres et déplaisants. On y découvre toujours des trucs qu'on préférerait ignorer : des fils électriques rongés par les souris, des fentes dans la toiture par lesquelles on peut voir le jour ou même passer la tête, des caisses d'un foutoir inutile qu'on a eu la folie de monter un jour jusque-là. Il y a trois choses dont on peut être certain quand on monte dans un grenier : on se cogne la tête à une poutre au moins à deux reprises ; on se met des toiles d'araignées plein la figure ; on ne trouve jamais ce qu'on est venu y chercher.

Le pire, c'est qu'au moment où l'on veut redescendre, on constate invariablement que l'escabeau s'est déplacé d'environ un mètre en direction de la salle de bains. C'est un phénomène mystérieux que je suis incapable d'expliquer mais qui se produit chaque fois. Alors on passe les jambes dans la trappe et on cherche l'escabeau en tâtonnant du bout des pieds. En étirant la jambe droite au maximum, on arrive à toucher une des marches avec le gros orteil, mais on n'est guère plus avancé. Et puis on constate qu'en exerçant un léger balancement d'avant en arrière, comme un athlète sur des barres parallèles, on arrive enfin à poser un pied, puis l'autre, sur l'escabeau. Remarquez, ce moment d'euphorie est de courte durée, car votre corps décrit maintenant un angle de soixante degrés et il est impossible de changer de position. Avec de légers grognements, on essaie de tirer l'escabeau vers soi avec les pieds, ce qui a pour seul résultat de le faire tomber dans un grand fracas.

Maintenant vous voilà coincé pour de bon. Vous essayez de réintégrer le grenier en opérant un rétablissement mais, comme vous avez un peu perdu la forme, vous devez y renoncer. Et vous restez là, pendu par les aisselles. Vous appelez votre femme, mais elle ne vous entend pas. C'est à la fois inquiétant et très bizarre. D'habitude, votre épouse a l'ouïe si fine qu'elle peut entendre ce que personne d'autre sur terre n'entendra. Elle entend une cuillerée de confiture tomber sur la moquette à deux pièces de là. Elle entend une tache de café qu'on essaie de faire disparaître discrètement avec une serviette de bain. Elle entend la saleté que vous déposez en marchant sur un sol fraîchement nettoyé. Elle vous entend même *penser* à des choses interdites. Mais restez coincé dans la trappe du grenier, et c'est tout à coup comme si elle vivait dans un caisson insonorisé.

Alors, quand passant par hasard sur le palier une heure plus tard elle aperçoit vos jambes qui gigotent dans le vide, cela ne manque pas de la surprendre.

— Mais qu'est-ce que tu fais là ? vous demande-t-elle.

— De l'aérobic. Les trappes de grenier, c'est idéal, répliquez-vous avec une pointe de sarcasme.

— Tu veux l'escabeau ?

— Bon sang, mais c'est une idée, ça ! Tu sais, il y a deux heures que je me balance à essayer de trouver ce qui me manquait, et voilà que tu trouves du premier coup !

L'escabeau est remis debout et une main guide vos pieds jusqu'aux marches. Cette séance d'étirement a dû vous faire du bien car vous vous rappelez soudain que les décorations de Noël ne sont pas dans le grenier — n'ont jamais été dans le grenier — mais dans une boîte en carton à la cave. Bien sûr ! Comme vous êtes bête de ne pas vous en être souvenu ! Vous voilà reparti. Deux heures plus tard vous récupérez les décorations, cachées derrière un tas de vieux pneus et une poussette cassée. Vous traînez la boîte à l'étage et passez deux heures supplémentaires à démêler les fils électriques entortillés. Quand vous branchez les guirlandes, aucune ne s'allume, évidemment, sauf une, qui vous projette contre le mur avec une bonne décharge dans une gerbe d'étincelles, mais qui, ensuite, refusera de s'éclairer.

Vous décidez alors d'abandonner les guirlandes et de vous occuper du sapin qui est dans le garage. L'arbre est immense et plein de piquants. Dans une accolade maladroite, vous le serrez contre votre poitrine et parvenez, en ahanant, à lui faire franchir la porte d'entrée. Vous vous effondrez dans le hall, vous vous relevez et poursuivez votre chemin de croix. Les branches essaient de vous crever les yeux, les aiguilles vous percent les joues ; la sève s'arrange pour vous dégouliner dans les narines mais, vaille que vaille, vous traversez les pièces à l'aveuglette, décrochant les tableaux, débarrassant les guéridons de leurs bibelots, renversant les chaises. Votre femme, qui avait si mystérieusement disparu jusque-là, semble être partout à la fois, proférant des instructions : « Attention au machin !

Non, pas par là, *par là !* À gauche ! Pas *ta* gauche, *ma* gauche ! » Et finalement, d'une voix radoucie : « Aïe ! mon pauvre chéri, ça va ? Tu n'avais vraiment pas vu ces marches ? »

Lorsque enfin vous parvenez dans le salon, l'arbre semble avoir été victime de pluies acides, tout comme vous, d'ailleurs. C'est à ce moment-là que vous constatez que votre sapin de Noël n'a pas de support. Avec un grand soupir, vous partez en acheter un à la quincaillerie, tout en sachant pertinemment que les supports de tous les sapins de Noël des années précédentes — vingt-trois exactement — ne manqueront pas de réapparaître spontanément dans votre vie, soit en vous tombant sur la tête quand vous fouillerez dans un placard, soit en vous faisant trébucher dans une pièce sombre ou au sommet d'un escalier. Si vous ne l'avez pas encore appris à vos dépens, méfiez-vous des socles pour sapins de Noël ! Ce sont des engins diaboliques qui veulent votre mort. (À la quincaillerie, entre parenthèses, vous achetez deux guirlandes supplémentaires, qui ne marcheront pas non plus.)

Enfin, épuisé moralement et physiquement, vous réussissez à mettre l'arbre en place. Il se dresse dans le salon, éclairé et couvert d'une bimbeloterie hétéroclite. Vous le contemplez, tel Quasimodo, avec une légère répugnance. « Oh, c'est *charmant* ! s'extasie votre femme, béate, en joignant les mains. Bon, maintenant, passons aux décorations extérieures. J'ai acheté quelque chose de vraiment spécial cette année : un Père Noël grandeur nature à installer sur la cheminée. Va chercher la grande échelle pendant que j'ouvre la caisse. Qu'est-ce qu'on va s'amuser ! » Et elle part en gambadant.

J'imagine qu'on est en droit de me demander : Pourquoi subir tout ça ? Pourquoi monter au grenier quand vous savez pertinemment que les décorations de Noël n'y sont pas ? Pourquoi démêler des guirlandes qui n'ont pas la moindre chance de s'allumer ? Je vous répondrai que ça fait partie du rituel et que Noël ne serait pas Noël sans ces traditions. C'est pourquoi je vais m'y mettre dès maintenant, même si Mrs. Bryson ne m'en a pas encore donné l'ordre. Il y a des choses qu'on doit faire dans la vie, qu'on le veuille ou non. Si on me demande, vous savez où me trouver : pendu à la trappe du grenier.

Génération gaspillage

Et voici maintenant une des statistiques les plus frappantes que j'aie lues depuis longtemps : aux États-Unis, 5 pour 100 de la consommation d'énergie est à mettre au compte d'ordinateurs laissés allumés toute la nuit. C'est un chiffre que je ne peux vous confirmer personnellement, mais je peux vous garantir que j'ai eu maintes fois l'occasion de constater, en regardant par la fenêtre d'un hôtel tard la nuit dans diverses villes américaines, qu'il y avait de la lumière dans tous les bureaux des buildings voisins et que les écrans des ordinateurs étaient effectivement tous allumés.

Pourquoi les Américains n'éteignent-ils pas leurs ordinateurs ? Pour la même raison, sans doute, qui pousse tant de gens à laisser tourner leur moteur pendant leurs emplettes, à laisser toutes les pièces de leur maison éclairées et à mettre le thermostat de leur chauffage central à un niveau que ne supporterait pas un propriétaire de sauna finlandais. Parce que, en fait, l'électricité, l'essence et toutes les autres formes d'énergie ont toujours été et restent tellement bon marché que personne dans ce pays n'aurait l'idée d'adopter un autre comportement. Pourquoi, après tout, s'infliger la corvée harassante d'attendre vingt secondes que son ordinateur chauffe chaque matin alors qu'on peut l'avoir instantanément à sa disposition en le laissant branché toute la nuit ?

C'est terrible, et même ridicule, de voir ainsi gaspiller nos ressources. L'Américain moyen a besoin pour vivre de deux fois plus d'énergie que l'Européen moyen. Nous représentons 5 pour 100 de la population du globe et nous consommons 20 pour 100 de ses ressources. C'est une statistique dont il n'y a pas lieu d'être fiers.

En 1992, au sommet de la Terre de Rio, les États-Unis comme les autres nations développées ont accepté de réduire l'émission des gaz à effet de serre et de les ramener au niveau de 1990 d'ici à l'an 2000. Il ne s'agissait pas d'un vague projet : c'était une promesse, un engagement solennel. Bilan : aux États-Unis l'émission de gaz à effet de serre n'a fait qu'augmenter. Autrement dit, nous n'avons pas fait ce que nous avions promis de faire. Nous n'avons même pas essayé. Nous n'avons même pas *fait semblant* d'essayer. L'administration Clinton s'est contentée de conseiller aux industriels différentes normes qu'ils étaient libres de refuser. Et les industriels ne s'en sont pas privés.

Dans ce pays, il n'y a pratiquement aucune incitation aux économies d'énergie. Le recours aux énergies renouvelables comme l'énergie éolienne est faible et en chute constante. En 1987 cela représentait 0,4 pour 100 de la production totale d'énergie ; aujourd'hui on est tombé à moins de 0,2 pour 100. Comme vous le savez sans doute, le président Clinton a demandé quinze ou seize années supplémentaires pour ramener le pays au niveau des émissions de gaz à effet de serre de 1990. Mais tout le monde s'en fiche. Il existe même une sorte d'hostilité à l'idée d'économiser l'énergie, surtout quand s'y rattache une idée de coût. Une étude récente menée par un groupe canadien appelé Environics International et portant sur 27 000 personnes de toutes nationalités a prouvé que pratiquement toutes les nations développées sont prêtes à sacrifier une légère partie de leur croissance en contrepartie d'un environnement plus sain et d'un air plus pur. Avec une seule exception : les États-Unis.

Même cette proposition si astucieuse du président Clinton — refiler le bébé à ses successeurs et reporter le problème à quatre présidences de là — a rencontré une farouche opposition. Une coalition d'industriels et d'autres groupes de pression appelée Global Climate Information a réuni 13 millions de dollars pour lutter contre toute initiative qui pourrait les gêner dans leurs émissions de fumées d'usine. Ils ont diffusé des messages publicitaires sur les chaînes des radios nationales, avertissant solennellement le public que l'application de ces mesures entraînerait une augmentation du prix de l'essence de 13 cents par litre. Peu importe que ce chiffre soit probablement exagéré. Peu importe le fait que, même si c'était vrai, les Américains n'en continueraient pas moins à avoir l'essence la moins chère des pays riches. Peu importe qu'une telle mesure contribue au bien-être de tous. Peu importe tout cela. Dès que l'on parle d'augmenter le prix de l'essence — même d'une somme modeste, même pour une noble cause —, la plupart des Américains se figent d'horreur.

Mais le plus triste dans l'histoire, c'est qu'une bonne partie de ces objectifs pourraient être atteints sans que cela coûte un sou à la nation si les Américains se contentaient seulement de maîtriser un peu leur propension au gaspillage. On estime que le pays dans son ensemble gaspille chaque année 300 milliards de dollars en facture énergétique. Il ne s'agit plus d'énergies qu'on pourrait remplacer en investissant dans des technologies nouvelles. Il s'agit d'énergies économisées tout simplement en éteignant ou en coupant certaines choses. Selon le *US News & World Report*, les États-Unis entretiennent l'équivalent de cinq centrales nucléaires rien que pour alimenter des équipements ou des appareils restés branchés alors qu'on ne les utilise pas ! Des magnétoscopes en position veille perpétuelle. Des ordinateurs allumés pendant que les gens mangent ou dorment. Toutes ces télés accrochées dans les bars qui grésillent inutilement sans que personne les regarde.

Je ne sais pas si l'effet de serre nous mènera à la catastrophe. Personne ne le sait. Je ne sais pas si nous mettons réellement en péril notre avenir sur la Terre en nous montrant si singulièrement désinvoltes en matière de consommation d'énergie. En revanche, je sais ceci : l'année dernière, j'ai passé une grande partie de mon temps à parcourir un sentier de grande randonnée dans les Appalaches. En Virginie, où le sentier traverse le Shenandoah National Park, on pouvait, lorsque j'étais adolescent (il n'y a pas si longtemps de cela), apercevoir l'agglomération de Washington à 120 kilomètres de distance. Aujourd'hui, même dans les conditions climatiques les plus favorables, la visibilité est tombée à 60 kilomètres. Par temps chaud et humide, elle est souvent réduite à moins de 3 kilomètres.

La chaîne des Appalaches est l'une des plus vieilles du globe, et aussi l'une des plus riches et des plus belles par ses forêts. Dans une seule vallée des Smoky Mountains, on trouve plus de variétés d'arbres que dans toute l'Europe occidentale. Mais beaucoup de ces arbres sont en danger. Les pluies acides et la pollution atmosphérique les ont rendus gravement vulnérables aux maladies et aux insectes. Les chênes, les hickorys et les érables meurent à un rythme inquiétant. Le cornouiller, un des plus beaux arbres du sud des États-Unis, autrefois si abondant, est en voie de dispartition. Le sapin-ciguë semble en passe de subir le même sort.

Et tout cela n'est peut-être qu'un modeste prélude. Si la température du globe augmente de quatre degrés au cours du prochain demi-siècle (ce que certains scientifiques s'accordent à prévoir), alors ce sont tous les arbres du Shenandoah National Park et toutes les forêts à des centaines de kilomètres à la ronde qui vont mourir. D'ici deux générations, une des dernières grandes forêts du monde tempéré aura disparu et sera remplacée par des prairies sans caractère. Je pense que cela mérite qu'on éteigne son ordinateur la nuit, vous ne trouvez pas ?

Fièvre acheteuse

Je suis allé l'autre jour dans un magasin Toys Я Us avec le plus jeune de mes enfants, qui voulait dépenser une partie de la manne tombée récemment entre ses mains. (Ce petit entêté avait refusé de l'investir dans les cuivres du Chili, comme le lui avait conseillé son courtier.) Au fait, vous ne trouvez pas que c'est vraiment bizarre comme nom, « Toys Я Us » ? Que signifie-t-il ? Pourquoi avoir mis ce Я à l'envers ? Et pourquoi, grands dieux, bien qu'il y ait trente-sept caisses dans chaque succursale Toys Я Us, pourquoi n'y en a-t-il jamais qu'une seule d'ouverte ? Autant de questions importantes auxquelles, hélas ! je n'essaierai pas de répondre aujourd'hui. Du moins pas spécifiquement. Non, notre thème d'aujourd'hui, en cette veille de frénésie acheteuse des grandes fêtes, sera le shopping.

Dire que le shopping est une des activités favorites des Américains revient à affirmer que les poissons aiment l'eau. Mis à part travailler, dormir, regarder la télévision et devenir obèses, mes concitoyens consacrent plus de temps au shopping qu'à tout autre passe-temps. Selon la Travel Industry Association of America, c'est devenu leur activité numéro un en vacances. Il arrive même que les gens organisent leurs congés en fonction des perspectives d'achats.

Des centaines de milliers de touristes se rendent chaque année aux chutes du Niagara, non pas, comme on pourrait le croire, pour admirer les chutes, mais pour explorer les mégacomplexes commerciaux des alentours. Prochainement, si les promoteurs de l'Arizona obtiennent gain de cause, les touristes iront au Grand Canyon sans même y jeter un coup d'œil, car on projette d'installer à ses portes, devinez quoi ? un super centre commercial de quarante hectares.

Le shopping, de nos jours, ne relève plus du commerce. C'est devenu une science. On a même créé une discipline universitaire baptisée « anthropologie du commerce de détail ». On vous y apprend exactement où, comment et pourquoi les gens achètent ce qu'ils achètent, combien de clients potentiels tournent à droite en entrant dans un magasin (87 pour 100) et combien de temps en moyenne ils passeront dans les rayons avant de ressortir (2 minutes et 36 secondes). On vous enseigne comment attirer les visiteurs dans les profondeurs magiques à forte marge bénéficiaire du magasin (ce qu'on appelle « la zone 4 ») ainsi que la présentation, la disposition et la couleur des marchandises qui hypnotiseront le passant innocent pour le transformer en acheteur sans défense. Ces gens-là savent tout !

J'en viens à la question qui me préoccupe : comment se fait-il que je ne puisse pas faire la moindre course en Amérique sans avoir envie de m'effondrer en sanglotant ou de tuer quelqu'un ? Le shopping est peut-être devenu une science exacte mais ce n'est plus une partie de plaisir, en admettant que ça l'ait jamais été. Le problème vient en grande partie des magasins eux-mêmes. Ils se répartissent en trois catégories, toutes déplaisantes. D'abord il y a les magasins où l'on ne trouve pas de vendeurs pour vous aider. Deuxièmement, les magasins où l'insistance des vendeurs — rémunérés sans doute à la commission —

vous porte aux limites de la folie furieuse. Enfin, il y a les magasins où lorsque vous demandez où se trouve tel objet on vous répondra invariablement : « Allée 7. » J'ignore pourquoi mais c'est toujours ce qu'on vous répond.

— La lingerie féminine ? demanderez-vous.

— Allée 7.

— La nourriture pour chats ?

— Allée 7.

— L'allée 6 ?

— Allée 7.

Le type de magasin qui a particulièrement le don de m'exaspérer, c'est celui où l'on n'arrive pas à se débarrasser des vendeurs. Généralement, il fait partie d'une chaîne et se trouve dans un grand centre commercial. La vendeuse est toujours une dame à cheveux blancs qui sévit dans le rayon « vêtements pour hommes ».

— Je peux vous aider à trouver ce que vous cherchez ? demande-t-elle.

— Non merci. Je regarde seulement.

— Très bien, réplique-t-elle en vous adressant un sourire mielleux qui signifie clairement : Je ne vous aime pas mais mon contrat m'oblige à sourire aux clients.

Alors vous repartez flâner dans les allées, et à un moment donné vous posez le doigt sur un pull-over. Vous ne savez pas trop pourquoi, parce qu'en fait il ne vous plaît pas. Mais enfin, vous le touchez. Dans la seconde, la vendeuse est à vos côtés.

— C'est notre modèle qui a le plus de succès. Vous voulez l'essayer ?

— Non merci.

— Allons, reprend-elle, essayez-le ! C'est tout à fait votre style.

— Non, je ne crois pas.

— Les cabines d'essayage sont juste à côté.

— Je ne veux vraiment pas l'essayer !

— Quelle est votre taille ?

— Écoutez, comprenez-moi bien : je ne veux pas essayer ce pull. Je regardais, tout simplement.

Elle vous fait un autre sourire, le sourire de prise de congé, mais trente secondes plus tard elle est de retour avec un autre pull-over.

— Il existe aussi couleur pêche, annonce-t-elle.

— Je ne veux pas de ce pull. Dans aucune couleur.

— Que diriez-vous d'une belle cravate, alors ?

— Je ne veux pas de cravate. je ne veux pas de pull. Je ne veux rien du tout. Ma femme se fait épiler les jambes et elle m'a demandé de l'attendre ici. Je le regrette bien mais les ordres sont les ordres. Même si ça lui prend des heures, j'ai la ferme intention de ne rien acheter. Alors ne me posez plus d'autres questions. S'il vous plaît.

— Et vous avez ce qu'il vous faut en pantalons ?

Vous voyez où je veux en venir ? On se retrouve très vite confronté à une alternative : crise de larmes ou meurtre, l'ironie étant qu'au moment où vous aurez vraiment besoin d'un vendeur, il n'y en aura pas un seul à la ronde.

Chez Toys Я Us, mon fils voulait un foudroyeur fatal cosmique et intergalactique de *Star Troopers*, bref, un morceau de plastique à vocation exterminatrice. Malgré tous nos efforts, impossible d'en trouver et, naturellement, il n'y avait pas âme qui vive pour nous renseigner. Le magasin tout entier semblait être sous la seule responsabilité d'un gamin d'environ seize ans qui tenait la seule caisse ouverte avec lenteur et méthode. Devant lui serpentait une queue d'une vingtaine de personnes.

Faire la queue patiemment n'a jamais fait partie de mes grands talents en société. Surtout lorsque je désire seulement qu'on me renseigne. On avançait avec une lenteur crispante. À un moment, le gamin a mis dix minutes pour changer le rouleau de papier de la caisse enregistreuse. J'ai failli l'étrangler.

Enfin mon tour est arrivé.

— Où se trouvent les foudroyeurs intergalactiques de *Star Troopers*, s'il vous plaît ?

— Allée 7, m'a-t-il lancé sans même lever les yeux.

— Ce n'est pas le moment de plaisanter avec moi, ai-je dit en fixant le sommet de son crâne.

Il a relevé la tête.

— Pardon ?

— Vous, les vendeurs, c'est toujours ce que vous dites : allée 7.

Il a dû discerner une lueur bizarre dans mon regard parce qu'il a repris d'un ton presque humble :

— Mais Monsieur, c'est *vraiment* allée 7, au rayon des jouets Violence et Agression.

— Je l'espère pour vous ! ai-je grommelé en m'éloignant.

Une heure et demie plus tard nous avons trouvé les foudroyeurs intergalactiques dans l'allée 2, mais lorsque je suis retourné à la caisse le vendeur avait fini son service.

Au fait, ce foudroyeur fatal est vraiment super. Il tire des fléchettes à ventouses qui s'accrochent sur le front de la victime — pas douloureux, mais d'un effet assez saisissant. Évidemment, mon fils a été un peu déçu que je ne le laisse pas s'en servir mais, vous comprenez, j'en ai besoin pour aller faire mes courses.

Votre nouvel ordinateur

Félicitations ! Vous venez d'acheter un PC multimédia Anthrax/2000 615X avec un boosteur de bidule digital incorporé. Il vous assurera des années de bons et loyaux services si, par chance, vous arrivez à le faire fonctionner. En prime, nous vous offrons avec votre PC quelques logiciels gratuits préinstallés — Tondre sa pelouse sans peine, Comment gagner au morpion, Atlas des routes secondaires de l'Afrique de l'Est — qui vous fourniront des heures de distractions imbéciles tout en épuisant la mémoire de votre ordinateur. Maintenant tournez la page et commençons !

Préambule. — Félicitations ! Vous avez réussi à tourner la page, vous êtes donc prêt à commencer.

Importante note totalement inutile : l'Anthrax/2000 est configuré pour utiliser un 80386,214J10 ou tout autre processeur plus puissant correspondant à un cycle de 2 472 hertz à vitesse variable. Vérifiez votre installation électrique et les clauses de votre assurance incendie avant de poursuivre. Ne pas essorer !

Afin d'éviter les risques de surchauffe, nous vous conseillons d'installer votre ordinateur dans un endroit frais et sec. Le bas de votre réfrigérateur est l'endroit idéal.

Ouvrez la boîte en carton et examinez attentivement le contenu. (ATTENTION : ne pas ouvrir la boîte si elle contient des pièces endommagées ou manquantes, sous peine d'annuler la garantie. Renvoyez toutes les pièces manquantes dans leur emballage d'origine avec une note expliquant ce qu'elles sont devenues et nous vous les remplacerons dans un délai de douze mois ouvrables.)

Le contenu de la boîte se compose d'une partie des articles suivants : un moniteur avec boutons de Gauss mystérieux ; un assortiment de câbles de connexion et de fils électriques pas forcément adaptés à votre modèle d'ordinateur ; un exemplaire du *Manuel de l'utilisateur* (en 2 000 pages) ; un *Guide abrégé du manuel de l'utilisateur* ; un *Guide rapide et abrégé d'introduction au manuel de l'utilisateur* ; un *Super-digest condensé et abrégé du manuel de l'utilisateur à l'usage des gens particulièrement pressés ou exceptionnellement crétins* ; 1 167 pages de garanties, coupons, avis en espagnol et autres morceaux de papier sans intérêt ; 30 mètres cubes de polystyrène expansé.

Ce qu'on a oublié de vous dire dans le magasin. — La puissance supplémentaire qu'exigent les logiciels pré-installés offerts en prime va vous contraindre à faire l'achat du pack auxiliaire de l'Anthrax/2000, ce qui nécessitera une extension de mémoire avec un condensateur de 900 volts, ainsi que d'un oscillateur de 50 mégahertz pour le condensateur, plus 2 500 mégagigaoctets de mémoire additionnelle pour l'oscillateur, plus votre propre mini-centrale électrique.

Mise en route. — Félicitations ! Vous êtes prêt à effectuer la mise en route de l'appareil. Si vous n'avez pas passé votre diplôme de génie électrique, vous feriez bien de vous y mettre tout de suite.

Connectez le câble du moniteur (A) à l'unité de sortie côté bâbord (D) ; attachez le sous-orbiteur déchargeur de tension (Xii) au servo-canal (G) du câble coaxial AC/DC. Branchez la fiche trois points de la souris dans le boîtier du clavier (percer un nouveau trou si nécessaire). Reliez le modem B2 au jack de la connexion parallèle audio/vidéo. À défaut, adoptez la procédure suivante : branchez les câbles dans les trous qui vous semblent vaguement appropriés, allumez l'appareil et attendez de voir ce qui va se passer.

Autre note sans aucune espèce d'importance : en accord avec la réglementation internationale, les fils du modulateur d'amplitude sont identifiés de la façon suivante : Bleu = neutre ou sous tension. Jaune = sous tension ou bleu. Bleu et sous tension = neutre et vert. Noir = mort instantanée. (Sauf dans les pays n'ayant pas signé la convention de Genève.)

Branchez votre ordinateur. Votre disque dur va automatiquement décharger les programmes (prévoir un délai de trois à cinq jours). Quand le déchargement sera terminé, votre écran affichera le message : « Ouais, c'est à quel sujet ? »

Maintenant il est temps d'installer vos logiciels. Insérer le disque A (portant la mention disque D ou disque G) dans la fente du lecteur B ou J, et taper sur le clavier : « Salut ! Il y a quelqu'un ? » Lorsque apparaîtra le message de la commande DOS, taper votre numéro de contrôle de licence. Vous obtiendrez votre numéro de contrôle de licence en tapant votre numéro confidentiel de client (que vous aurez obtenu en tapant le numéro de contrôle de licence). Si vous n'avez pu trouver ni votre numéro de contrôle de licence ni votre numéro confidentiel de client, il vous faudra appeler l'aide en ligne du service d'assistance de votre logiciel. (N'oubliez pas d'avoir sous la main votre numéro de contrôle de licence et votre numéro confidentiel de client. Sans ces deux renseignements, en effet, les opérateurs seront dans l'impossibilité de vous aider.)

Si vous ne vous êtes pas encore flingué, veuillez alors insérer la disquette d'installation numéro 1 dans le lecteur numéro 2 (ou vice versa) et suivre les instructions données par l'écran. (Note : suite à une modification du logiciel, une partie des instructions vous seront données en roumain.) À chaque nouvelle instruction, reconfigurez le chemin du fichier spécifié, effectuez un double-clic sur le bouton de l'icône de lancement, sélectionnez l'option *équation par défaut* dans le menu du registre macro, insérez la carte graphique VGA dans l'aéroglisseur situé à l'arrière et tapez « C:\> » suivi de la date de naissance de toutes les personnes de votre connaissance. Votre écran va afficher : « Chemin de fichier non valide. Aïe ! Choisissez *annuler* ou *continuer.* »

ATTENTION : si vous choisissez *continuer* vous risquez de provoquer une compression irréversible des fichiers, une perte de mémoire permanente et une erreur fatale du disque dur. Par ailleurs, si vous choisissez *annuler*, vous serez obligé de reprendre toute cette longue procédure fastidieuse et frustrante depuis le début, sans garantie. Vous avez le choix.

Une fois la fumée dissipée, insérez le disque A2 (étiqueté A1) et répétez l'opération ainsi que pour les 187 autres disques.

Lorsque l'installation sera terminée, retournez au menu et tapez vos nom, prénoms, adresse et numéro de carte de crédit, puis tapez sur *envoi.* Cette simple procédure vous permettra de recevoir gratuitement notre logiciel d'économie d'écran, Noir Total version IV, *Nuit sans lune dans l'espace sidéral.* Cela nous permettra également de transmettre vos coordonnées aux nombreuses sociétés d'assistance en ligne, revues spécialisées et autres entreprises commerciales qui ne manqueront pas de vous contacter très prochainement.

Félicitations ! Vous êtes maintenant prêt à utiliser votre ordinateur. Voici maintenant quelques exercices très simples qui feront de vous, très rapidement, un utilisateur averti.

Écrire une lettre. — Taper « Cher (ou Chère) —, suivi du nom de quelqu'un que vous connaissez. Écrivez-lui quelques lignes (racontez par exemple votre week-end) et terminez en tapant « Avec toute mon amitié », suivi de votre nom. Bravo !

Enregistrer un fichier. — Si vous désirez conserver cette lettre, sélectionnez le menu *fichier.* Choisissez *récupérer* dans le sous-répertoire A. Entrez un numéro de sauvegarde automatique et placez-le au point d'insertion de la boîte de dialogue Macro. Sélectionnez l'option *fenêtre secondaire* du menu, double-cliquez pour l'iconifier. Choisissez *cascade* dans l'option *réorganiser* et insérez le tout dans le champ de formulaire. Autre solution : recopiez la lettre à la main et rangez-la dans un tiroir.

Conseil important pour utiliser le tableur : N'essayez même pas.

Autodépannage. — Vous pouvez vous attendre à avoir des tas de problèmes avec votre ordinateur. Cette section vous expose quelques-uns des problèmes les plus courants, ainsi que leurs solutions.

Problème : Mon ordinateur ne veut pas se mettre en marche.

Solution : Assurez-vous que votre ordinateur est bien branché. Vérifiez que le bouton est bien dans la position *marche.* Vérifiez que les fils électriques ne sont pas endommagés. Creusez pour mettre au jour les câbles souterrains dans votre jardin et vérifiez qu'ils ne sont pas endommagés. Prenez votre voiture, suivez les lignes électriques et vérifiez les pylônes. Assurez-vous que les câbles à haute tension ne sont pas tombés par terre.

Problème : Mon clavier n'a pas de touches.

Solution : Tournez-le sur l'autre face.

Problème : Ma souris refuse de manger du fromage et de faire tourner sa petite roue.

Solution : Mettez-la sous régime protéiné ou appelez votre animalerie.

Problème : J'ai un message qui revient constamment à l'écran : « Non-système général. Défaut de protection. »

Solution : C'est probablement parce que vous essayez de vous servir de votre ordinateur. Mettez votre appareil sur *arrêt* et tous ces messages agaçants disparaîtront.

Problème : Mon ordinateur, c'est de la camelote et il ne me sert à rien.

Exact, et encore bravo ! Vous êtes prêt à optimiser votre système en achetant notre modèle Anthrax/3000 turbo-overclocking, ou à retourner à l'encre et au papier.

Hommage aux disparus

Il y a deux ans, lorsque ma famille m'a envoyé prospecter aux États-Unis pour y dénicher un endroit où nous installer, j'avais inclus dans la liste des possibilités la petite ville d'Adams dans le Massachusetts, car sa rue principale s'enorgueillit d'un de ces merveilleux *diners** du bon vieux temps. Malheureusement, j'ai dû rayer Adams de la sélection quand je me suis aperçu que je ne pouvais lui trouver aucun autre avantage, sans doute parce qu'elle n'en possédait aucun. N'empêche que j'aurais peut-être été heureux dans cette ville. Les *diners* exercent ce pouvoir sur les gens.

À une certaine époque, ils ont connu un immense succès. Mais, comme bien d'autres choses, ils sont devenus de plus en plus rares. L'âge d'or de ces restaurants se situe juste après la Première Guerre mondiale, lorsque la Prohibition a fermé les tavernes et que les gens ont dû trouver d'autres endroits pour déjeuner. Sur le plan commercial, les *diners* étaient une solution rentable. Ils étaient bon marché, faciles à entretenir et, comme ils étaient préfabriqués, leur installation était rapide. Une fois l'argent rassemblé pour l'achat, tout ce qu'il vous restait à faire

* À l'origine, un ancien wagon aménagé en restaurant. *Diner*, pas plus que bistrot, ou bouchon lyonnais, ne peut, ne doit se traduire ! *(N.d.T.)*

c'était de trouver un morceau de terrain plat, de brancher l'eau et l'électricité, et puis c'était parti ! Si la clientèle ne se manifestait pas, aucun problème : vous chargiez le *diner* sur un camion-remorque et vous alliez tenter votre chance ailleurs. À la fin des années trente, il existait une vingtaine d'entreprises fabriquant des *diners* à la chaîne, généralement dans ce style Arts déco aérodynamique dit « moderne » avec une carrosserie en inox étincelant et un intérieur associant bois sombre et éléments chromés.

Les fanas de *diners* ressemblent un peu aux dingues de trains. Ils peuvent vous dire si tel *diner* est un Kullman Blue Comet 1947 ou un Worcester Semi-Streamliner 1932. Ils repèrent au premier coup d'œil le point de détail qui différencie un Ralph Musi d'un Starlite ou d'un O'Mahoney. Ils n'hésiteront pas à parcourir des distances phénoménales pour avoir la chance de contempler l'un des rares Sterling encore en bon état sur les soixante-treize fabriqués entre 1935 et 1941.

En revanche, ils restent assez discrets sur un point : la nourriture. Sans doute parce que la cuisine servie dans les *diners* est assez uniforme — autrement dit pas terrible. C'est la raison pour laquelle ma femme et mes enfants refusent en général de m'y accompagner. Mais ce qui leur échappe totalement c'est qu'on ne va pas dans un *diner* pour manger. On y va pour préserver l'un des fleurons de l'héritage culturel américain.

Dans l'Iowa où j'ai grandi, on ne trouvait pas de *diners*. Ils étaient caractéristiques de la côte Est, tout comme les restaurants en forme d'objets ou d'animaux (cochons, beignets, chapeaux melons) appartenaient à la côte Ouest. Ce qui s'en rapprochait le plus, chez nous, c'était un restaurant près de la rivière, Ernie's Grill. Tout y était sordide et sentait le graillon, Ernie inclus. La bouffe y était infecte mais on y retrouvait certains traits d'un *diner*, notamment un long comptoir avec des tabourets pivotants, des compartiments, des clients qui avaient l'air d'émerger des bois où ils venaient de tuer de grosses bêtes (sans doute avec les dents) et la pratique assidue du parler *diner*. Quand vous passiez votre commande, la serveuse la transmettait en cuisine dans un langage codé indéchiffrable : « Et deux hach' verts mayo, mollo sur la brillantine, une bav' sur le grill et deux crachats dans le baquet », ou en tout cas quelque chose de similaire et de tout aussi inquiétant.

Mais Ernie's Grill se trouvait dans un bâtiment de brique carré, massif et banal auquel il manquait le glamour chromé d'un *diner* classique. Voilà donc pourquoi, lorsque bien des décennies plus tard on m'envoya prospecter pour découvrir notre futur nid en Nouvelle-Angleterre, les *diners* figuraient sur ma liste au titre des priorités. Hélas ! ils se font de plus en plus rares. Hanover, où nous avons finalement décidé de nous installer, possède un respectable établissement, Chez Lou, qui a célébré son cinquantième anniversaire l'an passé. En gros, on y trouve un peu de l'ambiance d'un *diner*, mais le menu propose des quiches et des fajitas, et met un point d'honneur à offrir des salades d'une fraîcheur garantie. Et puis les clients sont plutôt du genre friqué et yuppie. On les imagine mal arrivant dans une camionnette avec la dépouille d'une biche ficelée sur le capot.

Vous imaginez donc ma joie lorsque, quelques mois après notre arrivée, j'ai découvert par hasard dans la petite ville de White River Junction un chouette endroit, Les Quatre As. Cédant à une impulsion, j'y suis entré et j'y ai découvert un Worcester d'avant-guerre en parfait état. Le pied absolu ! Même la nourriture était assez bonne, ce qui m'a un peu déçu, mais enfin je m'y suis résigné.

Personne ne sait combien il reste de *diners* dans le pays. À vrai dire, c'est un problème de définition. On peut considérer comme *diner* tout établissement servant de la nourriture et se proclamant un *diner*. Dans ces conditions, il en existerait environ 2 500 aux États-Unis — dont un millier seulement correspondraient à la définition classique, et ce nombre-là va en diminuant. Il y a deux mois, Phil's, le plus vieux *diner* de Californie, a fermé. Il était ouvert, au nord de Los Angeles, depuis 1926, ce qui le rendait, pour la Californie, aussi vénérable que Stonehenge. Pourtant sa fermeture est passée quasiment inaperçue.

La plupart de ces établissements ne peuvent rivaliser avec les grandes chaînes de fast-food. Un *diner* traditionnel est petit, avec un maximum de huit tables et une douzaine de places au comptoir. Comme il faut au moins une serveuse et un cuisinier pour préparer les plats au fur et à mesure, les coûts d'exploitation sont bien plus élevés. Et puis ils ont vieilli, et en Amérique il est plus rentable de remplacer que de restaurer. Un aficionado qui avait acheté un vieux *diner* de Jersey City, dans le New Jersey, a découvert avec horreur qu'il lui en coûterait 900 000 dollars — vingt années de bénéfices espérés — pour le remettre en état. Mieux valait le raser et vendre le terrain pour y construire un Kentucky Fried Chicken ou un McDonald's.

En revanche, ce que vous trouvez aujourd'hui, ce sont des ersatz de *diners*. Lors de mon dernier passage à Chicago, on m'a emmené chez Ed Debevic's, un faux *diner* où les serveuses portent des badges avec leur nom — Bubbles ou Blondie — et où les murs sont garnis des trophées que le vieil Ed a gagnés au bowling. Mais Ed Debevic n'existe pas et n'a jamais existé, il est né de l'imagination d'un publicitaire. Peu importe. Chez Ed, ça ne désemplit pas ! Le public, qui avait boudé les *diners* authentiques quand ils existaient, se presse pour faire la queue dans un *diner* d'opérette. C'est un truc qui me dépasse mais les gens sont comme ça en Amérique.

Même chose à Disneyland. Les visiteurs s'y précipitent

pour arpenter de vieilles rues qui sont la reconstitution de cette Main Street qu'ils ont allégrement désertée en 1950 au profit des complexes commerciaux de la périphérie. Il en va de même pour les villages coloniaux reconstitués comme Williamsburg, Virginie, ou Mystic, Connecticut, où les gens paient une coquette somme pour avoir le privilège de savourer l'ambiance paisible des petits villages qu'ils ont abandonnés pour aller grossir les banlieues. Je n'arrive pas à l'expliquer, mais je dirais, si vous me permettez la formule, que les Américains n'aiment vraiment que ce qui n'est pas vraiment vrai.

Cela fera l'objet d'une autre chronique. Pour l'instant, je m'apprête à retourner aux Quatre As pendant que j'en ai encore la chance. Même s'il n'y a pas de serveuse qui s'appelle Bubbles, là au moins les trophées de bowling sont vrais.

Moins de trois mois après la publication de cette chronique, début avril 1998, le diner *Les Quatre As a fermé définitivement.*

Question de manque de goût

Je me rappelle encore le jour où j'ai mangé pour la première fois du chocolat européen. J'étais un tout jeune homme ; c'était à la gare de Bruxelles, le 21 mars 1972, au deuxième jour de mon périple européen sac au dos. En attendant le train, j'ai acheté une tablette de chocolat, j'en ai croqué un morceau et, après le premier choc de la surprise, je me suis mis à ronronner de bonheur, assez fort pour attirer l'attention des passants à vingt mètres à la ronde. Vous avez déjà vu un bébé manger sa bouillie ? Vous avez remarqué son excitation et les bruits qu'il émet ? Cette quantité effarante de bave qui gargouille ? Eh bien c'était tout à fait ça. Je ne pouvais pas me contenir. Je ne savais pas que le chocolat pouvait être aussi bon. Je n'imaginais même pas qu'il puisse exister sur terre quelque chose d'aussi bon !

Les chocolats américains, comme vous vous en êtes peut-être déjà rendu compte, sont d'une fadeur confondante. Mais, d'après ce qu'on m'a dit, il n'en a pas toujours été ainsi. Maintes fois j'ai entendu les gens de la génération de mes parents évoquer le chocolat américain de leur jeunesse — un véritable régal en barre, plus riche, plus crémeux, plus généreusement garni de noisettes, de nougat et autres merveilles gustatives. Mon père parlait encore avec délectation des confiseries des années vingt, d'une consistance si dense qu'il vous fallait une journée pour les avaler et deux semaines pour les digérer. Maintenant, ces mêmes confiseries sont devenues de pâles petites choses anodines.

L'explication la plus courante est qu'au fil des ans ces produits ont été reformulés constamment (on devrait plutôt dire dé-formulés) : on a voulu en diminuer le coût et toucher une clientèle au palais moins exigeant. On ne peut le nier : toute la nourriture américaine — le pain blanc, les fromages, les plats cuisinés, la plupart des bières et la majorité des cafés — est loin d'avoir la saveur et la diversité de ses équivalents européens, même britanniques. C'est vraiment bizarre dans ce pays où les gens adorent manger, mais c'est comme ça !

J'y vois deux raisons. D'abord, une histoire de coût. Tout en Amérique est question de coût, bien plus qu'ailleurs. Dès qu'il y a concurrence, c'est toujours le moins cher qui l'emportera. Et cela entraîne rarement une amélioration de la qualité. En fait, cela n'entraîne *jamais* une amélioration de la qualité. Autrefois il y avait un bon restaurant mexicain dans une petite ville du voisinage. Puis une succursale de la chaîne de restaurants Taco Bell s'est installée en face. Je ne crois pas qu'il existe une seule personne sur terre qui oserait prétendre que Taco Bell fait de la bonne cuisine mexicaine. Mais c'est bon marché, au moins 25 pour 100 moins cher que son concurrent. Un an plus tard, le vieux restaurant avait disparu. Désormais, donc, si vous avez envie de manger mexicain dans notre région il faudra vous contenter de ce que Taco Bell peut vous offrir, un menu bon marché, certes, mais n'espérez pas vous régaler. Avec des prix à la limite du dumping, cette chaîne domine le marché pratiquement sur tout le territoire. Si vous roulez sur une autoroute américaine et que vous avez envie de manger mexicain, impossible d'échapper aux Taco Bell. Et, chose encore plus stupéfiante, c'est exactement ce que veulent les gens.

Voici en effet ma deuxième raison : l'attachement farouche du consommateur américain à ce qui est prévisible et uniforme. Les Américains aiment que les choses soient les mêmes où qu'ils aillent. Personnellement, ça me dépasse.

Prenez Starbucks, une chaîne de coffee shops pour laquelle j'éprouve une certaine aversion — irrationnelle, peut-être, ou due au fait qu'on en trouve à tous les coins de rue. Il y a quelques années, les cafés Starbucks démarraient gentiment à Seattle, puis leur nombre a décuplé en cinq ans pour atteindre 1 270 succursales, et puis il a encore doublé au cours des deux années suivantes. Maintenant, dans la plupart des villes américaines, si vous cherchez un endroit où boire un café c'est « un Starbucks sinon rien ».

Remarquez, il n'y a rien à reprocher aux cafés Starbucks. Ils n'ont rien de vraiment spécial non plus. Ils font un café correct. La belle affaire ! Moi aussi je fais un café correct. On a franchement l'impression que l'ambition principale des Starbucks n'est pas de produire les meilleurs cafés mais plutôt de produire le plus grand nombre de succursales. Si les buveurs de café américains se mettaient à exiger des expressos vraiment excellents, Starbucks serait obligé de faire un effort pour garder son monopole. Mais comme le public ne l'exige pas, il n'y a aucune raison pour qu'il fournisse une qualité exceptionnelle. De toute façon il resterait le seul café des environs, et puis les clients se sont complètement habitués au goût Starbucks. Nous avons deux cafés-bars très sympathiques à Hanover, mais je suis sûr que si un tel coffee shop y ouvrait les gens s'y précipiteraient en masse. (Vous auriez dû voir le délire quand on a ouvert un magasin Gap !) Pour Hanover, ce serait considéré comme une sorte de consécration. Et les touristes, qui représentent une bonne partie de la clientèle de la ville, choisiraient à tous les coups Starbucks parce que c'est quelque chose de connu, de rassurant.

Les Américains se sont tellement accoutumés à l'uniformité qu'ils semblent avoir été hypnotisés. À une dizaine de kilomètres de chez moi se trouvait, récemment encore, un charmant restaurant familial à l'ancienne. Il y a deux ans, un McDonald's a ouvert juste en face. Instantanément, le gros de la clientèle de passage s'est déplacé d'un côté de la route à l'autre. L'été dernier, le restaurant familial a fermé. Peu après, j'en parlais avec un voisin et lui faisais part de mon regret que les gens aient pu céder à l'appel universel d'un McDonald's.

— Mouais ! a-t-il répliqué avec cette inflexion traînante et songeuse qui indique qu'on n'est pas tout à fait d'accord. Mais au moins, avec un McDonald's, on sait où on va.

— Précisément ! me suis-je exclamé avec force. Vous ne voyez pas que le problème est là, justement !

J'ai failli l'empoigner par les revers de son veston pour lui hurler que ce genre d'attitude expliquait pourquoi, en Amérique, on avait un chocolat insipide, du pain blanc à la consistance de l'ouate et une centaine de qualités de fromage (colby, Monterey jack, cheddar, provolone, etc.) ayant tous le même goût, la même texture et la même couleur jaune vif. Et puis j'ai compris que je perdrais mon temps. Mon voisin ressemble à une créature du film *L'Invasion des profanateurs*. Les forces de la fadeur ont déjà pris possession de son esprit et il n'y a plus rien à faire. C'est devenu une McPersonne.

Il m'a regardé un peu inquiet — on ne s'excite pas comme ça, dans notre rue — et j'ai vu qu'il se disait :

« Quel excité, ce mec ! » Il a peut-être raison. Je dois reconnaître que je ne suis pas dans mon état normal depuis quelques mois. J'attribue cela à une sévère carence en chocolat.

Vivre grassement

Je pense de plus en plus à la bouffe depuis quelque temps. En fait je suis en manque. Ma femme, voyez-vous, m'a mis au régime après m'avoir fait remarquer (assez peu charitablement, je trouve) que je commençais à ressembler à une montgolfière. C'est un régime fort intéressant, de sa propre invention, qui me permet de manger pratiquement tout ce que je veux à condition que cela ne contienne ni graisse, ni cholestérol, ni sodium, ni calories, et que ça n'ait aucun goût. Pour m'éviter de mourir d'inanition, elle est allée au supermarché m'acheter tout ce qui portait le mot « son » sur l'étiquette. Je n'en jurerais pas mais je crois bien avoir eu des côtelettes de son au dîner d'hier soir. Je suis très déprimé.

L'obésité est un sérieux problème aux États-Unis. Enfin, sérieux pour les gens obèses. La moitié de la population américaine souffre d'une surcharge pondérale et plus du tiers des adultes peuvent être qualifiés d'obèses (autrement dit : assez gros pour que vous réfléchissiez à deux fois avant de prendre l'ascenseur avec eux.)

Maintenant que pratiquement tout le monde a arrêté de fumer, l'obésité est devenu le souci numéro un dans ce pays. Environ 300 000 Américains meurent chaque année de maladies directement liées à leur poids, et la nation dépense 100 milliards de dollars pour traiter des pathologies induites par un excès de poids — diabète, problèmes cardiaques, hypertension, cancer, etc. Saviez-vous que l'obésité augmente de 50 pour 100 les risques de cancer du côlon ? Depuis que je le sais, j'imagine un docteur en train de m'examiner et de me dire : « Allons, Mr. Bryson, combien de cheeseburgers avez-vous mangé pour en arriver là ? » L'obésité diminue considérablement vos chances de survivre à une opération, sans parler de vos chances d'obtenir un rancard. Surtout, cela signifie que des êtres qui vous sont généralement chers se permettent de vous appeler Bibendum et de vous gronder chaque fois que vous prenez par inadvertance un paquet de chips dans le placard.

Pour tout dire, je m'étonne qu'il y ait des gens minces en Amérique. Nous sommes allés l'autre soir dans un restaurant dont le menu vantait tout particulièrement les « merveilles du poêlon ». Voici (et je vous jure que chaque mot est authentique) la description du « Poêlon chili-fromage-pommes de terre » : « Un vrai régal ! Nous commençons par disposer une couche de délicieuses frites croustillantes sur lesquelles nous versons généreusement des louches de chili con carne bien relevé. Nous y étalons ensuite une bonne couche de Monterey jack et de cheddar. Le tout est recouvert d'une montagne de tomates fraîches, d'oignons blancs émincés et d'une onctueuse crème fraîche épaisse. » Et je ne cite qu'un des plats les plus frugaux.

Vous voyez contre quoi je dois lutter ? Ce qui m'achève, c'est que ma femme et mes enfants peuvent manger tout ça sans prendre un gramme. Lorsque la serveuse est arrivée, mon épouse a dit :

— Les enfants et moi, nous prendrons votre « Banquet de luxe extrariche » avec un supplément de crème fraîche et de fromage et, en garniture, des beignets d'oignon avec sauce caramel, jus de viande et toasts.

— Et pour Bibendum, là-bas ?

— Pour lui, ce sera simplement un biscuit au son et un verre d'eau.

Lorsque, le lendemain matin, devant mon bol de flocons d'avoine complète (paille et son), j'ai exprimé à ma femme mon opinion sur ce que je considère, avec tout le respect que je lui dois, comme le régime le plus stupide que je connaisse, elle m'a demandé d'en trouver un autre. Je me suis donc rendu à la bibliothèque. J'y ai trouvé plus de 150 livres sur les régimes et l'alimentation, mais ils étaient tous trop sérieux et trop obsédés par le son, à mon goût. Puis j'en ai repéré un, exactement le genre de bouquin que je cherchais : *Don't Diet (Non aux régimes)*, par Dale M. Atrens, Ph.D*. Luttant contre mon aversion instinctive envers tout individu assez ringard pour mettre Ph.D. après son nom (après tout, est-ce que je le fais, moi ? Et ça n'est pas seulement parce que je n'ai pas de doctorat !), j'ai pris le livre et je me suis installé dans cet espace de lecture que les bibliothèques offrent aux gens qui ne savent pas où passer leurs après-midi mais ne sont pas prêts pour autant à se laisser interner dans une institution.

Si j'ai bien compris (vous excuserez les éventuelles erreurs, mais c'est que j'ai été un peu déconcentré par mon voisin, en grande conversation avec un extraterrestre), le postulat du livre est que depuis toujours le corps humain a été programmé pour accumuler des couches de tissus adipeux dans le but de se protéger du froid, de s'assurer une assise plus confortable et de faire des réserves d'énergie en prévision de mauvaises récoltes. Et le corps humain — le mien en particulier — y réussit très bien. En revanche, les tupaias de Bornéo — des musaraignes

* *Doctor of Philosophy. (N.d.T.)*

arboricoles — n'y parviennent pas. Ils sont obligés de passer tous leurs moments de veille à manger. « C'est sans doute ce qui explique pourquoi ces mammifères ont produit si peu de symphonies et d'œuvres d'art », plaisante le docteur Atrens. Ha ! Ha ! Ha ! On peut signaler aussi que les tupaias mangent des feuilles d'arbres alors que moi je m'empiffre de glaces Ben et Jerry double crème caramel-chocolat.

Atrens raconte en outre que la graisse est extraordinairement résistante. Même si vous vous laissez mourir de faim, votre corps montrera la plus grande réticence à aller puiser dans ses réserves. Étant donné que 500 grammes de graisse représentent 5 500 calories — soit l'équivalent de ce que mange une personne normale en deux jours —, si vous jeûniez complètement pendant une semaine vous ne perdriez guère plus d'un kilo et demi, et, avouons-le, sans acquérir pour autant une silhouette de top model.

Or, après avoir subi cette torture pendant huit jours que vous arrive-t-il ? Naturellement, vous vous précipitez dans le garde-manger quand personne ne vous regarde et vous dévorez tout, sauf le paquet de haricots secs. Vous reprenez alors tout votre poids, *plus* — voilà le hic — un petit supplément, parce que maintenant votre corps sait que vous avez essayé de le faire mourir d'inanition. Désormais il ne vous fait plus confiance et il va prendre ses précautions en vous ajoutant un petit bourrelet supplémentaire au cas où des idées aussi farfelues vous reprendraient. Voilà pourquoi faire un régime est une opération aussi pénible et décevante. Plus vous essayez de vous débarrasser de votre graisse, plus votre corps s'y cramponne férocement.

Alors j'ai conçu un régime ingénieux. Je l'ai appelé le « régime-qui-trompe-votre-corps-vingt-heures-par-jour ». Le principe est le suivant : pendant vingt heures (sur vingt-quatre), vous faites une diète totale. L'abstinence complète. Mais, à quatre intervalles judicieusement espacés — que nous appellerons, pour plus de commodité, petit déjeuner, déjeuner, goûter et dîner —, vous offrez à votre corps une assiette de saucisses avec frites, une bonne choucroute ou une grande jatte de glace au caramel, pour qu'il ne s'aperçoive pas que vous êtes en train de lui imposer un régime draconien. Qu'est-ce que vous en dites ? Génial, non ?

Je ne sais pas pourquoi je n'y ai pas pensé plus tôt. C'est probablement la faute à tout ce son d'avoine.

Les joies du sport

Une de nos amies, mère célibataire, a inscrit son fils de six ans dans une équipe de hockey sur glace, sport qu'on prend très au sérieux dans notre région. À la première réunion, un des parents a proposé une formule permettant de déterminer la durée de jeu pour chaque enfant. En gros, les sept meilleurs joueurs livreraient 80 pour 100 du match tandis que les éléments les moins doués se partageraient le temps restant — à moins, évidemment, que la victoire soit incertaine. « Je pense que c'est la solution la plus juste », a-t-il dit pour conclure, ce qui a été approuvé aussitôt par les hochements de tête solennels des autres papas.

N'ayant pas compris le rôle primordial joué par la testostérone dans ce domaine, notre amie s'est levée et a suggéré une autre approche, plus équitable à son avis : que chaque gamin puisse jouer un temps égal, chacun son tour.

— Mais… ils risqueraient de perdre ! s'est étranglé un père.

— Oui. Et alors ?

— Mais… à quoi sert de jouer si on ne gagne pas ?

Je vous rappelle qu'il s'agissait d'une équipe de gamins de six ans. Je n'ai pas assez de place dans cette chronique (un livre n'y suffirait pas, d'ailleurs) pour dresser la liste de tout ce qui ne va pas dans le sport en Amérique, pratiquement à tous les niveaux. Aussi vais-je vous citer quelques exemples. Cela vous donnera une petite idée de l'attitude des Américains vis-à-vis de la compétition sportive.

Exemple 1. — Pour stimuler les sportifs et gonfler notre palmarès aux distributions de médailles (ce qui est, avouons-le, la chose la plus importante de l'univers), les nageurs américains ont reçu du gouvernement la somme de 65 000 dollars pour chaque médaille gagnée aux derniers jeux Olympiques. Conclusion : représenter son pays et faire de son mieux ne sont plus, désormais, des motivations suffisantes.

Exemple 2. — Pour faire plaisir à leurs supporters et gravir sans risque les échelons du classement national, les équipes universitaires de football américain organisent régulièrement des rencontres contre des adversaires notoirement inférieurs. Dans ce qui passera à la postérité comme un grand moment de sport, l'université de Floride a réussi l'exploit d'écraser la petite équipe de l'université de Central Michigan, avec le score prestigieux de 82 à 6.

Exemple 3. — Pour pouvoir suivre les 60 minutes de football du Super Bowl à la télévision, il a fallu se taper cette année 113 spots publicitaires. Je les ai comptés.

Exemple 4. — Pour pouvoir assister à un match de baseball de première ligue, une famille de quatre personnes doit débourser plus de 200 dollars.

Si je vous raconte cela, ce n'est pas dans le but de prouver que la commercialisation à outrance et les déviances du sport en tuent les plaisirs — ce qui est un fait établi — mais afin de vous expliquer pourquoi j'aime tellement les matchs de basket de Dartmouth College.

Dartmouth, notre université locale, fait partie de l'Ivy League, une confédération d'institutions vénérables pour gros cerveaux : Harvard, Yale, Princeton, Brown,

Columbia, Penn, Cornell et… Dartmouth. Les jeunes gens qui entrent dans ces universités veulent devenir fabricants de fusées ou professeurs — et non des joueurs professionnels de basket payés des fortunes. Ils jouent pour l'amour du jeu, la camaraderie, le plaisir de participer — autant de notions que le pays semble avoir perdues aujourd'hui.

J'y ai assisté à un tel match pour la première fois il y a trois ans. J'avais lu sur une devanture une affiche qui annonçait la rencontre d'ouverture pour le soir même. Je n'avais plus vu de match de basket depuis vingt ans. « Hé, dites, il y a Dartmouth qui joue ce soir ! » ai-je lancé avec enthousiasme en rentrant à la maison. Cinq visages se sont levés vers moi avec une expression que je n'avais plus vue depuis le jour où j'avais suggéré que nous partions faire du camping en Slovénie aux prochaines vacances. « Bon, ça va, j'irai tout seul », ai-je dit en reniflant. Mais finalement ma plus jeune fille, alors âgée de onze ans, a eu pitié de moi et m'a accompagné.

Eh bien ce fut formidable. Dartmouth a gagné d'un cheveu et ma fille et moi sommes rentrés à la maison en bavardant, tout excités. Quelques soirs plus tard, Dartmouth l'a encore emporté de justesse, d'un panier au dernier coup de sifflet. Là encore nous sommes rentrés tout excités. À partir de ce moment-là toute la famille voulait venir, mais pas question : c'était devenu notre petit privilège à tous les deux.

Depuis lors, c'est-à-dire depuis trois saisons, assister aux matchs de Dartmouth est devenu un rite pour ma fille et moi. Tout y est parfait. Le stade où se déroulent les rencontres est à quelques minutes à pied de la maison. L'entrée n'est pas chère et les supporters, pas trop nombreux, sont fidèles et amicaux. Un adorable orchestre ringard joue des airs entraînants pour échauffer le public. Après le match, on repart dans le froid des soirées d'hiver et on bavarde tout le long du chemin. C'est à ces petites promenades que je dois de savoir qui sont les Spice Girls, que *Scream 2* est génial et que Matthew Perry est trop cool. Quand il n'y a pas la moindre chance que nous soyons vus, une petite main se glisse parfois dans la mienne. C'est super !

Mais surtout il y a le match. Pendant deux heures on crie, on trépigne, on s'arrache les cheveux. Tout ce qui compte, c'est que nos petits gars arrivent à mettre la balle dans le panier plus souvent que les petits gars d'en face. Si Dartmouth gagne, c'est le délire. Si l'équipe perd, eh bien tant pis, ce n'est qu'un jeu. C'est exactement ce que le sport devrait être.

L'an dernier, un des joueurs de Dartmouth, un certain Chris, était un géant de deux mètres qui avait tous les avantages de sa taille avec le gros handicap de ne pas savoir jouer au basket. En conséquence, il passait l'essentiel de son existence de joueur sur le banc de touche. Il arrivait, très rarement, qu'on lui demande de jouer, généralement quinze secondes avant la fin du jeu. Mais invariablement, à la première passe, un joueur bien plus petit interceptait le ballon. Alors il secouait tristement la tête et repartait de son galop de girafe à l'autre bout du terrain. C'était notre joueur favori.

Traditionnellement, pour la dernière rencontre de la saison, les parents sont invités et viennent des quatre coins des États-Unis pour voir jouer leur fiston. Traditionnellement aussi, les étudiants en dernière année commencent le match. La rencontre en question n'a pas d'importance particulière pour l'avenir de l'équipe. Mais cette fois ça ne semblait pas être l'avis de notre héros dégingandé, qui est arrivé sur le terrain avec l'air particulièrement déterminé. C'était sa première et dernière chance de briller, et il n'allait pas la louper.

L'arbitre a sifflé le début du match. Notre Chris a

galopé quatre ou cinq fois d'un bout à l'autre du terrain et puis, à son grand désarroi et au nôtre, on lui a demandé de sortir et il est reparti sur la touche. Il n'avait pas joué plus d'une minute. Il n'avait pas commis de faute — il n'avait même pas eu l'occasion d'en commettre. Il a repris sa place habituelle sur le banc, jeté un regard désolé à ses parents et suivi le reste du match les larmes aux yeux. Quelqu'un avait dû oublier de dire à l'entraîneur que gagner n'est pas la seule chose qui compte.

Cette semaine a lieu la dernière rencontre de basket de Dartmouth. Cette année encore, j'en suis certain, un ou deux joueurs seront autorisés à arpenter le terrain pendant quelques minutes symboliques avant d'être remplacés par des équipiers plus doués. Ma fille et moi avons décidé de ne pas assister au match. Il y a des moments de perfection qu'il faut savoir ne pas gâcher.

Dernière soirée sur le Titanic

> La nuit du naufrage, les tables du dîner étaient de toute beauté. Les énormes grappes de raisin qui coiffaient les corbeilles de fruits sur chaque table étaient impressionnantes. Les menus étaient merveilleusement variés et appétissants. Je suis restée à table depuis le potage jusqu'aux petits-fours.
>
> Kate Buss, passagère du *Titanic*, citée dans *Last Diner on the Titanic : Menus and Recipes from the Legendary Liner (Dernier dîner sur le Titanic. Menus et recettes d'un paquebot de légende)*, de Dana McCauley *et al.*

— Juste ciel, Buss, pourquoi toute cette agitation ?

— Oh ! Hello, Smythe ! Pas tellement votre genre d'être debout à cette heure, hein ? Cigare ?

— Merci. Avec plaisir. Dites, c'est quoi ce cirque ? J'ai vu passer le capitaine. Il m'avait l'air dans tous ses états.

— Il paraît qu'on est en train de couler.

— Non, jamais de la vie !

— Vous vous rappelez l'iceberg, avant le dîner ?

— Ce machin aussi haut qu'un immeuble de vingt étages ?

— C'est ça. Semblerait qu'on se le soit payé.

— Zut ! Sacrée déveine !

— Plutôt.

— J'imagine que cela explique pourquoi la porte de ma cabine était sous mon lit quand je me suis réveillé. J'ai trouvé ça un peu bizarre. C'est un monte-cristo ?

— Un H. Upmann, en fait. Je connais un type dans Gerrard Street qui les fait venir spécialement.

— Assez génial, non ?

— Oui… Plutôt dommage, en fait.

— Pourquoi ?

— Eh bien, je viens d'en commander douze boîtes, à deux guinées chacune. Enfin j'imagine que le jeune Bertie sera heureux de mettre la main dessus.

— Vous avez l'air de penser qu'on ne va pas s'en tirer ?

— Ça ne m'a pas l'air très prometteur, entre nous. Mrs. Buss a posé la question à Croaker, le steward des premières, quand il lui a apporté sa tisane. D'après lui, on en a pour moins de deux heures. Au fait, comment va Mrs. Smythe ? Son indigestion est passée ?

— On ne peut pas dire. Elle s'est noyée, vous savez.

— Oh, zut, sacrée déveine !

— Elle est passée par le hublot tribord quand on a commencé à prendre de la gîte. C'est son cri qui m'a réveillé, en fait. Dommage qu'elle rate toute cette agitation, elle qui raffolait des naufrages !

— Pareil pour Mrs. Buss.

— Elle aussi est passée par-dessus bord ?

— Non, non ! Elle est allée voir le commissaire de bord. Elle voulait câbler à Fortnum's pour annuler la garden-party. Maintenant ça ne se justifie plus tellement.

— Évidemment. Enfin, l'un dans l'autre, ça n'a pas été un mauvais voyage, hein ?

— Entièrement d'accord. Nourriture de première. Ma fille Kate a trouvé que les tables étaient de toute beauté et les grappes de raisins l'ont particulièrement impressionnée. Elle est restée du potage jusqu'aux petits-fours. Au fait, vous ne l'avez pas vue par hasard ?

— Non, pourquoi ?

— Elle nous a quittés d'une façon un peu bizarre. Elle a dit qu'elle avait quelque chose à faire avec le jeune lord d'Arcy. Elle parlait de « s'envoyer en l'air avant qu'on aille au fond ». Rien compris. Je ne comprends jamais la moitié de ce qu'elle raconte, d'ailleurs. De toute façon, j'étais un peu distrait. Mrs. Buss venait de renverser sa tisane sur son peignoir — l'impact, sans doute — et elle était furieuse parce que Croaker avait refusé de lui en apporter une autre. Il lui a dit qu'elle n'avait qu'à aller la chercher elle-même.

— Quelle extraordinaire impertinence !

— Je pense qu'il était un peu énervé, car évidemment les pourboires vont lui passer sous le nez, n'est-ce pas. Personnellement, je le comprends un peu.

— Tout de même !

— Oh, je l'ai signalé ! On ne doit pas oublier son rang, même en période de crise, ou alors ce serait la catastrophe, vous ne trouvez pas ? Le maître d'équipage m'a garanti qu'il n'aurait plus d'autre affectation à bord de ce bateau.

— Je l'espère bien !

— J'ai horreur de ce genre de procédure mais j'ai tout de même insisté pour que ce soit noté sur le registre.

— Drôle de soirée quand on y pense ! Ma femme qui se noie, le bateau qui coule et plus de montrachet 1907 à table. J'ai dû me contenter d'un montrachet 1905. Très moyen.

— Vous êtes déçu ? Regardez plutôt ça !

— Désolé mon vieux, on n'y voit goutte dans cette obscurité. Qu'est-ce que c'est ?

— Nos billets de retour.

— Oh, quelle guigne !

— Des cabines extérieures, côté bâbord, sur le pont-promenade !
— La vraie guigne ! Dites, c'est quoi, ce bruit ?
— Probablement les passagers de troisième classe qui se noient, j'imagine.
— Non. On dirait un orchestre.
— Je crois que vous avez raison. Oui. Vous avez parfaitement raison. Un peu tristounet, vous ne trouvez pas ? Je n'aimerais pas être obligé de danser sur cet air-là !
— *Plus près de toi, mon Dieu*, n'est-ce pas ? Ils auraient pu choisir quelque chose de plus réjouissant pour notre dernière soirée en mer.
— Enfin, bon. Je crois que je vais descendre voir s'ils ont mis la table pour le souper. Vous venez ?
— Non, je crois plutôt que je vais aller me chercher un cognac. La nuit risque d'être courte. Combien de temps nous reste-t-il à votre avis ?
— Dans les quarante minutes, je dirais.
— Juste ciel ! Je vais peut-être me passer de cognac, finalement. Je ne pense pas que nous nous reverrons, alors ?
— Pas sur terre, vieille branche !
— Ah ! elle est bonne celle-là. Il faudra que je la replace. Eh bien, bonne nuit, alors.
— Bonne nuit.
— Au fait, j'y pense, le capitaine n'aurait pas parlé par hasard d'une éventuelle évacuation par canots de sauvetage ?
— Pas que je sache. Est-ce que je vous réveille s'il en fait l'annonce ?
— Ce serait vraiment très chic de votre part. Si ça ne vous dérange pas, naturellement.
— Pas le moins du monde.
— Eh bien bonne nuit, alors. Transmettez mes hommages à Mrs. Buss et à la charmante Kate.

— Je n'y manquerai pas. Désolé pour Mrs. Smythe.

— Oh ! vous savez, il se passe des choses pires en mer, comme on dit. J'imagine qu'elle refera surface un de ces jours. C'était unc femme qui avait du ressort, vous savez. Eh bien bonne nuit.

— Bonne nuit, mon vieux. Et dormez bien !

Les plaisirs de la neige

Pour des raisons qui me dépassent, mes parents m'ont fait cadeau d'une paire de skis à Noël quand j'avais huit ans. Je suis sorti, j'ai bouclé mes fixations puis je me suis mis dans la position de l'œuf. Mais rien ne s'est produit. Il faut dire qu'il n'y a pas de pentes dans l'Iowa.

Cherchant un plan incliné dans les environs, j'ai décidé de me lancer dans l'escalier de la terrasse arrière de la maison. Il n'avait que cinq marches mais, à ski, c'est fou ce que ça m'a semblé raide. D'après moi, j'ai bien dû les dévaler à plus de 170 kilomètres à l'heure, et j'ai touché le sol avec une telle force que les skis sont restés plantés tandis que je poursuivais ma trajectoire dans un élégant arc de cercle au-dessus du patio. À trois mètres de là se dressait le mur arrière de notre garage. Adoptant instinctivement la position du vol de l'ange pour bien profiter de l'impact, je me suis aplati près du toit et j'ai glissé lentement sur la paroi verticale comme une boulette de purée projetée contre un mur.

C'est ce jour-là que j'ai décidé que je n'étais pas fait pour les sports d'hiver. J'ai rangé mes skis et pendant plus de trente-cinq ans je n'y ai plus pensé. Et puis nous sommes venus vivre en Nouvelle-Angleterre, un pays où, je ne plaisante pas, les gens se réjouissent de voir arriver l'hiver. À la première chute de neige, les voilà qui poussent des cris de joie, qui se précipitent dans leurs débarras pour en extirper luges et bâtons de ski. Ils semblent tous envahis d'une étrange vitalité, d'un besoin impérieux de sortir dans cette poudre blanche et de foncer schuss dans n'importe quelle direction à tombeau ouvert.

Avec un entourage aussi actif, y compris tous les membres de ma propre famille, j'ai commencé à me sentir un peu exclu. Aussi, il y a quelques semaines, histoire de me trouver un passe-temps hivernal, j'ai emprunté des patins à glace et j'ai accompagné mes deux plus jeunes enfants à l'étang d'Occum, un des lieux favoris des patineurs.

— Tu es sûr de savoir patiner ? m'a demandé ma fille, un peu inquiète.

— Mais naturellement, bichette ! l'ai-je rassurée. On m'a souvent pris pour Jane Torvill, sur la glace ou dans la rue.

Et je ne mens pas. Je sais patiner. Simplement, après des années d'inaction, mes jambes ont été un peu étonnées d'avoir à affronter un élément aussi glissant. Dès que j'ai posé le pied sur la glace, elles ont décidé d'aller explorer chaque coin d'Occum Pond, séparément. Les voilà parties à droite ou à gauche, tantôt s'entrecroisant, tantôt s'écartant, et prenant constamment de la vitesse jusqu'à ce qu'elles décident d'abandonner, me laissant tomber sur mon postérieur avec une telle claque que mon coccyx est venu me cogner le voile du palais et que j'ai dû remettre en place mon œsophage avec les doigts.

— Ouh la la ! s'est exclamé mon postérieur, tout surpris, alors que je me remettais sur pied à grand-peine. Cette glace est vraiment dure !

— Hé, moi aussi je veux voir ! a dit ma tête.

Ce qui m'a fait chuter derechef.

Et cela a continué comme ça pendant une demi-heure,

les diverses extrémités de mon corps — épaules, menton, nez, et un ou deux organes des plus audacieux — rivalisant pour examiner la glace dans un esprit de curiosité scientifique. Vu de loin, j'imagine que je devais donner l'impression de me battre contre un gladiateur invisible. Finalement, quand il ne m'est plus resté aucun endroit à meurtrir, j'ai rampé en direction de la rive et j'ai demandé à être évacué par hélicoptère. Fin de ma carrière de patineur.

Ensuite j'ai essayé la luge. Je ne veux même pas vous en parler. Sauf pour dire que ce propriétaire de chien a été tout de même très compréhensif pour son animal, quand on y songe, et que la dame d'en face m'aurait épargné bien des désagréments si elle avait laissé son garage ouvert.

C'est à peu près à cette époque que mon ami le professeur Danny Blanchflower est intervenu. Danny — de son vrai nom David, mais il est anglais et quand il était petit tout le monde l'appelait Danny, ce qui lui est resté —, Danny, donc, est professeur d'économie à l'université de Dartmouth. Un type très calé. Il est capable d'écrire des livres avec des phrases comme : « Quand il est calculé conjointement avec les spécifications complètes de la colonne 5,7 le taux de rentabilité par employé développe un coefficient de 0,00022 avec une statistique t de 2,3 », et il ne plaisante même pas. Si ça se trouve, cela a vraiment un sens. Comme je vous le disais, c'est vraiment une grosse tête, un type intelligent, avec une seule restriction : il est dingue de snowmobile. Or une snowmobile, je dois sans doute le préciser, est une sorte de fusée des neiges, un engin conçu par Satan et pouvant atteindre 110 kilomètres à l'heure. Traitez-moi de froussard si vous voulez, je n'en ai cure, mais cela me semble un rien excessif sur les sentiers étroits et tortueux de nos bois parsemés de gros rochers.

Pendant des semaines, Danny m'a tanné pour me

persuader de me joindre à lui dans une de ses expéditions démentes au milieu des éléments naturels. J'ai essayé de lui expliquer que j'avais des problèmes relationnels avec les sports d'hiver et que je ne pensais pas qu'une machine puissante et dangereuse pût être la solution. « Balivernes ! » s'est-il écrié. Bref, pour résumer une longue histoire, je me suis retrouvé à la lisière d'un bois du New Hampshire, coiffé d'un casque coquet mais un peu lourd qui me privait de toutes sensations (à l'exception de la terreur), à califourchon sur une machine profilée pour un voyage spatial, un engin qui ronronnait déjà de bonheur en pensant à tous les arbres contre lesquels il allait bientôt me précipiter. Danny m'a fait un compte rendu du mode d'emploi de la bête — qui m'a paru aussi clair que ses bouquins — et a enfourché lui-même une de ces snowmobiles.

— Prêt ? a-t-il hurlé pour couvrir le vrombissement du moteur.

— Non !

— D'accord, on y va !

Et il est parti en laissant derrière lui une traînée de flammes. Quelques secondes plus tard, il n'était qu'un point noir dans la neige.

En poussant un gros soupir j'ai engagé doucement l'accélérateur, et en hurlant d'effroi j'ai décollé à une vitesse rarement observée ailleurs que dans les dessins animés de Road Runner. Poussant des cris hystériques et laissant ma vessie lâcher du lest à chaque bosse, j'ai volé à travers bois tel un missile Exocet. Les branches frappaient mon casque. Les élans se cabraient et détalaient. Le paysage défilait comme dans un délire causé par une prise d'hallucinogène.

Finalement, j'ai retrouvé Danny à un carrefour. Tout sourires, le moteur ronronnant, il m'a lancé :

— Alors ? Génial, non ?

Je bougeais mes lèvres mais aucun son n'en sortait. Ce que Danny a immédiatement interprété comme une approbation.

— Bon, maintenant que tu as pigé le principe, si on poussait un peu l'allure ?

J'ai formé les mots : « Je t'en prie Danny, je veux rentrer chez moi, je veux revoir ma maman », mais une fois encore rien n'est sorti.

On est donc repartis. Pendant des heures on a sillonné les bois à des vitesses dingues, bondissant au-dessus des ruisseaux, évitant de justesse les gros rochers, survolant les troncs d'arbres morts. Lorsque, enfin, ce cauchemar éveillé a pris fin, je suis descendu de ma machine, les jambes en coton. Ensuite, pour fêter notre survie miraculeuse, on est allés boire un verre chez Murphy. Au moment où la serveuse posait les bières devant nous, j'ai été frappé d'une illumination. Je le tenais enfin, mon sport hivernal : le lever de pinte.

J'ai trouvé ma vocation. Je ne suis pas encore tout à fait au niveau que je me suis fixé — mes jambes ont tendance à flageoler au bout de trois heures devant le comptoir — mais je travaille sérieusement mon endurance et je suis certain que la saison prochaine sera excellente.

Air Cauchemar

Mon père était un journaliste sportif qui prenait souvent l'avion pour ses déplacements professionnels, à une époque où ce n'était pas si courant. Parfois, il m'emmenait avec lui. C'était déjà très excitant, bien sûr, de partir pour le week-end seul avec mon papa, mais ça l'était plus encore de prendre l'avion pour s'envoler vers ailleurs.

Tout, dans l'histoire, avait quelque chose de spécial, d'unique. Au comptoir d'enregistrement, vous vous trouviez mêlés à un petit groupe élégant (en ce temps-là les gens s'habillaient pour voyager !). Lorsque le vol était annoncé, on traversait tranquillement le tarmac pour se diriger vers le fuselage argenté d'un avion contre lequel on avait dressé une passerelle. Entrer dans l'appareil, c'était comme être admis dans un club très fermé. En mettant le pied à bord, on se sentait devenir plus classe, plus sophistiqué. Les sièges étaient confortables et, pour un petit garçon, immenses. Une hôtesse souriante se penchait vers vous pour vous remettre un petit badge ailé qui mentionnait « assistant pilote » ou quelque titre aussi ronflant.

Tout ce côté romantique a disparu depuis belle lurette. Maintenant, en Amérique, les avions commerciaux ne sont guère plus que des autobus volants, et toutes les compagnies aériennes presque sans exception considèrent les passagers comme une sorte de fret embarrassant qu'elles ont accepté, à une époque lointaine, de transporter d'un lieu à l'autre, ce qu'elles regrettent amèrement aujourd'hui.

Je renonce à vous énumérer en si peu de pages toutes les lacunes du voyage aérien dans l'Amérique moderne : les vols systématiquement surbookés, les queues interminables, les retards, la découverte que votre vol « direct » pour Miami passe en fait par Pittsburgh où une escale d'une heure et demie est prévue, avec changement d'avion, l'impossibilité de trouver un visage aimable parmi les employés au sol, cette manière de toujours vous traiter comme si vous n'étiez qu'un numéro ou un idiot.

Et pourtant, à certains égards, les compagnies continuent à se comporter comme si on était encore en 1955. Prenez par exemple la démonstration des consignes de sécurité. Pourquoi, après tant d'années, oblige-t-on encore les hôtesses à enfiler un gilet de sauvetage et à tirer la petite ficelle qui actionne le gonflage ? Dans toute l'histoire de la navigation aérienne, pas une seule vie humaine n'a été sauvée par une distribution de gilets de sauvetage. Ce qui me fascine tout particulièrement, c'est le petit sifflet qui équipe chaque gilet. Je me vois tout à fait en train de plonger à pic vers l'océan à 2 000 kilomètres à l'heure en me disant : Heureusement, Dieu soit loué, j'ai mon petit sifflet !

Inutile de demander des explications parce qu'on ne vous en donnera pas. J'ai pris récemment un vol entre Boston et Denver. Lorsque j'ai ouvert le compartiment à bagages au-dessus de mon siège, j'ai constaté qu'il était entièrement occupé par un radeau pneumatique gonflable.

— Il y a un bateau là-dedans, ai-je glissé, stupéfait, au steward qui passait dans le coin.

— Oui, Monsieur, a-t-il répliqué sèchement. Cet avion répond aux spécifications de la FAA pour les vols transatlantiques.

Je l'ai fixé, légèrement médusé :

— Et quel océan allons-nous survoler entre Boston et Denver ?

— Cet avion répond aux spécifications de la FAA pour vol au-dessus de l'eau quel que soit l'itinéraire prévu.

— Vous voulez dire que si nous nous posons sur l'eau 150 passagers sont censés embarquer à bord de ce radeau de gamin à deux places ?

— Non, Monsieur. Il y a une seconde annexe de flottaison par ici.

Et il a m'indiqué le côté opposé.

— Soit 2 radeaux pour 150 personnes ? Vous ne trouvez pas ça un peu absurde ?

— Monsieur, ça n'est pas moi qui fais les règlements et vous gênez le passage.

Il m'a parlé sur ce ton parce que tous les employés vous parlent sur ce ton quand vous osez les questionner un peu. Et même si vous ne les questionnez pas. Je ne crois pas prendre de risque en affirmant qu'il n'existe pas aux États-Unis d'autres secteurs d'activité où les notions de service public et de satisfaction du client soient si constamment bafouées et ignorées. Bien trop souvent, le geste le plus innocent — s'approcher d'un comptoir quand l'employé n'est pas d'humeur à vous parler, s'enquérir des raisons d'un retard, demander où mettre son manteau parce que le casier est déjà occupé par un bateau gonflable — vous exposera à des manifestations d'impatience exaspérée, voire à des rebuffades.

Remarquez, à l'exception de votre humble serviteur et de quelques autres rares citoyens croyant encore aux vertus de l'ordre, la plupart des passagers n'ont que ce qu'ils méritent. Ils embarquent avec des sacs de sport énormes ou des valises sur roulettes qui font deux fois la taille autorisée, si bien que les casiers sont pleins avant même que la moitié des passagers soient à bord. Pour être bien sûrs de disposer d'un casier pour eux tout seuls, ils montent dans l'avion avant qu'on appelle leur rangée — 20 pour 100 des sièges sont occupés par des passagers montés avant leur tour —, ce qui fait qu'on met deux fois plus de temps pour embarquer sur un avion américain que partout ailleurs. Voilà des années que j'observe avec résignation cette attitude exaspérante.

Le résultat est une guéguerre constante entre le personnel des compagnies aériennes et les passagers, dont sont victimes, parfois, les innocents qui n'en peuvent mais. Je me rappelle notamment le jour où, il y a quelques années, nous embarquant mes enfants, ma femme et moi pour un vol Minneapolis-Londres, nous nous sommes aperçus qu'on nous avait attribué des sièges en six endroits différents de la cabine. Consternée, ma femme l'a signalé à l'hôtesse la plus proche.

— Et qu'est-ce que vous voulez que j'y fasse ? a répliqué celle-ci sur un ton qui rendait urgent un stage de formation sur le thème « Accueil du public ».

— Nous aimerions pouvoir être ensemble, s'il vous plaît.

L'hôtesse a émis un petit ricanement.

— Je ne peux rien faire pour le moment. On est en train d'embarquer. Vous n'avez pas vérifié vos cartes d'embarquement ?

— Si, mais la première seulement. La personne à l'enregistrement (qui était elle-même, permettez-moi de le faire remarquer, un spécimen fort désagréable) ne nous a pas précisé qu'elle nous avait dispersés dans tout l'avion.

— Je n'y peux rien.

— Mais nous avons de très jeunes enfants !

— Désolée !

— Vous voulez dire qu'il va falloir laisser des gamins de deux et quatre ans livrés à eux-mêmes pendant les huit heures d'un vol transatlantique ? a protesté ma femme (cette perspective ne me déplaisait pas vraiment, mais j'ai adopté un air grave, par solidarité).

L'hôtesse a poussé un soupir très profond et, visiblement à contrecœur, a demandé à un charmant couple de timides personnes à cheveux blancs de bien vouloir changer de place, ce qui a permis à Mrs. Bryson et aux deux petits d'être ensemble. Le reste de la famille est resté séparé.

— La prochaine fois, vous vérifierez vos cartes d'embarquement avant de quitter le terminal, a sèchement lancé l'hôtesse à ma femme avant de s'éloigner.

— Non, la prochaine fois, nous voyagerons sur une autre compagnie, a répliqué mon épouse (et nous avons tenu parole).

— Et un jour j'écrirai une chronique dans un magazine pour raconter cet incident ! ai-je ajouté d'une voix hautaine.

Naturellement, je n'ai rien dit. Et ce serait un terrible abus de pouvoir de ma part si je vous disais que c'est la Northwest Airlines qui nous a traités d'une manière aussi lamentable. Aussi ne le ferai-je pas.

Perdu dans Cyberland

Lorsque nous sommes venus vivre en Amérique, le passage à un système électrique différent m'a contraint à changer tout mon équipement de bureau — ordinateur, télécopieur, répondeur, etc. En temps normal, je ne suis déjà pas très porté sur le shopping ni très disposé à y laisser de grosses sommes d'argent, mais cette fois la perspective d'avoir à arpenter toute une série de magasins en écoutant le boniment de toute une série de vendeurs me démoralisait franchement.

Aussi, imaginez mon ravissement lorsque dans le premier magasin d'informatique où j'ai mis les pieds j'ai trouvé une machine équipée de tout ce que je recherchais — répondeur, télécopieur, répertoire d'adresses électronique, liaison Internet, ainsi de suite. Présenté comme la « solution bureautique absolue », cet ordinateur promettait de tout faire, sauf le café.

Je l'ai donc installé chez moi et j'ai pianoté allégrement un fax guilleret pour un ami de Londres. J'ai tapé son numéro de fax dans la case appropriée, selon les instructions, et j'ai appuyé sur *envoyer*. Presque instantanément, des bruits de tonalités internationales ont été diffusés par les haut-parleurs de l'appareil, suivis d'une sonnerie et finalement d'une voix inconnue disant : « Allô ? Allô ? »

« Hello ! » ai-je lancé en retour, mais je me suis très vite aperçu que je n'arriverais pas à parler à cette personne, quelle qu'elle soit. Mon appareil se contentait d'émettre un bourdonnement de fax. « Allô ! Allô ! » a repris la voix avec une nuance d'étonnement et d'inquiétude, puis on a raccroché. Mon ordinateur a aussitôt recomposé le numéro. Et cela a continué comme ça une partie de la matinée. La machine harcelait un correspondant inconnu dans un pays inconnu tandis que je feuilletais fébrilement le manuel pour trouver comment interrompre l'opération. Finalement, en désespoir de cause, j'ai débranché l'ordinateur, qui s'est éteint en affichant « Grosse erreur ! » et « Vous le regretterez ! ».

Trois semaines plus tard — c'est authentique — nous avons reçu une facture de téléphone indiquant 68 dollars d'appels vers Alger. Une enquête ultérieure m'a révélé que les auteurs du logiciel de fax n'avaient pas prévu la possibilité de téléphoner ailleurs qu'aux États-Unis. Confronté à l'inconnu, l'ordinateur se mettait en mode dépression nerveuse. J'ai également découvert que mon répertoire électronique nourrissait une aversion particulière pour les adresses non américaines, ce qui le rendait totalement inutile, et que mon répondeur aimait se mettre en marche au milieu des conversations téléphoniques.

Vous imaginez ma perplexité en constatant qu'un outil aussi cher et aussi technologiquement avancé puisse être aussi nul. Et puis j'ai fini par comprendre qu'un ordinateur était une machine stupide capable de faire des choses incroyablement intelligentes tandis qu'un informaticien était un être intelligent capable de choses incroyablement stupides, et que la rencontre des deux formait un couple parfait mais potentiellement dangereux.

Vous avez tous entendu parlé du bug de l'an 2000, j'en suis sûr. Vous savez qu'au dernier coup de minuit, à la première seconde du 1er janvier 2000, tous les ordinateurs du monde devaient se dire : « Bon, nous voici dans une année qui finit en 00. Je parie que c'est 1900. Mais si c'est 1900, les ordinateurs n'ont pas encore été inventés. Donc je n'existe pas. Je crois que je ferais mieux de m'arrêter et d'effacer toute ma mémoire. » Cela devait coûter des milliards de milliards de dollars pour rectifier tout ça. Car un ordinateur peut calculer le nombre pi, à la vingt millième décimale près, mais il ne peut pas calculer que les années vont en augmentant. De son côté, un programmeur peut écrire quatre-vingt mille lignes de systèmes codés hypercomplexes mais ignorer que tous les cent ans on change de siècle. Associez les deux, donc, et c'est la catastrophe.

Lorsque j'ai lu que l'industrie informatique avait réussi à se créer un problème aussi trivial, aussi colossal et aussi bête, j'ai compris pourquoi mes fax et autres gadgets digitaux étaient de la camelote. Mais cela n'explique toujours pas la splendide incompétence, l'inutilité monstrueuse du correcteur d'orthographe de mon ordinateur. Comme tout ce qui touche aux ordinateurs, le correcteur d'orthographe est quelque chose de merveilleux. En principe. Quand vous terminez votre texte, vous activez une fonction et la traque aux fautes commence. En fait, comme un ordinateur est par essence incapable de reconnaître les mots, il cherche les groupes de lettres qui lui sont étrangers. Et c'est là que les choses se gâtent. D'abord, il ne reconnaît ni les noms propres — noms de personnes, de lieux ou de grandes sociétés — ni les orthographes non américaines comme *centre* ou *colour**. Il ne reconnaît pas non plus certains pluriels, ni les abréviations, ni les acronymes. Ni, bien évidemment, les mots inventés depuis l'élection d'Eisenhower à la présidence. Il reconnaît donc

* Un Américain écrira en effet *center* et *color. (N.d.T.)*

spoutnik et *beatnik*, mais pas *Internet*, *fax*, ou *cyberspace*, parmi tant d'autres.

Mais là où les choses deviennent vraiment drôles — pour les gens qui n'ont vraiment rien d'autre à faire —, c'est que l'ordinateur est programmé pour vous suggérer des alternatives au mot inconnu. Elles sont parfois sublimes. Pour *Internet*, par exemple, il m'a proposé *internat* (un mot que je n'ai trouvé dans aucun dictionnaire américain ou anglais), *internode*, *interknit* et *underneath*. Le mot *fax* a fait apparaître pas moins de trente-trois possibilités, dont *fuzz*, *feats*, *feaze*, *phase* et deux substantifs inconnus de ma lexicographie : *falx* et *phose*. *Cyberspace* a laissé mon ordinateur en panne d'inspiration. Mais il s'est rattrapé avec *cyber* pour lequel il m'a proposé *chubbier* et *scabbier*.

Je ne peux pas concevoir quelle logique a poussé le tandem ordinateur-programmeur à établir que quiconque écrit *f-a-x* a pu vouloir dire *p-h-a-s-e*. Ni par quel processus ils sont passés de *cyber* à *chubbier* et *scabbier* plutôt qu'à, disons, *dollar* ou *sofa*, pour ne citer que deux exemples tout aussi incongrus. Et je ne comprends toujours pas comment des mots sans existence comme *falx* ou *phose* ont pu s'introduire dans le programme. Vous allez sans doute m'accuser de couper les cheveux en quatre, mais selon moi un ordinateur qui refuse un mot qui existe pour proposer à la place un mot qui n'existe pas devrait sérieusement être révisé avant toute mise sur le marché. D'autant que, non seulement le système propose des inepties comme solutions de rechange, mais il insiste carrément pour les insérer. Si vous acceptez par erreur sa proposition, il procédera au changement dans tout le fichier. C'est ainsi que récemment j'ai produit un texte où *woollens* avait été remplacé à longueur de pages par *wesleyans*, *Minneapolis* par *monopolists* et — j'adore ! — *Renoir* par *rainwear*. S'il y a un moyen simple de parer à ces transformations involontaires, je ne l'ai pas encore trouvé !

J'ai lu dans le *US News & World Report* que cette même industrie qui a oublié de prévoir l'arrivée d'un nouveau millénaire n'a pas compris non plus que les matériaux sur lesquels on enregistre l'information — bandes magnétiques et autres — se dégradaient rapidement. Récemment, les experts de la NASA ont essayé d'accéder à des informations concernant la mission Viking de 1976. Ils ont découvert que 20 pour 100 des bandes s'étaient déjà effacées et que le reste n'allait pas tarder à en faire autant.

Il semblerait donc que les informaticiens aient pas mal d'heures supplémentaires à fournir au cours des prochaines années. Et je suis le premier à crier *Hourra !* Ou *héroïne*, *hara-kiri*, *houla-hoop*, comme mon ordinateur préférera.

Hôtel California

En 1979, après avoir passé sa vie à commettre des crimes aveugles, un certain Robert Alton Harris a froidement assassiné deux adolescents en Californie pour voler leur voiture. En s'enfuyant, il a fini les cheeseburgers de ses victimes. Il a été arrêté quelques heures plus tard et a tout confessé spontanément, mais il a fallu plus de treize ans avant que l'État de Californie le fasse exécuter. Treize années de procédures lourdes et coûteuses pour épuiser toutes les possibilités qui empêchaient légalement de le faire.

Il y a actuellement en Californie plus de 500 condamnés qui attendent dans les couloirs de la mort. Entre 1967 et 1997, cet État a dépensé un milliard de dollars pour appliquer la peine capitale et n'a exécuté que deux personnes (dont Harris). Il me semble qu'on peut tirer une conclusion évidente de tout cela : la peine de mort en Amérique est une pure folie. Imaginez ce que la Californie aurait pu réaliser avec tout cet argent si on l'avait investi par exemple dans des programmes d'éducation.

Tout le monde s'accorde à reconnaître qu'un système légal aussi complexe est absurde. Mais le problème est que les trois quarts des Américains sont de farouches partisans de la peine capitale. Ils réclament même qu'on l'étende à toute une série de délits. La moitié du pays, par exemple, est favorable à la peine de mort pour quiconque vend de la drogue à des enfants. Il existe déjà aux États-Unis plus de cinquante types de délits passibles de la peine de mort. Indépendamment des considérations d'ordre moral, il y a selon moi des considérations pratiques qui la rendent difficilement défendable.

Pour commencer, elle est appliquée de façon inégale. Les condamnés à mort sont dans leur immense majorité de sexe masculin, noirs et pauvres tandis que les victimes sont en majorité des Blancs. Sur les 360 personnes exécutées entre 1977 et 1998, 83 pour 100 avaient été condamnées pour avoir tué un Blanc, alors que les Blancs ne représentent que 50 pour 100 des victimes d'assassinat. Selon les États, les criminels courent entre quatre et onze fois plus de risques d'être condamnés à mort s'ils ont tué un Blanc plutôt qu'un Noir. Et on dira que la justice est aveugle ?

Il existe aussi une disparité géographique frappante. 39 États américains ont encore la peine de mort mais seuls 17 — en majorité dans le Sud — l'appliquent vraiment. Si vous décidez un jour de commettre un meurtre, je vous conseillerai de le faire dans le New Hampshire où personne n'a été exécuté depuis des décennies plutôt qu'au Texas ou en Floride où l'on vous liquidera avec enthousiasme. En 1997, le Texas a exécuté 37 condamnés, autant que tout le reste des États-Unis.

Aux États-Unis, environ 3 000 personnes attendent dans les couloirs de la mort. En 1997, on en a exécuté 74, un record depuis quarante ans. Il n'empêche que chaque année on compte quatre fois plus de nouveaux condamnés à mort que de condamnés « éliminés » — dont la cause principale de décès reste la mort naturelle, soit dit en passant. Pour résorber l'excédent et se débarrasser de ces condamnés à mort de plus en plus nombreux, l'Amérique devrait exécuter un prisonnier par jour pendant vingt-cinq ans. Mais avec les procédures légales c'est évidemment impossible.

La question est donc posée : à quoi bon conserver la peine de mort ? En moyenne, il faut dix ans et cinq mois pour épuiser tous les recours juridiques avant une exécution. Résultat : selon une étude menée par l'université de Duke, il coûte plus cher d'exécuter un prisonnier que de l'incarcérer à vie — soit 2 millions de dollars de plus. Bien sûr, on peut soutenir que les condamnés à mort ne devraient pas avoir la possibilité de recourir indéfiniment à toutes ces procédures. Le Congrès s'est rangé de très bon cœur à cet argument et a voté en 1995 une loi supprimant les 20 millions de dollars de fonds fédéraux qui leur étaient alloués pour leurs recours en appel. Du jour au lendemain, le délai moyen entre la condamnation et l'exécution a diminué de onze mois.

Encore faudrait-il que tous les condamnés à mort soient coupables, ce qui est loin d'être le cas. Prenons l'exemple de Dennis Williams, de Chicago. Cet homme a passé dix-sept ans dans les cellules de la mort pour un meurtre dont il s'est toujours proclamé innocent — vu qu'en effet il ne l'avait pas commis. Il a été sauvé par un professeur de journalisme de l'université de Chicago ayant décidé un jour de proposer son cas en travaux pratiques à ses étudiants. Ils ont pu découvrir, entre autres procédés louches, que la police avait détruit des preuves, que des témoins avaient menti et qu'un autre homme était prêt à avouer le crime si seulement on voulait bien l'écouter.

Comme la plupart de ses camarades de cellule, Williams avait été défendu par un avocat commis d'office. L'Illinois accorde à ce type de défenseurs 40 dollars de l'heure. Or le tarif moyen, pour un avocat du secteur privé, est de

150 dollars. Pas besoin d'être très malin pour deviner que les meilleurs avocats ne sont jamais commis d'office. Un avocat commis d'office reçoit en moyenne 800 dollars pour préparer la défense d'un accusé passible de la peine de mort. On imagine bien que dans ces conditions même l'avocat le plus dévoué n'ira pas rechercher des experts, réclamer de nouvelles analyses pathologiques ou toute autre procédure coûteuse qui l'aiderait à innocenter son client.

Grâce au travail de ces étudiants de Chicago, Williams a été libéré en décembre 1997. Mais le cas n'est pas unique. Entre 1977 et 1997, date où l'Illinois a rétabli la peine de mort, l'État a exécuté 9 condamnés et en a relâché 9. Dans tout le pays, au cours des vingt cinq dernières années, 69 personnes reconnues coupables de meurtre ont été innocentées et relaxées. Maintenant que les fonds fédéraux ne financeront plus les procédures d'appel, de telles issues heureuses seront plus rares.

Q'un citoyen tue une personne innocente est une chose. Que ce soit un État qui le fasse est sans commune mesure. N'empêche que seule une minorité de gens partage ce point de vue. Selon un sondage Gallup de 1995, 57 pour 100 des Américains resteraient favorables à la peine de mort même s'il leur était prouvé qu'une personne sur cent a été exécutée à tort. Or, je ne crois pas qu'il y ait un seul politicien aux États-Unis — et certainement pas un politicien de carrière — pour oser combattre cette mentalité. Il fut un temps où nos hommes politiques essayaient de faire évoluer l'opinion publique. Aujourd'hui ils se contentent de la suivre. Ce qui est bien dommage, car rien n'est immuable.

Dans un article du *New Yorker*, Richard L. Nygaard fait remarquer que l'Allemagne a aboli la peine de mort en 1949 alors que 74 pour 100 des citoyens en étaient partisans. En 1980, ce chiffre est tombé à 26 pour 100. Comme l'observe Nygaard, « pour les jeunes qui ont grandi sans la connaître, la peine de mort est considérée comme un vestige barbare à classer avec l'esclavage ou la flétrissure au fer rouge ».

Puissions-nous entendre ça un jour dans notre pays !

Trop c'est trop !

J'ai enfin compris pourquoi rien ne va. On en a trop. Je veux dire qu'on a trop de tout ce qu'on peut vouloir, nécessaire et superflu, mais on n'a pas assez de temps, d'argent, de bons plombiers, et pas assez de gens polis qui disent merci quand on leur tient la porte. (En passant je vous annonce solennellement que le prochain qui ne me remerciera pas quand je lui tiendrai la porte doit s'attendre à la recevoir dans les reins.)

L'Amérique, on le sait, est une terre d'abondance et de diversité. Après notre installation ici, je suis longtemps resté ébloui et émerveillé par la richesse de choix qui s'offrait à moi. Je me rappelle être allé au supermarché et avoir découvert que les rayons ne proposaient pas moins de dix-huit variétés de couches pour incontinents. Deux ou trois, à la rigueur, j'aurais compris. Une demi-douzaine m'aurait semblé couvrir amplement toute la gamme du possible en matière d'incontinence. Mais dix-huit ! Seigneur, c'est Byzance ! Certaines sont parfumées, d'autres ont des alvéoles pour plus de confort, tous les modèles existent en plusieurs coloris et en plusieurs épaisseurs, depuis « Zut, deux gouttes » jusqu'à « Aïe, les vannes ont cédé ! ». Bien sûr, tel n'est pas exactement le libellé de leurs étiquettes, mais c'en est bien le sens général.

Pratiquement pour chaque type de produit en rayon — pizzas surgelées, croquettes pour chiens, glaces, biscuits, chips — il y a au bas mot une centaine de variantes. Quand j'étais gamin, les corn flakes étaient des corn flakes, un point c'est tout. Maintenant vous pouvez les avoir enrobés de sucre, de miel, enrichis de vrais morceaux de succédané de bananes ou de son biologique. Franchement impressionnant !

Cependant, je n'ai pas tardé à me rendre compte que le trop peut devenir l'ennemi du bien. Cela m'a particulièrement frappé un jour que je me trouvais à l'aéroport de Portland, dans l'Orégon, en train de faire la queue derrière une quinzaine de personnes devant une buvette. Il était 5 h 45 du matin, donc déjà pas le meilleur moment de la journée en ce qui me concerne. Nous allions embarquer dans vingt minutes mais j'avais un besoin urgent, vital, d'instiller un peu de caféine dans mon système nerveux. Vous voyez le topo.

Naguère, quand vous demandiez une tasse de café au comptoir, on vous tendait une tasse de café et basta. Mais de nos jours une vingtaine de possibilités vous attendent : expresso serré, expresso long, café au lait, café au caramel au lait, café avec nuage de lait, moka, moka forêt noire, americano et Dieu sait quoi encore, le tout en quatre tailles. On peut aussi choisir une viennoiserie dans une galaxie de brioches, muffins, croissants et petits pains de toutes sortes. Naturellement, on peut en varier les combinaisons à l'infini et ce matin-là une commande normale donnait à peu près ceci :

— Je prendrai un complet lait caramel avec un déca moka et un soupçon de cannelle, plus un croissant à la levure de bière et au fromage allégé avec le piment raclé et à part, en accompagnement. Est-ce que les graines de pavot sont rôties dans une huile végétale polyinsaturée ?

— Non, nous utilisons du colza extralight double pression.

— Ah non ! Je ne supporte pas ! Dans ce cas je prendrai un petit pain de seigle new-yorkais fourré trois fromages et caramel. Quel genre d'émulsifiants utilisez-vous ?

Mentalement, je me voyais déjà prendre chaque client par l'oreille et le (ou la) secouer en répétant : « Tu prends ta tasse de café et ton petit pain ET TU TE CASSES ! » Mais heureusement pour tous ces gens, tant que je n'ai pas eu ma première tasse de café matinale (surtout aux heures précédant la dizaine) tout ce que je suis capable de faire c'est me lever, m'habiller (avec plus ou moins de succès) et réclamer une tasse de café. Toute autre action dépasse mes compétences. Aussi me suis-je contenté de rester planté stoïquement dans la queue. À attendre que quinze personnes aient passé leur commande, ces commandes complexes, interminables et détaillées jusqu'à l'absurde. Quand, enfin, mon tour est arrivé, je me suis avancé et j'ai dit :

— Un grand café, s'il vous plaît.

— Quelle sorte ?

— Chaud, dans une tasse et grand.

— Très bien mais de quelle sorte ? Moka, macchiato, ou quoi ?

— Ce qu'on appelle une tasse de café, normalement.

— Vous voulez un americano ?

— Si c'est une tasse de café normal, alors oui.

— Ce sont tous des cafés.

— Moi ce que je veux c'est une tasse de café ordinaire comme en boivent des millions d'Américains tous les jours.

— Donc vous voulez un americano ?

— Apparemment.

— Avec crème fouettée normale ou basses calories ?

— Je ne veux pas de crème fouettée.

— Mais l'americano est servi *avec* crème fouettée.

— Écoutez, ai-je dit d'une voix sourde, il est 6 h 10 du matin. Ça fait vingt-cinq minutes que je poireaute derrière des gens particulièrement indécis ; alors si je n'ai pas mon café immédiatement je vais étrangler quelqu'un, et je vous préviens que vous figurez en bonne place sur ma liste.

— Mais ça ne me dit pas si vous le voulez avec crème fouettée normale ou basses calories ?

Et ainsi de suite.

Ce choix pléthorique signifie que chaque transaction prend dix fois plus longtemps qu'elle le devrait, tout en engendrant une quantité proportionnelle de frustration. Plus il y a de choix, plus les gens en veulent. Et plus ils en veulent, plus ils en veulent, euh… encore. En Amérique on a l'impression de se trouver au milieu de millions et de millions de consommateurs insatiables qui veulent avoir de tout, de plus en plus, constamment et sans limites. On est arrivé à produire, semble-t-il, une société boulimique où les individus passent leur temps à errer dans les magasins pour dénicher des produits à la texture, à la couleur et au parfum encore inconnus. Et cela est vrai dans tous les domaines. Maintenant, on a le choix entre trente-cinq variétés de dentifrices Crest. Selon *The Economist*, un supermarché moyen consacre cinq mètres de rayonnage à des médicaments contre la toux et le rhume. Pourtant, sur les 25 000 produits « nouveaux » lancés sur le marché l'an dernier 93 pour 100 n'étaient que des versions légèrement modifiées de produits existants.

La dernière fois que j'ai pris mon petit déjeuner au restaurant, j'ai dû choisir entre neuf options pour mes œufs (pochés, coque, brouillés, miroir, sur le plat à point, coulants, etc.), seize types de crêpes, six variétés de jus de fruits, deux sortes de saucisses, quatre races de pommes de terre et huit catégories de petits pains et de brioches. Il m'a fallu moins de temps pour remplir ma demande de prêt hypothécaire. Je pensais en avoir fini quand la serveuse a repris :

— Vous voulez du beurre allégé, du beurre de baratte, de la margarine, de la margarine allégée ou bien un substitut de beurre ?

— Vous plaisantez ?

— Je ne plaisante jamais avec le beurre.

— Alors du beurre de baratte, ai-je dit avec lassitude.

— Allégé en sel, sans sel ou normal ?

— Faites-moi la surprise, ai-je murmuré dans un râle.

À mon grand étonnement, ma femme et mes gosses trouvent ça génial. Ils adorent aller chez le marchand de glaces pour se voir offrir soixante-quinze parfums et puis soixante-quinze garnitures pour accompagner ces glaces. Si vous saviez comme je meurs d'envie de partir en Angleterre pour pouvoir commander une bonne tasse de café avec une brioche toute simple ! Mais je crains bien d'être le seul de la famille. Pourtant je suis persuadé que ma femme et mes enfants finiront par se lasser un jour. Pour l'instant ça n'a pas l'air d'en prendre le chemin.

Enfin, il faut voir l'aspect positif des choses : question incontinence, au moins, je suis paré !

Des nouvelles de Stupidworld

J'aimerais dire quelques mots sur la stupidité en Amérique. Mais avant d'aller plus loin, je me hâte de préciser que le peuple américain n'est pas en soi plus bête que les autres. L'Amérique possède l'économie la plus puissante, le niveau de vie le plus confortable, les meilleurs programmes de recherche, des universités et creusets de réflexion prestigieux. Les Américains ont produit plus de prix Nobel que le reste du monde réuni. On n'obtient pas un pareil palmarès avec une population qui serait composée exclusivement de crétins. Et pourtant, parfois, c'est à se demander…

Voyez plutôt : selon un sondage, 13 pour 100 des Américaines sont incapables de dire si elles portent leur slip *sous* ou *sur* leurs collants. Donc, aux États-Unis, 12 millions de femmes se promènent dans un état chronique d'incertitude vestimentaire. Peut-être parce que j'ai moi-même trop rarement l'occasion de porter des sous-vêtements féminins, je ne puis mesurer pleinement les enjeux de la question, mais je suis presque certain que si je portais des collants et une petite culotte, je saurais ce qui est au-dessus. Il est plus probable encore que si un inconnu m'abordait dans la rue pour me demander la configuration de ma lingerie intime, je me garderais bien de lui avouer que je l'ignore.

Mais au fait, pourquoi a-t-on posé ce type de question ? Qui a bien pu la suggérer ? Qu'essayait-on de prouver ? Tout cela nous conduit à un problème de stupidité plus vaste, qui dépasse ces 13 pour 100 de femmes ignorant tout des dessous de leurs dessous (si je peux me permettre ce charmant mot d'esprit), et donne un bon exemple de la bêtise des sondages d'opinion.

Une chose est sûre, c'est que la stupidité se retrouve à tous les niveaux. Un de mes amis s'est amusé à collectionner les inepties proférées par des Américains célèbres en 1997. Par exemple, l'actrice Brooke Shield, interviewée sans l'aide d'une grande personne, a déclaré à un journaliste qui lui demandait pourquoi il ne fallait pas fumer : « Le tabac tue. Si vous êtes tué, vous avez gâché une part importante de votre vie. » Bien dit, Brooke ! Et voici la chanteuse Mariah Carey, qui s'attaque aux problèmes du tiers-monde : « Chaque fois que je regarde la télé et que je vois ces petits enfants qui meurent de faim, je ne peux pas retenir mes larmes. Remarquez, j'aimerais bien être maigre comme eux, mais pas avec toutes ces mouches et ces maladies mortelles et tout ça. »

Je ne sais pas comment on appelle le stade qui vient après celui qui dépasse l'entendement, mais c'est en tout cas l'état dans lequel je me trouve chaque fois que je relis cette citation. Cela dit, je crois que je préfère encore la réponse de Miss Alabama, concourant pour le titre de Miss Univers, à la question : « Aimeriez-vous vivre éternellement ? » « Si j'avais le choix, a-t-elle répondu, je ne vivrais pas éternellement. Parce qu'on ne doit pas vivre éternellement. Si on était censé vivre éternellement, on vivrait éternellement, mais on ne peut pas vivre éternellement. C'est pourquoi je ne voudrais pas vivre éternellement. » Je manque peut-être de charité mais je suis prêt à parier que non seulement Miss Alabama ne sait pas si son slip est au-dessus ou au-dessous de ses collants mais qu'elle ignore en plus si on enfile ces choses par les bras ou par les jambes.

Alors d'où vient toute cette bêtise ? Je n'en ai pas la moindre idée mais je suis certain — sérieusement persuadé, en fait — qu'il y a quelque chose dans la vie américaine moderne qui tend à supprimer tout effort de réflexion, même parmi les gens plus ou moins normaux. J'y pensais hier encore alors que j'attendais mon tour devant une cabine téléphonique. Un monsieur — âge moyen, bien habillé, genre avocat ou comptable — s'adressait de toute évidence à un très jeune enfant, sans doute le fils de clients ou de collègues. À un moment, il lui a dit : « Alors, quand penses-tu que ta maman sortira de sa douche, mon petit ? » Réfléchissez une minute : quand on en arrive à demander à un bambin de trois ans combien de temps il faut à un adulte pour une quelconque activité, il est urgent de se faire greffer un nouveau cerveau. Et au fait, avez-vous une idée du temps qu'on met en général pour prendre sa douche ?

Dieu sait si l'Amérique n'a pas le monopole de l'imbécillité ! Mais ici il y a un facteur qui semble jouer plus qu'ailleurs : cette habitude qu'ont les médias de vous assener des évidences. Nous avons déjà vu comment le *Washington Post* ne craint pas de préciser que « l'Écosse est au nord de l'Angleterre » ou comment les chroniqueurs se croient obligés de vous disséquer un bon mot. L'idée, qui part d'un bon sentiment, est d'éviter tout effort au lecteur confronté à une notion délicate ou peu familière, mais elle a pour conséquence perverse et insidieuse de lobotomiser le public.

Le corollaire regrettable de tout ce qui précède, c'est qu'il est relativement facile d'exploiter des gens ayant perdu l'usage de la réflexion. Ainsi, une ou deux fois par semaine, nous recevons, comme chaque foyer américain, une lettre disant à peu près ceci : « Félicitations, Monsieur W. Bryson ! Vous avez gagné *5 millions de dollars !* » et en toutes petites lettres au-dessous : « Si votre numéro correspond au numéro tiré au sort. » Il ne faut pas être très futé pour en déduire que vous n'avez pas gagné 5 millions. Malheureusement, il existe des tas de gens pas très futés.

Récemment, les journaux ont rapporté la mésaventure d'un certain Richard Lusk. Ce malheureux habitant de Californie a pris l'avion pour la Floride en serrant fiévreusement dans ses doigts une lettre dont il avait déduit qu'il avait gagné 11 millions de dollars et qu'il ne lui restait que cinq jours pour aller récupérer son prix. L'expéditeur lui a fait lire les petites lettres et l'a renvoyé chez lui. Trois mois plus tard, Mr. Lusk recevait une nouvelle lettre, quasiment identique, et se précipitait de nouveau en Floride, tout aussi enthousiaste et radieux que la première fois. D'après Associated Press, une vingtaine de personnes au moins ont fait le voyage jusqu'en Floride ces quatre dernières années dans les mêmes transes extatiques, avant d'être finalement détrompées.

C'est assez déprimant, quand on y pense. Aussi terminerai-je avec l'histoire de mon crétin favori du moment. Au Texas, un voleur potentiel s'est masqué pour pouvoir braquer une épicerie. Mais il a oublié d'ôter le badge de sa poche de chemise, ce qui a permis à douze personnes de relever son nom, son prénom et l'identité de son employeur.

Je suis sûr qu'il y a une morale à tout cela et je vous la communiquerai dès que je l'aurai trouvée. Maintenant, il faut que je vous quitte car je veux vérifier mes sous-vêtements au cas où quelqu'un me poserait une question.

Détournement de vérité

Il y a en Amérique des choses auxquelles on finit par s'habituer. Par exemple, la façon éhontée dont on vous ment à longueur de temps. (En fait je viens de vous mentir juste à l'instant : on ne s'y habitue jamais.)

Il y a deux ans, fraîchement débarqués dans le pays, alors que nous roulions quelque part dans le Michigan à la recherche d'un endroit où passer la nuit, nous avons remarqué un grand panneau publicitaire annonçant une promotion alléchante dans une chaîne de motels bien connue. Je ne me souviens pas des détails mais, en gros, on vous offrait le logement — enfants et petits déjeuners compris — pour une somme agréablement dérisoire, quelque chose comme 35 dollars. Naturellement, le temps que je lise le panneau j'avais raté la sortie. Il m'a fallu parcourir 25 kilomètres avant de pouvoir faire demi-tour, m'égarer une demi-heure au milieu des bretelles d'entrée et de sortie tandis que tous mes passagers s'acharnaient à m'indiquer des motels beaucoup plus accessibles et de catégorie bien supérieure. L'exaspération était à son comble. Mais peu importe ! Pour 35 dollars et un petit déjeuner gratuit, vous pouvez m'exaspérer autant que vous voulez.

Aussi, vous imaginez ma tête quand au moment de

régler la note l'employé m'a tendu une addition de plus de 150 dollars.

— Et l'offre spéciale ? ai-je protesté.

— Ah ! a-t-il lancé d'une voix suave, elle ne s'applique qu'à un certain nombre de chambres.

— Combien de chambres exactement ?

— Deux.

— Et vous avez combien de chambres dans tout ce motel ?

— Cent cinq.

— Mais c'est du vol !

— Non, Monsieur, c'est l'Amérique !

En fait, il n'a pas dit ça mais il aurait pu.

Or ce motel faisait partie d'un groupe hôtelier important et sérieux dont les P-DG, j'en suis persuadé, seraient chagrinés et consternés de se voir traités d'escrocs et de margoulins. Ils ne font que suivre la morale très souple des règles commerciales en usage dans ce pays.

Je viens de lire un livre intitulé *Tainted Truth : The Manipulation of Fact in America (Vérité trafiquée. La manipulation des faits en Amérique)*. Il est bourré d'anecdotes passionnantes sur les publicités mensongères, les études scientifiques truquées, les sondages d'opinion orientés, toutes choses qui sous d'autres cieux passeraient pour de la fraude pure et simple. Presque toutes les publicités pour voitures, par exemple, se targuent de vous offrir des éléments de sécurité — comme les bandes latérales renforcées — qui sont en fait exigés par la loi. Chrevrolet a lancé un jour une campagne pour un modèle vantant les « 109 avantages qui maintiendront cette voiture à la pointe du progrès ». En consultant une revue spécialisée, j'ai découvert que parmi ces soi-disant avantages on trouvait rétroviseurs, phares de recul, équilibrage des roues et autres caractéristiques qui sont de série sur tous les véhicules.

Ce qui me dépasse, ça n'est pas la propension des entreprises commerciales à déformer la vérité en leur faveur mais l'extraordinaire latitude dont ils disposent. Les fabricants de produits alimentaires peuvent prétendre avoir mis telle substance en quantité dans leurs mixtures alors qu'en réalité il n'y a rien ou pratiquement rien de tel. Une grande marque, pour prendre un exemple presque au hasard, vend des « gaufres aux myrtilles » qui n'ont jamais vu la couleur d'une seule myrtille. Les petits bouts colorés qui jouent le rôle des fruits ne sont que des succédanés chimiques. Mais vous aurez beau passer l'emballage à la loupe, jamais vous ne trouverez cette précision.

Lorsqu'il est impossible de tricher sur le contenu, on triche sur les proportions. Un fabricant bien connu de gâteaux au chocolat basses calories se targue de vous offrir 70 calories par tranche. À condition que la tranche pèse 28,35 grammes, soit une lamelle pratiquement impossible à couper !

Personnellement, ce qui m'irrite le plus c'est la publicité inondant nos boîtes aux lettres, sans doute parce qu'il est difficile d'y échapper. Chaque Américain reçoit chaque année environ 17 kilos de courrier publicitaire. Tâchant d'émerger d'une telle masse, les annonceurs ont recours aux ruses les plus basses pour vous inciter à ouvrir leur message et à en prendre connaissance. Ils utilisent des enveloppes semblant contenir des chèques ou un courrier officiel, avec des menaces si vous ne les ouvrez pas. Aujourd'hui même, j'ai reçu une enveloppe portant ces mots : « Documents exclusivement réservés au destinataire… Sera passible de 2 000 dollars d'amende ou de 5 années d'emprisonnement toute personne non autorisée qui gênerait ou empêcherait la distribution de ce document. Article 18, section 1702 du Code pénal. » Il s'agissait visiblement de quelque chose d'important. En fait l'enveloppe contenait une invitation à essayer une nouvelle voiture chez un concessionnaire automobile.

À mon grand désarroi, même de très nobles organismes se sont mis à utiliser ces ruses. Récemment, j'ai reçu une enveloppe d'aspect très officiel portant la mention CONTIENT UN CHÈQUE. C'était un envoi d'une œuvre de charité respectable, la Fondation pour la lutte contre la mucoviscidose, qui me réclamait une contribution. Ce chèque n'était qu'un fac-similé des 10 dollars qu'on espérait me voir verser. Si même des gens honnêtes et bien intentionnés se croient obligés de vous raconter des bobards, il y a vraiment quelque chose qui ne tourne pas rond !

On se demande si on peut encore faire confiance à quelqu'un. Cynthia Crossen, l'auteur de *Tainted Truth*, signale que nombres d'études dites « scientifiques » ne sont souvent que des escroqueries. Elle en cite une, abondamment reprise par la presse nationale, qui prétendait avoir établi que le pain blanc faisait perdre du poids. Les recherches sur lesquelles s'appuyait cette conclusion avaient porté sur 118 personnes pendant deux mois au bout desquels on n'avait rien trouvé de… concluant. Mais les savants affirmaient sérieusement que leurs assertions *auraient* été confirmées « si l'étude avait été poursuivie ». Entre nous, ladite étude avait été financée par le plus grand fabricant de pain blanc du pays. Une autre enquête — citée avec le même empressement et la même absence d'esprit critique par les journalistes — affirmait que manger du chocolat peut enrayer les caries dentaires. Bien évidemment, cette étude dont les résultats étaient assez peu probants avait été payée par un grand chocolatier.

Même les rapports repris par les revues scientifiques les plus sérieuses peuvent être suspects. L'année dernière, selon le *Boston Globe*, deux universités (Tufts et UCLA) ont examiné attentivement l'implication financière des auteurs de 789 articles publiés dans des revues médicales bien connues. Environ 34 pour 100 desdits auteurs avaient des intérêts cachés faussant sérieusement les résultats de leur étude. Ainsi, un chercheur chargé de tester l'efficacité d'un remède contre le rhume possédait en fait plusieurs milliers d'actions du laboratoire qui l'avait mis au point. À la publication de ses conclusions, le prix des actions s'est trouvé décuplé et il a pu les vendre en réalisant un bénéfice considérable. Je ne sais pas si, scientifiquement, l'enquête était truquée, mais il a certainement dû venir à l'esprit de notre chercheur que toute conclusion négative risquait fort de faire chuter ses titres.

On a vu un autre exemple flagrant de ce genre de situation quand, en 1996, le *New England Journal of Medecine* a reçu simultanément deux rapports sur un nouvel antibiotique. Le premier concluait à l'efficacité de la molécule, l'autre la niait. Le rapport positif avait été rédigé par un chercheur dont le laboratoire venait de recevoir de l'industrie pharmaceutique une subvention de 1,6 million de dollars, et qui lui-même avait reçu un chèque de 75 000 dollars. Le rapport négatif émanait d'un chercheur indépendant qui n'avait rien reçu.

Alors qui croire ? À qui faire confiance ? À moi seulement, et encore, jusqu'à un certain point.

Dans votre propre intérêt

La chronique d'aujourd'hui abordera un aspect de la vie moderne qui a tendance à me hérisser le poil, à savoir cette manie qu'ont les gens de se simplifier la vie en prétendant le faire pour vous. Je m'explique : si vous voyez apparaître des expressions comme « dans votre intérêt » ou « pour mieux servir notre clientèle », vous pouvez être certain que c'est exactement l'inverse qu'on vous mijote.

L'autre jour, je me trouvais dans un grand hôtel et je cherchais des glaçons. J'ai parcouru des kilomètres de couloirs (probablement en tournant en rond) sans trouver le moindre distributeur. Autrefois il y en avait un à chaque étage, et j'ai toujours cru que c'était garanti par la Constitution des États-Unis, tout comme le droit de porter des armes et de faire du shopping jusqu'à ce que mort s'ensuive. Mais rien au dix-huitième étage de cet établissement. Finalement, j'ai découvert un cagibi où il y avait eu jadis un distibuteur et où une note était placardée sur le mur : « Pour mieux vous servir, les distributeurs de glaçons se trouvent désormais aux étages 2 et 27. »

Vous voyez ce que je veux dire ? Mon grief ne concerne pas en soi la délocalisation des machines à glaçons, mais bien la prétention de l'avoir fait en se souciant de mon intérêt. Si l'on avait collé un avis plus honnête du style :

« Pourquoi diantre voulez-vous des glaçons, entre nous ? Votre boisson est déjà glacée. Retournez donc dans votre chambre et arrêtez de vous balader en public dans des tenues aussi peu convenables », j'aurais tout à fait compris.

Bien sûr, le phénomène n'est pas typiquement américain. Les habitants de Skipton dans le Yorkshire se rappellent peut-être ce matin où ils ont vu un journaliste d'origine américaine, homme d'allure anodine et plutôt timide, mais pressé de prendre son train, qui essayait de défoncer la porte d'une grande banque de la rue principale en exprimant ses sentiments les plus vifs par le trou de la boîte aux lettres. Le malheureux venait de trouver cet avis sur la porte : « Pour améliorer la qualité de ses services, la banque ouvrira 45 minutes plus tard le lundi matin afin d'assurer la formation du personnel. » (La même banque a licencié un peu plus tard des milliers d'employés en affirmant sans ombre d'ironie que c'était « pour améliorer la qualité de ses services ». Attendons le jour où elle mettra tout le monde à la porte et cessera de s'occuper d'argent : alors là, vraiment, la clientèle sera comblée !)

Enfin, comme en beaucoup d'autres domaines l'Amérique bat des records en matière d'hypocrisie commerciale. Dans un hôtel de New York, j'ai remarqué que l'addition pour le service en chambre portait l'avis suivant : « Dans l'intérêt de notre clientèle, un supplément de 17,5 pour 100 sera ajouté aux prestations en room service. » Intrigué, j'ai appelé le responsable et demandé en quoi le fait d'augmenter ma note de 17,5 pour 100 était dans mon intérêt. Il y a eu un long silence à l'autre bout du fil. Puis : « Parce que cela vous permettra de recevoir les plats avant la semaine prochaine. » Je cite de mémoire, et probablement pas les termes exacts, mais c'était le sens du message.

Il y a une explication toute simple à ce phénomène : les grosses compagnies ne vous aiment pas beaucoup — sauf les hôtels, les compagnies aériennes et les fabricants d'ordinateurs, qui ne vous aiment pas du tout. Le choix est difficile, mais je crois que les hôtels sont peut-être ce qu'il y a de pire (en fait, l'informatique est ce qu'il y a de pire, mais si je démarre sur le sujet je ne pourrai pas m'arrêter).

Il y a quelques années, je suis entré à 2 heures de l'après-midi dans un grand hôtel de Kansas City. J'arrivais des îles Fidji, ce qui n'est pas, vous en conviendrez, la porte à côté. J'étais épuisé et très impatient de me mettre sous la douche puis au lit.

— Les chambres ne sont disponibles qu'à 16 heures, m'a dit sereinement le réceptionniste.

Je l'ai regardé avec cette expression douloureuse et résignée que j'arbore souvent aux comptoirs de réception.

— À 16 heures ? Pourquoi ?

— C'est le règlement de la maison.

— Pourquoi ?

— Parce que c'est comme ça, a-t-il répliqué. (Puis, comprenant que c'était un peu léger comme explication, il a développé.) Parce qu'on doit nettoyer les chambres.

— Vous voulez dire qu'il n'y a aucune chambre qui soit nettoyée avant 4 heures de l'après-midi ?

— Non, je dis seulement qu'il n'y a aucune chambre de disponible avant 4 heures de l'après-midi.

C'est alors que je lui ai fiché mes deux doigts dans les yeux avant d'aller passer deux heures délicieuses dans un supermarché voisin.

Il y a un autre endroit où trouver des exemples de ce type de comportement, si vous aimez vous torturer, c'est dans les pages des magazines de compagnies aériennes mis à votre disposition pendant les vols. Ce genre de revue comporte toujours un éditorial rédigé par un directeur hilare qui vous explique pourquoi ce qui n'est pas un progrès — comme vous obliger à changer d'avion au milieu de la nuit à Cleveland — représente en fait une grande amélioration pour le service. Dans cette veine, mon exemple favori est la longue lettre d'un P-DG expliquant très sérieusement que l'overbooking (ces surréservations pratiquées systématiquement sur tous les vols aux États-Unis) est en fait une bonne chose. Selon son raisonnement, cette pratique garantit des vols complets, optimise le rendement, assure la croissance des bénéfices et permet donc à la compagnie d'offrir de meilleurs services. Et le P-DG semble en être sincèrement persuadé.

Voilà un moment que je soupçonne les dirigeants des compagnies aériennes d'avoir perdu tout contact avec la réalité, mais j'en ai maintenant la preuve grâce à un article du *New York Times.* Il rapporte une enquête concernant la raréfaction des repas sur les vols nationaux et la dégradation de la qualité de la nourriture servie à bord. Il cite entre autres une représentante de Delta Airlines, une certaine Cindy Reed, qui déclare : « Le public nous a demandé de supprimer les repas. » (Pardon ? Les clients vous ont vraiment demandé de ne plus être nourris ? Je trouve ça un peu dur à avaler.) Plus loin dans le même article, Ms. Reed développe cet intéressant raisonnement : « Il y a un an environ, nous avons fait un sondage sur un millier de passagers [...] et ils ont déclaré qu'ils étaient en faveur d'une diminution des tarifs. Alors nous avons supprimé les repas. »

Attendez une minute, Cindy ! Si vous dites aux passagers : « Est-ce que vous êtes en faveur d'une baisse des tarifs ? » et qu'ils répondent (comme on peut s'y attendre logiquement) : « Oh, oui ! Oh, oui ! », ça n'est pas exactement comme s'ils répondaient : « Absolument. Et pendant que vous y êtes, supprimez-nous donc aussi les repas ! » Mais essayez d'expliquer ça — ou n'importe quoi — à une compagnie aérienne. Au moins Cindy n'a-t-elle pas prétendu que c'était « dans l'intérêt des passagers » ! À la réflexion, je suis sûr qu'elle l'aurait fait si on lui en avait donné l'occasion.

En attendant, dans l'intérêt de mes lecteurs, je vais m'arrêter là.

Oubliez tout ça !

« La science a percé les secrets du vieillissement ! » vient de titrer notre journal. Cela m'a surpris parce que je n'ai jamais pensé qu'il y avait là le moindre secret. C'est une chose qui se produit, voilà tout. Rien de mystérieux dans l'histoire.

Personnellement j'ai déjà trouvé trois avantages au fait de vieillir : je peux dormir assis, je peux regarder le même film policier trois fois sans me rappeler qui est l'assassin, et je n'arrive pas à me souvenir de la troisième chose. Évidemment, c'est le problème quand on vieillit : on ne se souvient plus de rien. Chez moi ça empire. De plus en plus souvent, j'ai des conversations téléphoniques avec ma femme qui donnent à peu près ceci :

— Allô, chérie ! Je suis en ville. Qu'est-ce que je suis venu faire ?

— Tu devais te faire couper les cheveux.

— Merci.

Au fil des ans, on se retrouve de plus en plus souvent planté, le regard perdu et les lèvres serrées, dans un endroit de la maison qu'on ne fréquente pas habituellement (la buanderie par exemple), à se demander ce que diable on était parti faire. Auparavant, il me suffisait de revenir sur mes pas, de retourner à la case départ pour que le but de mon exploration me revienne. Plus maintenant. Je n'arrive même plus à retrouver la case départ. Pas la moindre idée.

Alors je tourne en rond dans la maison pendant vingt minutes à la recherche d'un signe d'activité récente — une lame de parquet déclouée, une conduite percée ou encore un combiné téléphonique en attente avec une petite voix qui couine : « Bill ! Allô, Bill ! Tu m'entends ? », bref quelque chose qui aurait pu m'inciter à chercher d'urgence un marteau, du chatterton ou un bloc-notes. Généralement, au cours de mes pérégrinations, je découvre un truc qui cloche — une ampoule grillée par exemple — et je pars dans le placard où sont rangées les ampoules, j'ouvre la porte et… oui, vous avez compris : je me demande ce que je suis venu faire là. Et ça recommence…

J'ai aussi un gros problème avec le temps. Dès qu'un événement est à mettre au passé, j'en perds toute trace. Une de mes terreurs est qu'on me demande un jour : « Où étiez-vous entre 8 h 50 et 11 h 02 le matin du 11 décembre dernier ? » Si cela se produisait, je tendrais immédiatement les poignets pour qu'on me passe les menottes car il n'y a pas la moindre chance que je m'en rappelle. Et c'est comme ça d'aussi loin que je m'en souvienne (ce qui ne va pas très loin, j'en conviens).

Ma femme n'a pas ce problème. Elle se rappelle tout ce qui s'est passé, où, quand, et avec tous les détails. Elle peut me sortir tout à trac une réflexion comme :

— Dimanche dernier, ça a fait seize ans que ta grand-mère est morte.

— Ah, bon ? dis-je, médusé. J'avais une grand-mère ?

Ce qui nous arrive souvent aussi, quand je sors avec ma femme, c'est d'être accostés par une personne que je pourrais jurer n'avoir jamais vue de ma vie et qui vient bavarder amicalement avec nous.

— Qui était-ce ? demanderai-je à mon épouse dès que l'inconnu se sera éloigné.

— Le mari de Lottie Rhubarb.

J'aurai beau réfléchir, rien ne me reviendra.

— Qui est Lottie Rhubarb ?

— Tu l'as rencontrée au barbecue des Talmadge au lac du Grand Ours.

— Je ne suis jamais allé au lac du Grand Ours.

— Mais si ! Pour le barbecue des Talmadge.

Nouveau moment de réflexion.

— Qui sont les Talmadge ?

— Les gens de Park Street qui ont organisé le barbecue pour les Skowolski.

Là, c'est la confusion totale.

— C'est qui, les Skowolski ?

— Ces Polonais que tu as rencontrés au lac du Grand Ours.

— Je n'ai jamais mis les pieds au lac du Grand Ours.

— Mais si. Tu t'es assis sur une brochette.

— Moi, je me suis assis sur une *brochette* ?

Etc. Nous avons eu des conversations qui ont duré trois jours et, à la fin, je n'étais pas plus avancé.

J'ai toujours été distrait, je dois l'admettre. Quand j'étais gamin, je gagnais mon argent de poche en faisant la distribution des journaux dans le quartier le plus cossu de la ville, ce qui peut sembler à première vue un bon filon. Mais pas pour moi. Tout d'abord parce que les gens riches sont les plus grands rapiats de la terre pour ce qui est des étrennes (il y avait en particulier Mr. et Mrs. Niedermeyer, au 27 St John's Road, le Dr et Mrs. Richard Gumbel, de la maison en briques rouges sur Lincoln Square, et Mr. et Mrs. Samuel Drinkwater, de la banque du même nom : j'espère que vous êtes tous dans des maisons de vieux, maintenant !) et aussi parce que chaque maison était située au bout d'une longue allée sinueuse à bien cinq cents mètres de la route. Même dans des circonstances idéales, il m'aurait fallu des heures pour effectuer ma tournée. Mais j'avais un gros handicap : tandis que mes jambes assuraient mes déplacements, mon esprit s'égarait dans ces douces rêveries qui sont la caractéristique des distraits. À coup sûr, à la fin de l'expédition, j'ouvrais mon sac et y découvrais avec un grand soupir une demi-douzaine de journaux qui n'avaient pas été livrés, ce qui représentait autant de maisons où je m'étais présenté — une longue allée parcourue, un porche gravi, une moustiquaire ouverte — sans laisser de journal derrière moi. Inutile de préciser que je n'avais pas la moindre idée des maisons concernées sur les quatre-vingts de ma tournée. Alors, avec un autre soupir, je me remettais en route.

Voilà comment j'ai passé ma jeunesse. Si les Niedermeyer et consorts avaient su quel enfer je vivais pour leur livrer chaque matin leur stupide *Des Moines Tribune*, auraient-ils été aussi heureux de me refuser mes étrennes ? Probablement.

Mais vous vous demandez sans doute quel est le secret du vieillissement auquel j'ai fait allusion dans le premier paragraphe. D'après l'article du journal, il semblerait qu'un certain docteur Gerard Schellenberg, du Seattle Veterans Administration Medical Research Center, ait réussi à isoler le suspect génétique responsable de notre vieillissement. Au cœur de chaque gène il y a une chose appelée « hélicase », de la famille des enzymes, qui, pour une raison qui la regarde, sépare les deux chaînes de chromosomes qui constituent notre ADN. Et voilà pourquoi vous vous retrouvez debout devant le placard de la cuisine à vous demander ce que diable vous pouvez bien ficher là !

Je ne peux pas vous donner tous les détails parce que, naturellement, j'ai égaré l'article. Et de toute façon ça n'a pas d'importance puisque dans une ou deux semaines un autre savant va faire la une des journaux en déclarant avoir découvert le *vrai* secret du vieillissement. Alors on oubliera le docteur Schellenberg et ses conclusions — ce que j'ai précisément commencé à faire dès maintenant.

Donc, pour clore le sujet, nous pouvons dire que la perte de la mémoire n'est pas une si mauvaise chose, après tout. Je crois que c'est la conclusion que je voulais en tirer mais, à dire vrai, je ne m'en souviens plus.

Panne d'humour

Et voici mon conseil du jour : ne plaisantez pas en Amérique ! Même manié par un professionnel — et je crois posséder une certaine expérience dans ce domaine — l'humour peut être dangereux.

C'est la conclusion que j'ai tirée d'un petit incident survenu récemment à l'aéroport Logan de Boston alors que je passais le contrôle d'immigration. À l'employé qui me demandait : « Fruits ? Légumes* ? » j'ai répondu, après avoir fait mine de réfléchir : « Mais oui ! Pourquoi pas ! » avant de poursuivre : « Mettez-moi deux kilos de pommes de terre. Et quatre mangues, si elles sont bien fraîches. »

J'ai compris immédiatement que j'avais mal jugé mon public. Ce monsieur n'était pas d'humeur à plaisanter. Il m'a jeté ce regard lourd, sombre, à la limite de l'arriération mentale, qu'on n'aime pas voir sur le visage d'une personne en uniforme, *a fortiori* quand il s'agit d'un employé de la douane ou des services d'immigration américains, parce que ces gens-là ont des pouvoirs que vous n'avez pas intérêt à défier, croyez-moi. Si je mentionne les mots « fouille corporelle complète » et

* Une quarantaine s'applique aux fruits, aux légumes et à la viande importés aux USA. *(N.d.T.)*

« gants de caoutchouc » je pense que vous aurez compris. Et quand je dis qu'ils ont la possibilité de s'opposer à votre transit, c'est une expression à prendre littéralement. Heureusement, l'officier en question en a seulement déduit que j'étais incroyablement stupide.

— Monsieur, a-t-il repris lentement, je vous demande si vous transportez des articles de nature végétale.

— Non, Monsieur, absolument pas, ai-je répondu en adoptant l'attitude la plus platement servile de mon répertoire.

— Alors avancez, s'il vous plaît !

Lorsque je me suis éloigné, il secouait encore la tête. Je suis sûr qu'il va passer le reste de sa carrière à raconter aux gens l'histoire de ce crétin qui l'avait pris pour un marchand des quatre-saisons. Alors suivez mon conseil : ne plaisantez jamais avec l'autorité en Amérique et, lorsque vous remplirez votre carte de débarquement, à la question : « Avez-vous jamais été membre du parti communiste ou pratiqué l'ironie ? » cochez bien la case NON.

L'ironie est ici le mot clé, bien sûr. Les Américains ne l'emploient pas beaucoup. (Ici, je fais de l'ironie : en réalité ils ne l'emploient *jamais.*) On peut presque s'en réjouir. L'ironie est cousine du cynisme, et le cynisme n'est pas un trait vertueux. Les Américains — pas tous, mais bon nombre d'entre eux — n'aiment ni l'une ni l'autre. Leur attitude dans la vie de tous les jours est confiante, directe et littérale au point d'en être attendrissante. Ils ne s'attendent pas à ce que les conversations dérivent en joutes verbales sophistiquées. Tout écart les déstabilise.

Nous avons un voisin sur lequel j'ai testé cette hypothèse pendant deux ans. Tout a commencé de manière très innocente. Peu de temps après notre emménagement, un des arbres de son jardin est tombé. Un matin, j'ai remarqué qu'il le débitait et en chargeait les morceaux sur la galerie de sa voiture. C'était un arbre très touffu et les branches débordaient largement du toit.

— Et alors ? On essaie de camoufler sa voiture ? lui ai-je lancé, très pince-sans-rire.

Il m'a dévisagé un moment.

— Mais non, pas du tout, m'a-t-il expliqué le plus sérieusement du monde. La tempête de l'autre soir a fait tomber notre arbre et maintenant je dois emmener les branches à la décharge.

Par la suite, je n'ai jamais manqué de le provoquer avec mes petites plaisanteries. Un jour où je lui racontais un voyage en avion particulièrement catastrophique (j'étais resté coincé pour la nuit à Denver), il m'a demandé :

— Vous voliez avec qui ?

— Je ne sais pas, ai-je répliqué. C'étaient tous des inconnus.

Il m'a adressé un regard trahissant un début de panique.

— Non, je voulais dire : avec quelle compagnie aérienne ?

Ce jour-là, ma femme m'a demandé d'arrêter de plaisanter avec lui parce que apparemment nos conversations lui donnaient la migraine.

La conclusion facile qu'on peut en tirer, le piège dans lequel tombent trop souvent même les esprits les plus fins, c'est que les Américains sont par nature incapables de comprendre une plaisanterie. L'Anglais Howard Jacobson, homme de grande intelligence, affirme de manière péremptoire : « Les Américains n'ont pas le sens de l'humour. » Il ne faudrait pas plus d'une demi-journée pour découvrir chez des auteurs modernes une trentaine de citations allant dans le même sens. Je comprends leur réaction, mais évidemment ils ont tort. Il suffit de réfléchir un peu pour se rappeler que les gens les plus drôles de la terre — les Marx Brothers, W.C. Fields, S.J. Perelman, Robert Benchley, Woody Allen, Dorothy Parker, James

Thurber, Mark Twain — sont ou étaient tous américains. En outre, autre évidence, jamais ces gens-là n'auraient acquis une telle gloire s'ils n'avaient trouvé chez leurs compatriotes un public capable d'apprécier leur humour. Donc il est faux de penser que nous sommes incapables d'inventer ou d'apprécier un bon mot dans ce pays.

Mais on doit reconnaître que l'esprit n'est pas une qualité aussi prisée chez nous qu'en Grande-Bretagne. John Cleese a fait remarquer un jour : « Les Anglais préféreront s'entendre dire qu'ils sont de mauvais amants plutôt que dépourvus d'humour. » (Ils ont peut-être intérêt, tout compte fait. On ne peut pas en dire autant des Américains. Aux États-Unis, l'humour est — tout comme l'art de bien conduire une voiture, de savoir choisir les vins ou de prononcer correctement le mot *feuilleton** — une qualité louable, certes, et digne d'admiration, mais pas vraiment vitale.

Prétendre qu'il n'existe aucun Américain ayant le sens de l'humour serait donc excessif. Tout simplement, il y en a moins qu'en Grande-Bretagne. Lorsque vous en rencontrez un, c'est un peu comme deux francs-maçons qui se reconnaissent en public. La dernière fois que ça m'est arrivé, c'était à la sortie de l'aéroport, en allant prendre un taxi.

— Vous êtes libre ? ai-je demandé sans réfléchir au chauffeur.

Il m'a regardé avec cette expression que je connais bien, celle du comédien qui jauge son auditoire.

— Eh bien non ! a-t-il répliqué avec une tristesse affectée. Je suis marié. Malheureusement !

J'ai failli le prendre dans mes bras. Mais là, ç'eût été pousser la plaisanterie un peu loin.

* En français dans le texte. *(N.d.T.)*

Touriste amateur

Parmi toutes les choses pour lesquelles je ne suis pas doué, la vie quotidienne occupe sans doute la première place. C'est fou ce que des gens très ordinaires peuvent accomplir, apparemment sans difficulté, alors que j'en suis tout à fait incapable. Si vous saviez combien de fois je me suis mis en quête de toilettes au cinéma pour me retrouver finalement coincé dans une ruelle, de l'autre côté d'une porte coupe-feu impossible à ouvrir ! Une de mes spécialités consiste à retourner deux ou trois fois par jour à la réception de l'hôtel pour demander le numéro de ma chambre. Bref, il n'en faut pas beaucoup pour me perturber.

J'en ai eu une nouvelle preuve la dernière fois que nous sommes partis en famille pour un long voyage. C'était à Pâques et nous nous rendions en Angleterre. À l'aéroport de Boston, au moment de l'embarquement, je me suis rappelé soudain que j'étais membre du club Fréquence de la British Airways. Je me suis rappelé aussi que la carte était dans le sac que je portais en bandoulière. Et c'est là que les ennuis ont commencé.

La fermeture Éclair de mon sac était coincée. Je l'ai donc tirée et secouée avec force grognements et froncements de sourcils, et une consternation grandissante. Je me suis acharné pendant quelques minutes, j'ai tiré de plus en plus fort avec des grognements de plus en plus sonores, et vous devinez la suite. La fermeture a lâché, le sac s'est ouvert et tout son contenu s'est répandu sur le sol — les coupures de journaux, les papiers, la boîte de tabac pour ma pipe, les revues, mon passeport, l'argent anglais, les pellicules photo : tout s'est étalé sur une surface équivalente à celle d'un court de tennis. Frappé de stupeur, j'ai assisté impuissant à la débandade de mes petites affaires, mes documents soigneusement classés pleuvant en cascades, les pièces de monnaie ricochant joyeusement avant de partir aux oubliettes, ma boîte de tabac désormais sans couvercle dégorgeant au passage son contenu dans le hall.

— Mon tabac ! ai-je hurlé en pensant avec horreur à ce qu'allait me coûter un nouveau stock de tabac en Angleterre maintenant qu'on avait augmenté les taxes.

Puis mon hurlement s'est transformé en un « Mon doigt ! Mon doigt ! » quand j'ai découvert que je m'étais écorché avec la fermeture Éclair et que je répandais généreusement mon sang. (Je supporte généralement très mal la vue du sang et, quand il s'agit du mien, un peu d'hystérie me semble tout à fait excusable.) En résumé, toute ma personne, y compris ma chevelure, affichait le signal « panique ».

À ce moment-là, ma femme m'a regardé avec une expression qui ne trahissait ni pitié ni exaspération mais tout simplement un profond étonnement :

— Je n'arrive pas à croire que tu gagnes ta vie en voyageant, a-t-elle murmuré.

C'est vrai : je suis doué pour attirer les catastrophes en voyage. Une fois, en avion, je me suis penché pour attacher mon lacet au moment où le monsieur devant moi inclinait brusquement son siège au maximum. Je me suis retrouvé coincé en position « atterrissage », et c'est seulement en plantant mes ongles dans la jambe de mon voisin que j'ai fini par me redresser.

Une autre fois, j'ai renversé mon verre de boisson gazeuse sur les genoux d'une charmante dame assise à côté de moi. L'hôtesse est venue la nettoyer et m'a apporté un autre verre, que je me suis empressé de renverser de nouveau sur cette brave dame. Aujourd'hui encore je ne parviens toujours pas à comprendre comment c'est arrivé. Je me rappelle seulement avoir tendu la main vers mon verre puis avoir regardé impuissant mon bras faucher, tel un mauvais accessoire dans un film des années cinquante, la boisson sur la tablette pour la répandre sur les genoux de ma voisine. La dame m'a regardé avec cette expression qu'on est en droit d'attendre chez une personne qui vient d'être inondée par deux fois, avant de pousser une invocation commençant par « Oh ! » et se terminant par « Dieu ! », ce que j'ai trouvé un peu déplacé tout de même dans la bouche d'une dame, surtout celle d'une religieuse.

Mais ce n'est pourtant pas l'aventure la plus désagréable que j'aie vécue en avion. La pire remonte au jour où, notant sur un calepin mes pensées du moment — « acheter des chaussettes », « tenir fermement mon verre d'orangeade » — tout en mâchouillant le bout de mon stylo, je suis entré en conversation avec la jeune créature de rêve qui occupait le siège d'à côté. J'ai bien dû l'amuser vingt minutes avec ma conversation courtoise et mes *bons mots** du meilleur goût. Et puis j'ai découvert, en allant me rafraîchir aux toilettes, que le stylo avait coulé et que mes joues, mon menton, ma bouche, mes dents et mes gencives s'étaient colorés d'un bleu marine quasiment indélébile.

Alors si je vous dis que je rêve de posséder grâce et urbanité, vous me comprendrez certainement. Je voudrais

* En français dans le texte. *(N.d.T.)*

pouvoir, une fois dans ma vie, me lever de table sans donner l'impression d'avoir affronté une minitornade, claquer une portière sans y laisser trente centimètres de pardessus, porter un pantalon clair sans retrouver dessus en fin de journée toutes les traces du menu, avec en plus un chewing-gum et de l'huile de vidange. Mais il est écrit que cela restera un rêve.

Maintenant, dans les avions, au moment de la distribution des plateaux-repas, ma femme s'empresse de dire : « Enlevez le couvercle des barquettes pour votre papa, les enfants » ou bien : « Mettez vos capuches, les gosses, papa va couper sa viande. » Mais c'est quand je voyage en famille. Parce que, lorsque je voyage seul, je ne mange pas, je ne bois pas, je ne lace pas mes chaussures et n'approche jamais un stylo de ma bouche. Je reste très, très sagement immobile, parfois même assis sur mes mains pour les empêcher d'aller provoquer un autre cataclysme liquide. Ce n'est certes pas très drôle, mais au moins j'évite les frais de nettoyage.

Au fait, je n'ai jamais pu bénéficier de vols gratuits. Vous n'avez pas idée à quel point c'est frustrant. Tous les gens que je connais, tous sans exception, n'arrêtent pas de partir pour Bali avec leurs miles accumulés. Moi, je n'accumule rien du tout. Je parcours 160 000 kilomètres par an et je n'ai droit qu'à 400 gratuits, répartis entre vingt-trois compagnies différentes.

Il y a plusieurs explications. Soit je ne trouve pas ma carte au bon moment, soit je la retrouve mais la compagnie s'arrange pour ne pas enregistrer mes miles, soit l'employé m'informe que pour une raison inconnue je n'y ai pas droit. C'est ce qui s'est passé en janvier dernier lorsque je suis parti en Australie — sur un vol qui aurait normalement dû me rapporter des milliards d'heures de vol gratuites. J'ai présenté ma carte au comptoir et l'employé m'a informé qu'à son grand regret il ne pouvait pas l'accepter.

— Et pourquoi ?

— Cette carte est au nom de W. Bryson et le billet au nom de B. Bryson.

J'ai tenté de lui expliquer le lien évident et séculairement établi entre Bill et William, mais en pure perte.

Je n'ai donc pas obtenu mes miles et je n'irai pas à Bali en première classe. Ça n'est pas plus mal, tout compte fait. Je ne crois pas que je tiendrais le coup si longtemps sans manger.

Et si on restait ici ?

Je crois que j'ai eu la dent un peu dure, récemment, vis-à-vis de mes concitoyens. Je les ai accusés de faire de la publicité mensongère, de ne pas savoir si leurs collants était au-dessus ou au-dessous de leur petite culotte, de ne pas savoir reconnaître une blague même si on agitait la pancarte « Attention, humour ! » devant leur nez. Tout cela est vrai, naturellement, mais un peu excessif. Alors je pense qu'il est grand temps pour moi d'évoquer les aspects sympathiques de ma chère vieille nation. Le moment est bien choisi, car aujourd'hui notre famille célèbre le troisième anniversaire de notre arrivée aux États-Unis.

Je me rends compte aussi que je ne vous ai jamais exposé les raisons de ce déménagement, et j'imagine que vous êtes impatients de les connaître. Moi aussi, d'ailleurs. J'ai du mal à me souvenir des circonstances qui nous ont poussés à changer de pays. Tout ce que je peux vous dire, c'est que nous vivions dans un village assez retiré au cœur du Yorkshire, et que, si splendide qu'ait été le paysage et malgré tout le charme des conversations au pub (avec un accent et dans un jargon dont je n'ai jamais compris une seule syllabe), la situation devenait de plus en plus difficile. Je voyageais de plus en plus fréquemment, les enfants grandissaient et l'isolement devenait un gros handicap.

Alors nous avons pris la décision de déménager dans une contrée plus peuplée. Et puis, à ce moment-là — j'avoue que les détails sont flous —, cette idée assez simple a évolué vers le projet de partir vivre quelque temps en Amérique. À partir de là tout s'est passé très vite. Des gens sont venus et ont acheté notre maison. J'ai signé des liasses de documents puis un bataillon de déménageurs a surgi pour enlever nos affaires. Je n'irai pas jusqu'à prétendre que j'étais inconscient de ce qui se passait, mais je me souviens nettement m'être réveillé, il y a exactement trois ans aujourd'hui, dans une maison inconnue du New Hampshire en me demandant : Mais qu'est-ce que je fiche ici ?

Je n'avais pas vraiment choisi d'être là. Je n'avais rien contre les États-Unis, remarquez bien. C'est un pays superbe, je l'admets, mais j'avais vaguement l'impression de faire machine arrière. Comme si, à quarante ans, on retournait vivre chez ses parents. Ils ont beau être adorables, vous n'avez plus envie de vivre en leur compagnie. Votre vie a changé. C'est un peu ce que je ressentais à l'égard de ma patrie.

J'étais donc là, en proie à un désarroi grandissant, quand ma femme est rentrée d'une petite promenade d'exploration.

— C'est merveilleux, a-t-elle roucoulé. Les gens sont charmants, le temps est superbe et on peut se balader partout sans risquer de mettre les pieds dans une bouse de vache.

— Que demander de plus ? ai-je commenté avec un brin d'ironie.

— Rien ! m'a-t-elle répondu avec conviction, et elle était sincère.

Elle était sous le charme et elle l'est restée. Je peux la

comprendre. L'Amérique est un pays profondément attirant, pour des tas de raisons sur lesquelles tout le monde s'accorde : la vie facile et le confort, la gentillesse des gens, les portions gigantesques qu'on vous sert, la notion enivrante que tout désir ou caprice peut être facilement et instantanément satisfait.

Mon problème vient de ce que j'ai connu tout ça en grandissant. Aussi, pour moi, c'est loin d'être une nouveauté ou un sujet de ravissement. Par exemple, je ne suis pas émerveillé d'entendre les gens me souhaiter une bonne journée.

— Ils se fichent totalement du genre de journée que tu peux passser, ai-je tenté d'expliquer à ma femme. C'est seulement une sorte de réflexe.

— Je sais. N'empêche que je trouve ça gentil.

Et elle a raison. C'est peut-être une simple formule mais elle part d'un bon sentiment.

Avec le temps, j'ai fini par me laisser séduire moi aussi. Étant assez radin de nature, je suis charmé par tout ce qu'on vous offre en Amérique — parking gratuit, boîtes d'allumettes gratuites, café et boissons sans alcool à volonté, corbeilles de bonbons aux caisses des restaurants et des cafés. Prenez tel menu dans un restaurant et vous gagnerez une place de cinéma. Dans la boutique où nous faisons nos photocopies il y a une table couverte de choses gratuites — pots de colle, agrafeuses, ruban adhésif, élastiques, trombones. Vous n'avez rien à payer en supplément pour tout ça. Vous n'avez même pas besoin d'être client : vous pouvez entrer et vous servir. Dans le Yorkshire, il nous arrivait d'aller chez un boulanger où l'on vous demandait un penny — un penny ! — pour trancher votre pain. Il est difficile de ne pas se laisser séduire par le contraste.

On pourrait en dire autant sur l'attitude générale des Américains envers la vie. Dans l'ensemble, ils sont portés instinctivement vers l'optimisme et ont rarement l'esprit négatif, une caractéristique que je considère comme allant de soi mais qui, je regrette de le dire, manque singulièrement aux Britanniques, par moments. La dernière fois que j'ai débarqué à Londres, le douanier qui a vérifié mon passeport m'a bien examiné et m'a demandé si j'étais « ce gars qui écrit des bouquins ». Assez flatté d'être reconnu, j'ai répondu : « Oui, en effet », tout fier de moi. « Z'êtes venu vous faire un peu de fric, non ? » a-t-il déclaré dédaigneusement avant de tamponner mon passeport.

Vous ne rencontrerez pas ce genre d'attitude aux États-Unis. Si vous dites à un Américain qu'un énorme astéroïde s'approche de la terre à 150 000 kilomètres à l'heure et que dans trois semaines la planète va être réduite en cendres, il vous rétorquera : « Non, vraiment ? Alors je ferais mieux de m'inscrire tout de suite à ce cours de cuisine grecque. » Un Britannique, lui, vous dira : « Sacrément typique, ne trouvez-vous pas ? Et vous avez vu ce que nous annonce la météo du week-end ? »

Il est certain que l'optimisme des Américains peut sembler un peu simplet. Je pense notamment à cette conviction bien ancrée chez presque tous mes concitoyens selon laquelle, en surveillant son niveau de cholestérol, en faisant de l'exercice et en buvant de l'eau, on vivra éternellement. Je ne prétends pas vouloir passer toute ma vie dans ce pays, mais il y a des côtés assez rafraîchissants dont je suis heureux de pouvoir profiter quelque temps.

L'autre jour, j'ai demandé à ma femme si elle aimerait rentrer un jour en Angleterre.

— Oh, oui ! a-t-elle répondu sans hésiter.

— Quand ?

— Un jour.

J'ai hoché la tête et je dois dire que je n'étais pas aussi désespéré que je l'aurais été à une certaine époque. On est bien ici, dans l'ensemble. Au fond, Mrs. Bryson avait raison : c'est sympa de ne pas avoir à slalomer entre les bouses de vache.

Et maintenant je vous souhaite à tous — et là je suis sincère — de passer une bonne journée.

Merci !

Je tiens à exprimer ma profonde gratitude envers toutes les personnes qui m'ont prodigué gentillesse, patience, générosité et boisson : Simon Kellner et ses merveilleux et charmants collègues de *Night & Day*, notamment Tristan Davies, Kate Carr, Ian Johns, Rebecca Carswell et Nick Donaldson ; Patrick Janson-Smith, Marianne Velmans, Alison Tulett, Katrina Whone et Emma Dowson, parmi d'autres, si nombreux, de Transworld Publishers ; mon agent, Carol Heaton ; Allan Sherwin et Brian King, qui m'ont laissé le temps d'écrire ces chroniques alors que j'aurais dû travailler pour eux ; et surtout — vraiment par-dessus tout — ma femme Cynthia et mes enfants, David, Felicity, Catherine et Sam, pour avoir accepté avec tant de bonne grâce que je les mêle à toute cette histoire.

Enfin, un remerciement tout spécial au petit Jimmy, s'il existe.

Table des matières

COLLECTION « VOYAGEURS »

EN GRAND FORMAT (EXTRAITS DU CATALOGUE) :

Nigel Barley
L'anthropologue mène l'enquête

Suzanne Bernard
Nouveau voyage au pays d'autrefois. Lettres de Pékin

Nicole-Lise Bernheim
Saisons japonaises

Isabella L. Bird
Une Anglaise au Far West

Rupert Brooke
Lettres d'Amérique

René Cagnat
La rumeur des steppes

Bernadette Chovelon
« Dans Venise la rouge ». George Sand et Musset à Venise

Bernadette Chovelon/Christian Abbadie
La Chartreuse de Valldemosa. George Sand et Chopin à Majorque

Jean Clausel
Venise chronique

Anita Conti
L'océan, les bêtes et l'homme, ou l'ivresse du risque

George Dawson/Richard Glaubman
Life is so good. Je suis né au Texas il y a 102 ans…

Zia Jaffrey
Les derniers eunuques. En Inde avec les hijras

John Keay
Voyageurs extraordinaires

Patrick Leigh Fermor
MANI. Voyages dans le sud du Péloponnèse

Gaston Maspero
Ruines et paysages d'Égypte

Joseph Méry
Les nuits italiennes

Bernard Nantet
L'invention du désert. Archéologie au Sahara

Jean Pavans
La traversée américaine

Marie Rouanet
Dans la douce chair des villes

Corrado Ruggeri
À table avec les cannibales

Jean Soublin
Histoire de l'Amazonie

Edith Wharton
Les mœurs françaises et comment les comprendre

Impression réalisée sur CAMERON par

BUSSIÈRE CAMEDAN IMPRIMERIES

GROUPE CPI

à Saint-Amand-Montrond (Cher)
pour le compte des Éditions Payot & Rivages
en avril 2001

N° d'impression : 011952/1.
Dépôt légal : avril 2001.
Imprimé en France
ISBN 2-228-89429-X